Mythen Europas
Schlüsselfiguren der Imagination; Band 2

MYTHEN EUROPAS

Schlüsselfiguren der Imagination

Herausgegeben von Michael Neumann

Inge Milfull
Michael Neumann (Hrsg.)

MYTHEN EUROPAS

Schlüsselfiguren der Imagination

MITTELALTER

Verlag Friedrich Pustet
Regensburg

Bibliografische Information der Deutschen Bibliothek

Die Deutsche Bibliothek verzeichnet diese Publikation
in der Deutschen Nationalbibliografie; detaillierte bibliografische
Daten sind im Internet über http://dnb.ddb.de abrufbar.

www.pustet.de

ISBN 3-7917-1913-0

Umschlaggestaltung: Anna Braungart, Regensburg
Umschlagmotiv: Ehem. Abtei Pomposa (Italien), Bandrelief an der Westfassade
Gesamtherstellung: Friedrich Pustet, Regensburg
Printed in Germany 2004

INHALT

Inge Milfull

EINLEITUNG

Zu allen Zeiten haben die Menschen ihre Hoffnungen, Wünsche, Ängste und Konflikte auf Figuren projiziert und in Geschichten verarbeitet. Ein erster Band hat solche „Schlüsselfiguren der Imagination“ aus der Antike vorgestellt. Der vorliegende Band setzt den Gang durch die europäische Geschichte, der in sieben Schritten bis zum 20. Jahrhundert führen wird, mit dem Mittelalter fort. Der Haupttitel, „Mythen Europas“, könnte freilich gerade bei dieser Epoche zu Missverständnissen führen. Es sei daher ausdrücklich hervorgehoben, dass die Reihe „Mythos“ ausschließlich als einen Rezeptionsbegriff verwendet: Ganz unabhängig von ihrer historischen Faktizität oder Fiktionalität werden die verschiedenen Figuren nach ihrer Wirkungskraft auf die kollektive Imagination befragt.

Diese „mythische“ Wirkung ist offensichtlich in bestimmten Eigenschaften einer Gestalt begründet. Dennoch zeichnet sich immer wieder deutlich ab, dass ihre Rezeption gemäss dem jeweiligen Bedürfnis der Zeit völlig neue Akzente setzen kann. Historische Figuren etwa können Transformationen durchlaufen, die ihnen selbst unvorstellbar gewesen wären oder ihren Intentionen völlig zuwiderlaufen. Die Absichten des heiligen Franziskus beispielsweise sind relativ gut dokumentiert; im religiösen und politischen Klima späterer Zeiten mussten sie von den Franziskanern aber teilweise überspielt werden, um den Orden unter den geänderten Umständen überlebensfähig zu halten, ohne die Kontinuität mit dem Ordensgründer aufzugeben.

Der Wandel, dem manch andere Gestalt mit der Zeit unterworfen wurde, mag noch radikaler gewesen sein, nur dass wir oft wenig über die ursprüngliche historische Person wissen. Ein wesentlicher Bestandteil des mythischen Status scheint auch zu sein, dass die Schlüsselfigur für verschiedene gesellschaftliche Gruppen Verschiedenes bedeutet. Artus ist jeweils ein Anderer für die Waliser, für England und für den Rest von Europa. Auf Martin, so Konrad Vollmann, beriefen sich einerseits die Menschen von Tours und

Poitiers, andrerseits die merowingischen Herrscher; seine Gestalt bleibt aber auch für nachfolgende Generationen bedeutungsträchtig, polyvalent und adaptierbar.

Betrachten wir die Gestalten, die wir aus dem Früh- und Hochmittelalter ausgewählt haben, nach ihrer Herkunft, so ergibt sich folgendes Bild: Ein antiker Herrscher, Alexander, dessen Bild sich im Mittelalter gegenüber demjenigen, das er selbst von sich zu entwerfen suchte, stark verändert hat, – drei Gestalten des Neuen Testaments, Christus selbst sowie zwei Personen seiner unmittelbaren Umgebung, Jakobus und Maria, die neu ausgedeutet wurden, – zwei Herrscher der Völkerwanderungszeit, Artus und Theoderich, – ein heiliger Bischof aus derselben Zeit, Martin, – Karl der Große als zentrale Herrscherfigur des Frühmittelalters – dann aus dem beginnenden Hochmittelalter Gottfried von Bouillon, Held des ersten Kreuzzugs, – und schließlich der heilige Franziskus, Gründer des Franziskanerordens. Dazu tritt die abstrakte Figur der Minnedame, die zunächst in der Lyrik ihren Platz hat.

Bei Gestalten aus dem Früh- und Hochmittelalter ist es unumgänglich, sich die Überlieferungsbedingungen klar zu machen. Die früh- und hochmittelalterliche Gesellschaft war, nach einer weitverbreiteten Auffassung, dreigeteilt: in Kämpfer, Beter und Nahrungsproduzierende, d. h.: Adel, Kirche und Bauern. Während der Epoche, von der hier die Rede ist, lag das Monopol der schriftlichen Überlieferung noch weitgehend in den Händen nur einer dieser drei Gruppen, der Kirche. Diese war natürlich in sich selbst nicht monolithisch. Zudem war ihre Hierarchie zum großen Teil mit Adeligen besetzt und ihr pastoraler Auftrag verpflichtete sie der bäuerlichen Bevölkerung. Dennoch bleibt es eine Tatsache, dass wir von volkstümlicher Überlieferung zu unseren Schlüsselfiguren aus dieser Zeit nur Mittelbares erfahren können. Der Adel selbst ergreift erst im Hochmittelalter in der Troubadourlyrik und in Versromanen das Wort.

Diese Problematik betrifft vor allem die frühe Überlieferung zweier unserer Figuren, Theoderich/Dietrich und Artus. Im Falle Theoderichs sind zwar die Fakten seiner Vita gut bezeugt und ebenso sein weitgehend negatives Bild in der kirchlichen Tradition. Der andere, mindestens ebenso wesentliche Strang der Überlieferung jedoch, sein Nachleben im Munde der germanischen Völker, ist zunächst nicht recht greifbar und lässt sich nur aus gelegentlichen Bemerkungen erschließen. Es ist aber sehr zu vermuten, dass seine Bewertung von der kirchlichen Tradition abwich und ihren eigenen Gesetzmäßigkeiten gehorchte. Typisch für diese rein mündliche Form der Überlieferung ist die Reduzierung der Zeittiefe: So wird ein sehr viel früherer Herrscher aus demselben Geschlecht, Ermanarich, zu Theoderichs

Onkel. Auch dass die Ostgoten nach ihren anfänglich großen Erfolgen unter Theoderich sich in Italien letztlich nicht halten konnten, dürfte das Bild von Theoderich beeinflusst haben; vielleicht hat das zu der Sage von Dietrich als Exilant geführt. Ferner scheinen in die Heldensagen schon früh übernatürliche und außermenschliche Elemente eingedrungen zu sein; Dietrichs Kämpfe gegen Riesen und Zwerge wären dann nicht erst eine Erfindung späterer Märchenepen. Jedenfalls war Dietrich zu dem Zeitpunkt, als ihn der Dichter des Nibelungenliedes in seinen Text einführte, für das Publikum bereits eine sehr bekannte Figur. Ihre Dimensionen können wir jedoch nicht ausloten, weil ihre Verschriftlichung bereits mit einer Verschiebung der Anliegen einherging, die mit der Gestalt verbunden wurden. Das Nibelungenlied selbst war ein ambitioniertes Unternehmen: die Einkleidung eines älteren Sagenkomplexes in eine neue höfische Form, ein literarisches Experiment mit moralischen Konsequenzen. Das musste unweigerlich zu einer gewissen Brüchigkeit und Ambiguität der Bewertung führen. So geriet auch Dietrich ins Schillern und wurde einer möglicherweise negativen Sicht ausgesetzt. Der literarische Erfolg dieses Experiments legte den zuvor sicher beweglichen Stoff in mancher Hinsicht fest. So wurde die dort geschilderte Episode im Leben Dietrichs für spätere Dichtungen kanonisch. Carola Gottzmann zeigt, wie unterschiedlich gleichwohl in der Folge das Bild Dietrichs in den Heldenepen und den Märchenepen ausfiel.

Vergleichbares lässt sich über die frühe Überlieferung zu Artus sagen, nur dass hier zeitgenössische Quellen völlig fehlen und auch die chronikalische Tradition eine längere Stufe rein mündlicher Überlieferung durchlaufen hat. Obwohl Artus nicht auf der Seite der germanischen Eindringlinge, sondern offenbar gegen sie stand – allerdings ist auch dies schon angezweifelt worden –, scheint die mündliche Überlieferung der Waliser und Bretonen über ihn ähnlichen Gesetzmäßigkeiten gefolgt zu sein: Man integrierte Sagengestalten in seinen Umkreis, die ursprünglich nichts mit ihm zu tun hatten, und führte übernatürliche Elemente ein. Wiederum verschoben sich mit den Verschriftlichungen auch die Absichten; das frühere Artusbild wurde verwischt und überlagert. Hier wurden jedoch *zwei* Verschriftlichungen kanonisch: die historisierende des Geoffrey of Monmouth und die epische des Chrestien von Troyes, die neben Geoffrey wohl auch auf bretonische Sagen zurückgriff und das märchenhafte Element stärker integrierte.

Auch die Überlieferung zu Karl dem Großen hat eine ähnliche Phase durchlaufen, die sich in den Chansons de geste widerspiegelt, auch wenn sie kürzer ausfiel und in einem Kulturraum stattfand, wo Schriftlichkeit in stärkerem Maße präsent war.

Demgegenüber ist für das Leben der mittelalterlichen Heiligen ein weit früheres Einsetzen der Schriftlichkeit und eine kontinuierliche schriftliche Tradierung charakteristisch, die gleichwohl ihren eigenen Transformationen unterworfen ist und sich oft gegenüber mündlicher Überlieferung als durchlässig erwies. Für die Erhebung zum Heiligen war es nämlich bereits im Frühmittelalter nötig, dass das Zeugnis einer Vita des Betreffenden vorlag. Schon von daher haben wir eine schriftliche Überlieferung aus der unmittelbaren Umgebung des heiligen Martin und des heiligen Franziskus von Assisi, deren Etablierung als Heilige offensichtlich schon zu ihren Lebzeiten abzusehen war.

Das Hochmittelalter bringt zwei grundlegende literarische Innovationen mit sich, die Troubadour- oder Minne-Lyrik und den höfischen Roman. In ihnen drückte sich ein neues Lebensgefühl des Adels in einem neuen Medium aus. Zwei unserer Gestalten sind eng mit diesen Innovationen verbunden. Der höfische Roman begann zwar mit einer neuen Verarbeitung antiker Stoffe, einschließlich der Abenteuer Alexanders des Großen, aber in seiner voll erblühten Form ist er unweigerlich mit dem Artusstoff verbunden. Das zentrale Moment der Troubadour-Lyrik dagegen, so Ingrid Kasten, ist der neue Frauenkult, die Verehrung der Minnedame. Da sie eine neu sich entwickelnde lyrische Konvention darstellt, fehlt dieser Gestalt zunächst ein narratives Moment. Auch ist sie vor allem von ihrer Wirkung auf das lyrische Ich her definiert und daher zwar in vieler Hinsicht festgelegt, aber auswechselbar. Die neu konzipierte Paarkonstellation der Troubadourlyrik greift jedoch bald über den lyrischen Rahmen hinaus und wird auch in narrativen Texten durchgespielt. Eine der einflussreichsten Darstellungen ist die Beziehung von Lancelot und Ginevra, mit der dieses Thema in den Artusstoff Eingang findet, wie Walter Haug vorführt. Artusroman wie Minnelyrik zeigen eine Lust am Experiment: In der kontrollierten Umgebung der fiktionalen Artus-Welt werden die Konsequenzen von Neubewertungen modellhaft durchgespielt; und die Aufführungssituation der Troubadour-Lyrik kommt einem Gesellschaftsspiel nahe. Beide verkörpern diesseitige weltliche Utopien, die erstmals wieder deutlich neben die christlichen, jenseitigen treten. Artus und Lancelot sind Träger dieser Utopien.

Es ist sicher kein Zufall, dass diese Neuerungen zeitlich in etwa mit neuen Entwicklungen auf religiösem Gebiet zusammenfallen, die sich in den Beiträgen zu Christus, Maria und Franziskus abzeichnen. Der Übergang vom Frühmittelalter zum Hochmittelalter ist gekennzeichnet durch ein Freiwerden von Räumen. Im Frühmittelalter stand die Sicherung des Überlebens der Gemeinschaft und die Legitimierung der dazu nötigen Herrschaft im Vordergrund. Dies bestimmte die Erwartungen, die an Helden wie Dietrich, Artus und Karl sowie an Heilige wie Martin und Jakobus, ja selbst an Christus und Maria gerichtet wurden. Im Hochmittelalter weitet sich der Horizont. Der Blick richtet sich einerseits mehr nach innen, auf das Individuum, andrerseits geht er weiter nach außen: über Sippe, Stadt, Bistum, über Mittel- und Westeuropa hinaus – ohne dass Fragen der Herrschafts- und Gemeinschaftssicherung ihre Brisanz dadurch verloren hätten. Zweifellos stand der ökonomische Aufschwung des 11. Jahrhunderts im Hintergrund und lieferte die Basis für diese Neugewichtungen. Peter Dinzelbacher arbeitet etwa heraus, wie ein Rückgang der Kindersterblichkeit intensivere Beziehungen zwischen Eltern und Kindern erlaubt hat. Gleichzeitig lässt der Wandel von Herrschaftsstrukturen, der mit dem Stichwort Feudalisierung verbunden ist, um diese Zeit als Kehrseite der Freiheit eine gewisse Unsicherheit aufkommen. Rollen müssen neu definiert werden. So erhebt sich ein Bedürfnis nach neuen Leitfiguren; alte Leitfiguren geraten in neue Perspektiven.

Die Paarbeziehung wurde immer mehr als eine persönliche Beziehung gesehen; dies gilt auch für die zeitgenössische Neubewertung der Ehe durch die Kirche. Gleichzeitig wurde der Wunsch nach einer persönlicheren Beziehung zu Christus und Maria immer intensiver. So läßt sich die erotische Aufladung mystischer Erlebnisse, besonders in der Frauenmystik, auf den Einfluss der Minnethematik zurückführen und umgekehrt die religiöse, manchmal fast blasphemisch anmutende Metaphorik der Liebestheorie auf franziskanische und andere mystische Strömungen. Obwohl diese Entwicklungen neuzeitliche Konzeptionen von romantischer Liebe und religiösem Erleben nachhaltig beeinflusst haben, wirken extremere Manifestationen auf uns heute geradezu grotesk: lebensbedrohlicher Liebeswahnsinn bei Lancelot, hysterischer Nachvollzug der Passion durch weibliche Anbeterinnen.

Dass diese neue Radikalität in Gefühl und Verhalten auch damals soziale Sprengkraft besitzen konnte, wird verschiedentlich deutlich: Das Artusreich übersteht weder seine Kollision mit dem absoluten Anspruch der Liebe von Lancelot und Ginevra noch seine Konfrontation mit dem religiösen Anspruch der Gralsqueste. Der Erfolg des heiligen Franziskus als Leitfigur unter zahlreichen anderen Heiligen und Häretikern, die sich um die Reform der Kirche bemühten, rührt, wie Helmut Feld zeigt, auch aus einem Widerspruch in dieser Figur: Die Radikalität seiner Ideen und seiner Selbstinszenierung führt Franziskus bis an den Rand der gesellschaftlichen Tragbarkeit; aber ein konservativer Impuls läßt ihn dann gerade noch innerhalb der Grenzen bleiben oder auch sich wieder hinter sie zurückziehen. Der überaus hohe emotionale Anspruch, den das neue Konzept der persönlichen geistigen und auch körperlichen Christus-Nachfolge stellt, erklärt zum Teil, wie Roswitha Wisniewski zeigt, auch die neue Rolle der Maria: eine Vorbildfigur, deren persönliche Beziehung zu Christus alle zur Nachahmung aufruft, die aber besonders den Frauen, die im Hochmittelalter in wachsender Zahl eine religiöse Lebensführung anstreben, zur Orientierung dient.

Wie bereits oben bemerkt, richtet sich der Blick im Hochmittelalter nicht nur verstärkt nach innen, sondern auch weiter nach außen. Wie schon in der Antike und wieder in der Neuzeit erschien im Mittelalter Alexander als ein Beispiel für den raschen Aufstieg zu größter Macht wie für den jähen Sturz aus höchsten Höhen. Das konnte als Exempel für das Wirken der Fortuna und ihres Schicksalsrades, aber auch als Warnung vor Hochmut aufgefasst werden. Dem Mittelalter erschien Alexander jedoch vor allem als ein Erkunder der unbekannten Ferne. Schon in der Spätantike hatte man die Erfahrungen Alexanders auf dem Zug nach Indien in fantastischen Farben ausgemalt. In dem Maße, in dem sich der Horizont durch den Zerfall des Römischen Reiches und die Ausbreitung des Islam verengte, wurde auch der Nahe Osten fremd und exotisch. Im frühen Hochmittelalter wandte sich die Aufmerksamkeit des westlichen Europa diesen Gegenden wieder verstärkt zu – der Beginn der Kreuzzüge sorgte dafür. Damit könnte zusammenhängen, dass, wie Thomas Noll vorführt, das Motiv der Greifenfahrt Alexanders um diese Zeit besonders beliebt wurde. Dieses Abenteuer hatte ja nicht nur im fernen Osten stattgefunden, wo man das Paradies vermutete, es drohte sogar die Grenze zum Himmel zu durchbrechen. Wo dieses Motiv eindeutig ausgelegt wird, deutet es auf den frevelhaften Hochmut Alexanders. Offensichtlich faszinierte es aber über diese schlichte allegorische Auslegung hinaus und verkörperte etwas von den Ängsten, die das Überschreiten der Grenzen zum Unbekannten hin auslöste. Das muss nicht nur auf geographische Grenzen hin verstanden werden. Denn in diese Zeit fallen auch die ersten Zeichen einer Neubelebung der Wissenschaften, auch des Quadriviums, also der mathematischen Wissenschaften und mit ihnen der Naturwissenschaft, fällt eine wachsende Bereitschaft, auch geistig Neuland zu betreten. Natürlich verkörpert die Greifenfahrt auch, wie der Ikarus-Mythos, den Traum des Menschen vom Fliegen, aber auf eine eigentümlich pragmatische Weise: Alexander fliegt nicht selbst, sondern konstruiert einen von Ungeheuern getriebenen Flugapparat.

Der geöffnete Blick nach außen führt oft gleichzeitig zur Abgrenzung, besonders dem Islam gegenüber, trotz Perioden regen kulturellen Austausches in Spanien, Unteritalien und auch Palästina. Die Kreuzzugsthematik bestimmt natürlich vor allem das Bild Gottfrieds von Bouillon, des Helden des ersten Kreuzzugs, dessen Wirkungsgeschichte Friedrich Wolfzettel nachzeichnet. Aber sie spielt auch in der Geschichte des Jakobskultes eine wesentliche Rolle, insofern der heilige Jakobus als Vorkämpfer gegen die Sarazenen Spaniens in Anspruch genommen wurde und dabei besonders innerspanisch zu einer einigenden Figur wurde. Diese Tradition strahlte ferner in die Karls-Rezeption aus, in der Karl einerseits als Führer des christlichen Europa, andererseits als Herrscher Frankreichs erscheint, und das Gegenbild der Sarazenen zur schärferen Profilierung dieser doppelten Führerrolle dient. Die Auseinandersetzung mit anderen Religionen, die das Alte Testament, aber nicht das Neue anerkannten, hat auch im Marienkult ihre Spuren hinterlassen: die theologische Diskussion um die Geburt Christi, als ein entscheidender doktrinärer Unterschied zu Islam und Judentum, verfestigt sich zu einem Schatz an geläufigen Metaphern und allegorischen Auslegungen aus dem Alten Testament, die in der religiösen Dichtung streckenweise aneinandergereiht werden. Ebenso führt die stärkere Mobilität, die mit der Häufung von Pilgerreisen verbunden ist, mitunter, wie Klaus Herbers bemerkt, auch zur Stärkung von Vorurteilen zwischen den Völkern Europas, obwohl sich das Symbol Jakobs, die Jakobsmuschel, bis zum späteren Mittelalter in ganz Europa verbreitet.

Abschließend möchte ich betonen, dass jede der hier behandelten Figuren – auch wenn die Darstellung in diesem Rahmen gelegentlich auf Zeugnisse nur eines Sprachraums beschränkt werden musste – sich über die Sprachgrenzen hinaus in einem europäischen Diskurs bewegt. Dieser ist unterfüttert durch die gemeinsame Orientierung auf die christliche Kirche und die Erinnerung an das römische Imperium, sowie vermittelt durch die Lingua franca des Latein. Dazu tritt im Hochmittelalter das sich schnell verbreitende Konzept des höfischen Rittertums. Freilich trennte das gemeinsame Erbe schon damals so häufig wie es vereinte – das demonstriert Johannes Fried an der Erinnerung an Karl den Großen.

Sämtliche hier versammelten Beiträge wurden im Wintersemester 2003/04 an der Katholischen Universität Eichstätt als Vorträge gehalten. Die Konzeption wie die organisatorische Durchführung des Programms lag in den Händen von Karl Graf Ballestrem, Verena Dolle, Andreas Hartmann, Inge Milfull, Michael Neumann, Almut Schneider, Michael Schwarze, Christine Strebl, Gabor Varga und Frank Zschaler.

Karl der Große
Skulptur von Hans Multscher, um 1427/30; Ulm, Rathaus

Johannes Fried

KARL DER GROSSE

Geschichte und Mythos

„Mythen Europas: Schlüsselfiguren der Vorstellungskraft" – dieses Buch gilt vorwiegend (Sagen-)Gestalten jenseits der Geschichtlichkeit, Heiligen, deren Leben zur Legende wurde, bevor es den Geschichtsschreibern in die Hände fiel, gilt der Gottesmutter gar und dem Gekreuzigten. – Und jetzt ein „profaner" Mensch? Karl der Große? Vielleicht auch der heilige Karl, dessen Fest jeweils am 28. 1. in Frankfurt gefeiert wird? Was verbindet den Frankenkönig mit Heiligen und mit der Himmelskönigin? Heiligkeit kann es ja nicht sein.

Gewiss, Karl der Große war groß. Da er 1165 heilig gesprochen wurde, und man daher sein Grab kannte, besitzen wir heute noch Knochen von ihm. Karls rechtes Schienbein maß 43 cm, sein Oberschenkel 53 cm. Vom Scheitel bis zur Sohle brachte es der ganze Mann auf 182 cm, vielleicht auch ein wenig mehr. Er überragte damit um Hauptеslänge die meisten seiner Mitmenschen.

Karl also war groß, groß an Leib und groß an Ruhm. Schon seine Zeitgenossen feierten ihn wie kaum einen anderen König; und die Nachwelt flocht ihm bis heute ihre Kränze. Wenigen ist Gleiches widerfahren – einem Alexander, einem Caesar oder einem Augustus. Zahlreiche Herrscher – beginnend mit Karls Enkeln über Ludwig XIV. und Napoleon bis hin in den verbrecherischen Größenwahn eines Adolf Hitler – erklärten ihn zu ihrem Vorbild, begehrten, ein „neuer Karl" zu sein oder doch in legitimatorischer Absicht wie er der Vater eines von ihnen gestalteten Reiches, gar ganz Europas. Die deutsch-französische Aussöhnung nach 1945 geschah, ohne ans Mittelalter anzuknüpfen, im Zeichen Karls des Großen. Sein Name wurde zum Zeichen für Versöhnung, Friede und Eintracht, ähnlich wie es seinerzeit im wirklichen Leben war. Charles de Gaulle galt als „Karlist". Selbst noch in die Niederungen der heutigen Spaßgesellschaft schleicht sich die Erinnerung an ihn: Den amerikanischen Rennläufer und Olympiasieger Carl Lewis nannten sie, als er noch startete, „Carl den Großen", als ob jener Carolus Magnus nur hatte sprinten und springen können.

Die Slawen, die ursprünglich kein Königtum kannten, adaptierten seinen Namen für ihren Königstitel: So wie aus *Caesar* der „Kaiser" wurde, wie *Augustus* zum Bestandteil des Kaiser- und Königstitels wurde, so eben *Karl* zu *Krol*. Jüdische Geschichtsschreiber des Mittelalters erkannten in diesem König den Förderer und Schirmherrn der Ihren. Zahlreiche Adelsfamilien beriefen sich auf Karl als ihren Vorfahren. Die Sage bemächtigte sich seiner. Über einhundert Beispiele sind allein aus Deutschland registriert – so viele wie von keinem zweiten Herrscher, um zunächst von den französischen Legenden und „Chansons de geste", den französisch-sprachigen Karlsdichtungen des hohen Mittelalters, zu schweigen, wo er zum Stifter des Rittertums und zum gesegneten Kreuzritter avancierte.

„Von Karl dem Großen vernahmen wir manches Mährchenhafte", so erinnerte sich Goethe, „aber das Historisch-Interessante für uns fing erst mit Rudolf von Habsburg an, der durch seine Mannheit so großen Verwirrungen ein Ende gemacht".[1] Sagen und Märchen hatten die Geschichte überwuchert. In der Tat, „gigantische Kräfte" attestierte bereits der Marschall des Kaisers Otto IV., Gervasius von Tilbury, um 1200 seinem Karl;[2] und bald kursierte auch die Geschichte vom „eisernen Karl", welche die Brüder Grimm in ihre „Deutschen Sagen" aufgenommen haben. Dieser „Karl war kühn, schön, gnädig, selig, demütig, stet, löblich und furchtlos", ein wahrer Prachtkerl. Karls Wiederkehr am Ende der Zeiten wurde prophezeit; und selbst die magische Welt der Zauberer und Hexenmeister mochte auf ihn nicht verzichten. Himmelsbrief und Karlssegen gingen in Zauberbücher ein. Kaiser Karls Gebet schützte gegen Feuer und Wasser, Diebe und Räuber, Gespenster, böse Geister und gegen den Teufel selbst.

Wirklichkeit und Mythos flossen so im Karlsgedenken in eins und verschafften ihrem Heros eine posthume Wirkung, die jener zu Lebzeiten in keiner Weise nachstand. Wirklichkeit war auch sie, Wirklichkeit freilich auf einer anderen Ebene als der des verflossenen Lebens. Sie formte sich kontinuierlich aus und um und beherrschte durch Jahrhunderte die Vorstellungswelten, wirkte auf politische und soziale Ordnungsmuster, verlieh dem Handeln und den Zielsetzungen Gestalt und Richtung. Wie und warum war das möglich geworden? Was zeichnete diesen König und Kaiser und sein Nachleben aus? Was überhaupt wissen wir von ihm und seinen Taten?

Nur vor dem Hintergrund seines realen Lebens wird sein heroisches Nachleben verständlich.

Dazu gehe ich in drei Schritten vor: erstens gebe ich einen Überblick über Karls Leistungen; – zweitens sind Beobachtungen zu Gedächtnis und Erinnern am Platze, da die Mythisierung, über die ich zu handeln habe, eine Erinnerungsfigur ist; – drittens folgen Aspekte eben dieser Mythisierung auf drei Ebenen: auf derjenigen des Herrschers, derjenigen des Heiligen, sowie, wenn auch knapp, jener des Heros der Dichter und Literaten. Ich vergleiche dazu jeweils die Entwicklung im Westen und Osten des einstigen Karlsreiches zunächst im früheren, dann im hohen und späteren Mittelalter. Der Untersuchungszeitraum endet mit dem 15. Jahrhundert. Doch kann vieles nur angedeutet werden.

Die Taten

Karls Leistungen sind in der Tat eindrucksvoll. Geboren im Jahr 748, gestorben am 28. Januar 814, bestieg er in seinem einundzwanzigsten Lebensjahr den Thron, zog er – mit zwei Ausnahmen – Jahr für Jahr in den Krieg, eroberte er das Langobardenreich im Süden und Sachsen im Norden, besiegte er die Awaren in Pannonien, gewann er – nicht ohne Tücke – Bayern, Barcelona und die spanische Mark; Karl erneuerte das römische Kaisertum des Westens, schloss Verträge mit Byzanz und korrespondierte freundschaftlich mit Harun al Rashid, dem Kalifen von *Tausend-und-einer-Nacht*. Gelegentliche Misserfolge wie auf dem Feldzug nach Spanien im Jahr 778 können nicht über seine insgesamt erfolgreiche und dauerhafte, im Wesentlichen nach Osten und Süden gerichtete Expansionspolitik hinwegtäuschen. Karl war einer der großen Gewalttäter der Weltgeschichte. Seine Nähe war gefährlich. Seine Neffen verschwanden spurlos, als er ihrer habhaft wurde, gleich Tassilo und seiner gesamten Familie, die dieser Bayernherzog allzu vertrauensselig, schamlos getäuscht oder gewaltsam gezwungen aufforderte, am Königshof in Ingelheim zu erscheinen, wo sie festgenommen und abgeführt wurden. Der eigene Sohn, Pippin der Bucklige, landete in Klosterhaft. „Den Franken habe zum Freund aber nicht zum Nachbarn“, warnten, wie Karls Biograph Einhard wusste,[3] die Byzantiner vor diesem König.

Nicht minder wirksam als seine Kriege und Eroberungen nimmt sich Karls Bemühen um innere Reformen in seinem gewaltigen Reiche aus. Nur Umrisse können hier angedeutet werden. Doch auch sie helfen, die

Heroisierung dieses Herrschers und ihre geschichtliche Wirkung recht zu deuten. Betroffen war alles: die Herrschafts- wie die Hofordnung, die Gerichtsbarkeit wie die Gesetzgebung, die Geistlichkeit wie Wissenschaft und Wirtschaft. Als Förderer und Schutzherr von Papsttum und Kirche ging Karl in die Geschichtsschreibung ein. Grundherrschaften, Markt- und Münzwesen wurden reformiert. Herren- oder Gewaltboten, so genannte *Missi dominici*, sahen sich paarweise – ein Bischof, ein Graf – in feste Sprengel entsandt, um die regionalen Herrschaftsträger zu kontrollieren.

Gerne schreibt man Karl den einsichtsvollen Schutz der Freien durch die Rechtssprechung und zumal durch ihre Entlastung vom Militärdienst zu. Doch trifft das nur die halbe Wahrheit. Tatsächlich vollendete Karl mit seinen Maßnahmen die Reorganisation des fränkischen Heeres, das nun die Bauernkrieger entpflichtete und nur noch aus Reiterkriegern bestand, während sich die Merowinger noch weithin auf Fußtruppen verlassen hatten. Damit war die für das Abendland charakteristische soziale Differenzierung in berittenen Kriegeradel und unadeliges Bauerntum eingeleitet, die dann im 12. Jahrhundert ihren Abschluss fand: eben zu jener Zeit – eine Ironie der Geschichte –, die Karl selbst auf den Gipfel des Mythos trug und ihn zum Erfinder des Rittertums erklärte. Gleichwohl, ein Hauch von Rechtssicherheit breitete sich aus, was dann nach Karls Tod ungerechte, Macht missbrauchende Richter umso unerträglicher machte. Wehmütig gedachte ein Paschasius Radbertus, einstiger Abt von Corbie, noch um 850 der gerechten Rechtsprechung seines Helden Wala, eines Vetters Karls des Großen, der in dessen Auftrag für den minderjährigen Kaiserenkel Bernhard Italien regiert und später im Dienst des Kaisers Lothar I. dort nach dem Rechten zu sehen hatte. Und der St. Galler Mönch Notker Balbulus häufte in seinen „*Gesta Karoli Magni*“ von 885 Exempel auf Exempel für Karls Gerechtigkeitsliebe. Der Heros bot das Gegenbild zur Wirklichkeit.

Es gab keinen Bereich des Lebens, der Herrschaft, der religiösen und geistigen Kultur, in dem Karl der Große nicht machtvoll und maßsetzend eingegriffen, den er nicht reformiert und neu geordnet hätte. Die Hofbibliothek füllte sich mit Kostbarkeiten und seltenen Manuskripten. Architektur und Malerei blühten sichtbar auf. Eindrucksvolle Pfalzanlagen wie in Ingelheim, Nimwegen und zumal in Aachen, ehrgeizige Kirchenbauten kündeten davon. Der Schmuck der Wände durch Fresken und Mosaiken muss bedeutend gewesen sein, auch wenn nahezu alles untergegangen ist; doch selbst die spärlichen Reste lassen die einstige Farbenpracht ahnen. Die Aachener Marienkirche war, als Pfalzkapelle errichtet, der am höchsten aufragende Bau seit der Römerzeit im Abendland, ein Wunderwerk der Architektur; sie blieb stets eine weithin leuchtende Gedenkstätte ihres Stifters.

Die Mission im Innern wie nach außen schritt voran. Mindestkenntnisse der Gläubigen und Mindestanforderungen an sie sollten durchgesetzt werden: die Kenntnis der Abschwörformeln, des Glaubensbekenntnisses, des althochdeutschen „Vaterunsers", der regelmäßige Kirchgang, Beichte und Kommunion. Die Rombindung der fränkischen Kirche wurde unzerstörbar gefestigt, die Kirchenordnung in einer noch heute gültigen Weise reformiert, das Kirchenrecht erneuert und weiterentwickelt, der Kampf gegen Irrglauben wie Adoptianismus und Bilderkult, mit denen sich zahlreiche Traktate auseinandersetzten, selbstbewusst vorangetrieben. Liturgie, Mönchtum und Theologie verdankten Karl dem Großen wesentliche Impulse, von den Bemühungen um die Bibelrevision, nämlich um die Zusammenführung der separat kursierenden biblischen und neutestamentlichen Schriften zu einem einzigen Buch, zeugen die mehrbändigen Alkuin- und die einbändigen Theodulf-Bibeln, prachtvolle Wunderwerke der Bibelforschung und der Buchkunst sie beide.

Wissenschaft und Schule, der erneuerte Lateinunterricht legten die Grundlagen für den intellektuellen Aufstieg des Abendlandes. Zumal die Gelehrten des Westens wurden dazu verpflichtet; der Osten jenseits des Rheins war noch geistiges Kolonisationsgebiet. Sie griffen auf antike Bildungsprogramme zurück. Schriftlichkeit breitete sich, erleichtert durch eine Schriftreform, aus, die noch heute weltweit die Buchkultur prägt. Eindringliche und systematische Suche und intensive Abschreibetätigkeit nicht zuletzt für den Hof retteten die Werke der antiken Autoren und der Kirchenväter; die ersten großen Bibliotheken entstanden. Was damals und in den folgenden Jahrzehnten der Findigkeit und dem Abschreibeeifer der Zeitgenossen entging, ist – von wenigen Ausnahmen abgesehen – für alle Ewigkeit verloren.

Jegliches Wissen war am Königshof konzentriert. Seit den 790er Jahren diente die Pfalz zu Aachen als feste Residenz. Von hier aus lenkte Karl sein Reich, hier versammelte er seine Gelehrten, hier hortete er seine Bücher – ein jedes ein Vermögen wert –, hierher berief er die viel versprechende Jugend seiner Länder. Keineswegs nur Franken, auch Langobarden, Iren und Angelsachsen, Westgoten, Bayern oder Alemannen trafen sich hier, Kleriker und Laien; sie atmeten die Luft des Königshofes und lernten, das Reich von der Nordsee bis nach Benevent, von der Biscaya bis an die Niederelbe als eine Einheit zu achten. Der Königshof war das Wissenszentrum schlechthin. Alle Förderung der Wissenschaften nahm von ihm ihren Ausgang. Eine neue höfisch geprägte Wissenskultur entstand. Karl versammelte die Gelehrten um sich wie keiner seiner Vorgänger. Wissensaustausch und Wissensdistribution erfolgten über seinen Hof und von demselben aus für und über sein gesamtes Reich. Die Effizienz der Maßnahme war einzigartig. Sie wurde vorbildlich und normsetzend für die kommenden anderthalb Jahrtausende. Seitdem kümmern sich die Herrscher und Regierenden um Schule, Wissenschaft und Bildung, um die Wissenskultur ihres Landes – sei es zu deren Wohl, sei es zu deren Schaden.

Die Rezeption erster logischer Schriften des Aristoteles (die später so genannte *Logica vetus*) begann am Königshof und unter maßgeblicher Anregung durch den Herrscher selbst: Die Lehre von den Kategorien und den Satzaussagen, die Differenz zwischen „Begriff" und „Sache", *nomen* und *res*, und dergleichen mehr wurde, so unwahrscheinlich es klingt, karlisches Herrschaftswissen. Dazu traten die logisch und kategorial geordneten Fragemuster der Rhetorik, die Anfänge der Verwissenschaftlichung des Abendlandes. Welch herrliche Zeiten, in denen die Spitzen der Gelehrsamkeit den Herrscher berieten, und er auf sie hörte, nicht irgend dubiose, goldverschlingende ‚Berater' und inkompetente Referenten. An diesen König klammerten sich Hoffnungen, die zeitlos gültig blieben und seine Gestalt in den Augen der Nachwelt zu einzigartiger Größe aufragen ließen.

Nicht, dass die philosophischen Leistungen der Karolingerzeit – wiederum von Ausnahmen abgesehen – in besonderer Weise herausragten; aber *dass* sie nun angestrebt wurden, und die Intensität, mit der es geschah, *dass* sie eben jetzt zum Programm aller Schulen des Frankenreiches erhoben und fortan über drei Jahrhunderte lang die allgemeine intellektuelle Grundausstattung höherer Bildung und der dann aufbrechenden Wissenschaft wurden, verschaffte Karls Regierung eine herausragende Bedeutung für die geistige Einheit des Abendlandes. Von ihr zehrten alle Späteren – einschließlich uns Heutigen. Selbstverständlich profitierte auch die Geschichtsschreibung von diesem intellektuellen Aufbruch und mit ihr unser Wissen um diesen König und Kaiser sowie um die aufquellende Mythisierung, die das Gedenken an ihn erfasste.

Auch die Dichter am Hof besangen den König. Alkuin, Theodulf von Orléans, der Quasi-Schwiegersohn Angilbert, der anonyme Epiker des Versgedichtes von „Papst Leo und König Karl" und viele andere dichteten um die Wette, um sein Lob zu singen. Der Hof sonnte sich in der Gegenwart der Musen. Man imitierte antikes Herrscherlob und Panegyrik. *Maximus armis*, *ensipotens* und *armipotens*, *bellipotens* (Größter an Waffen, schwertgewaltig, waffengewaltig, kriegsgewaltig) – Karl liebte, eingepasst in die kunstvollen Rhythmen, die kriegerischen Bilder, er, der „große König", *Karolus magnus rex*. Gerne hörte er den David-Vergleich, den vielleicht Alkuin erfand: „süßer", „süßester David", *dulcis David, David dulcissimus*.

Doch dann, mit Karls Tod, klangen die Töne verhaltener. Die Lieder spiegelten eine neue Wirklichkeit. Sogar Kritik wurde laut. Einhard schrieb mit seiner *Vita Karoli*, einem Prosawerk, gerade auch dagegen an. Sein Tatenbericht signalisierte eine Peripetie. Karl besaß keinen angemessenen Nachfolger. Der Sohn, der ihn beerbte, Ludwig der Fromme, war zum Provinzkönig erzogen worden, nicht zum Gesamtherrscher; Karl misstraute ihm eher, als dass er ihn schätzte. Übergehen freilich, gar ausschalten konnte er ihn nicht. Er suchte durch eine Nachfolgeordnung, an der Einhard übrigens maßgeblich beteiligt gewesen sein dürfte, das vorausgeahnte Unheil aufzuhalten. Als alles Bemühen sich als Illusion erwies, lange nach Karls Tod, erinnerten die Dichter, die Legenden- und Geschichtsschreiber an scheinbar glücklichere Zeiten.

Einer der ersten, die es taten, war eben dieser Einhard. Er zeichnete nach dem Muster von Suetons Augustus-Biographie ein ideales Bild seines Helden. Es geschah, als die ersten Anzeichen von Erschütterung und Auflösung des großen Karlsreiches sich bemerkbar machten und Kleinmut und Unbeständigkeit am Hof ihren Einzug hielten. Bald sollte sich Einhard, enttäuscht und desillusioniert, vom Hofleben abwenden. Der Literat, der zugleich ein Politiker war, rühmte nun Großmut und Standhaftigkeit des toten Königs und Kaisers, *magnanimitas* und *constantia*, – eben weil die Gegenwärtigen dieser Tugenden ermangelten. Karl wurde ihnen als Spiegel vorgehalten. Doch was vermochten schon Worte im Machtkalkül der Großen? Einhard teilte das Los eines jeden Intellektuellen: Er kam zu spät. Ludwigs Erziehung in der Provinz und durch dieselbe holte den Gesamtherrscher ein. Was der Vater in 45 Jahren gebaut, riss der Sohn in 25 Jahren oder noch schneller nieder. Einzig dem Mönchtum hinterließ er, beraten von Benedikt von Aniane, dem eigentlichen Vater benediktinischen Mönchtums, Bleibendes. Es zeitigte Folgen auch für das Karlsbild.

Einhards *Vita Karoli* war ein glänzendes Werk, viel gerühmt, weit verbreitet, wieder und wieder gelesen und in den historiographischen Grundbestand des Frankenreiches und seiner Nachfolger eingeflochten. Im Mönchtum aber regten sich düsterere Stimmen, die nicht oder nicht vorbehaltlos in den reinen Lobgesang einstimmen mochten. Erschrecken und aufrütteln sollten sie stattdessen. Eine dieser Stimmen war die *Visio Wettini*, die Jenseitsschau eines Reichenauer Mönchs namens Wetti auf dem Totenbett, eine im Ursprung vielleicht echte „near-death-experience". Sie ist als Prosa-Aufzeichnung überliefert und wurde von Walahfrid Strabo, dem berühmtesten Dichter der Reichenau, zudem in Verse gesetzt; zahlreiche Handschriften verbreiteten sie und hielten das Wissen um Karl den Sünder lebendig.[4]

Der Sterbende pries und lobte den fränkischen Kaiser ob seiner Sorge für die Kirche und verdammte ihn zugleich ob seiner Sünden. Er schaute ihn, den Vater des regierenden Ludwig des Frommen, als abschreckendes Beispiel an den Läuterungsberg verbannt und heimgesucht von schlimmster Pein. Die Mönche der Reichenau und im Reich und nicht zuletzt die Herren am Hof sollten nachdrücklich gewarnt sein, sich – wie der gelehrte Walahfrid erläuterte – der Freiheit zum Bösen hinzugeben: der einzigen Freiheit, die der hl. Augustinus gelten ließ. Die Dringlichkeit eines neuartigen monastischen Gebetsgedenkens, das den Leidenden im Jenseits Linderung verschaffen könnte, sollte im Inselkloster und allenthalben in den Klöstern des Frankenreichs erkannt werden. Wettis Schau trug das Ihre dazu bei; alsbald wurde das Gedenken tatsächlich praktiziert. Die Botschaft des Visionärs hatte ihre Empfänger in Adel und Mönchtum erreicht.

Nichts aber hielt die Kämpfe um Thron und Reich auf, keine Mahnung, keine Warnung, kein Gebet und kein Gedenken. Die Franken lieferten sich bald die mörderischsten Schlachten. Das Reich des großen Karl zerfiel; Deutschland und Frankreich gingen aus ihm hervor, auch ein stets gefährdetes Königreich Italien. Es blieben nur Erinnerungen; doch diese trieben so auseinander wie die Reiche, die aus den Trümmern des Karlsreiches erstanden. Karl ragte, wir werden es sehen, als ein gemeinsames und zugleich trennendes Erinnerungsmal in dieses Geschehen hinein.

Indes, Einhards „großer König“ hatte das Höchste, den Gipfel des Ruhms noch nicht bestiegen; noch war er nicht „Karl der Große“. Diese letzte Stufe historischer Heroisierung, die zuvor nur Alexander und Konstantin erklommen hatten, betrat Karl erst, soweit zu erkennen, um 885 mit den *Gesta Karoli Magni* des Mönches Notker.[5] Sie überlieferten – an Anfang und Ende verstümmelt und nur wenigen bekannt – eine Sammlung von Karlsanekdoten. Dieselben weckten, nicht unähnlich Einhards Biographie, nostalgische Gefühle, waren legendenhaft verbrämt und geradezu phantastisch ausgestaltet. Karls Urenkel Karl III. soll sich, als er das Kloster St. Gallen besuchte, an ihnen ergötzt und um ihre Niederschrift gebeten haben. Sie gemahnten ihn fortgesetzt an ein und dasselbe: an den Helden Karl, den „unbesieglichsten Kaiser“, *invictissimus imperator*, an das Ideal von Herrscher, Tatkraft, Macht und Durchsetzungskraft, von Gerechtigkeit auch und Gottgefälligkeit und an Größe – durchweg Eigenschaften, die dem dritten, dem tobsüchtigen und kranken Karl abgingen. Jede einzelne dieser Episoden verkündete ihrem Auftraggeber die nämliche Botschaft – sich im Gedenken an den großen Ahn seiner eigenen Bestimmung eingedenk zu werden: ‚Karl, werde ein Karl!‘ Was freilich dem einflussreichen Höfling Einhard im Zentrum der Macht versagt geblieben war, fiel auch dem braven Mönch im fernen Kloster St. Gallen nicht zu. Die Erinnerungen mochten ihren Leser ergötzen, aber sie hielten den Untergang von Karls Reich nicht auf. Heroen aber steigen aus solchem Untergang auf: als Tröster, Hoffnungsspender und Zukunftsdeuter.

In der Tat, das Gedenken an einen Heros blieb, unter dem das Reich an äußerer Macht gewachsen war, im Innern friedlich gelebt und Großes geleistet, auch an Glanz nicht seinesgleichen gekannt hatte. Ein Karl nostalgischer und gegenwartskritischer Vorstellungen hielt seinen Einzug ins kulturelle Gedächtnis des Abendlandes, bot das Bild einer Vergangenheit, in der sich eine bessere Zukunft brach. Keine seiner Taten ließ er zurück, weder die ‚guten' noch die ‚bösen'. Als Übeltäter und Sünder, als Feind des Feudaladels, als Held und Heiliger zog er ein. So herausragend Karls Regierung gewesen, so umfassend setzte nach seinem Tod die Mythisierung ein. Allein Aufstände und Vernichtungsaktionen wie gegen Tassilo von Bayern filterte das alles modulierende und verzerrende Gedächtnis aus, einstweilen jedenfalls, denn die Epik einer späteren Epoche wusste in anderen Umrissen und mit anderen Farben so gut wie das Sündenmotiv auch die Rebellenthematik zu erneuern.

Das Gedächtnis

Taten sind Wirklichkeit, schaffen Wirklichkeit und wirken in der Wirklichkeit fort. Wirklichkeit aber fassen wir nur durch Erinnerung. Jede Wahrnehmung speist sich aus den vorwiegend unbewussten Zuordnungen von Sinneseindrücken zu dem bereits vorhandenen Wissen durch das Gedächtnis. Auch die Vorstellungswelten, von denen dieses Buch handelt, sind Wirklichkeit und wirken in Wirklichkeit weiter. Wer sich ihnen zuwendet, hat es ebenfalls mit dem Gedächtnis zu tun. Mythos und Legende sind Formen des kulturellen Gedächtnisses. Einige knappe Bemerkungen zu Erinnerung und Gedächtnis erscheinen deshalb an dieser Stelle unabdingbar. Die Geschichtswissenschaft nimmt sich ja gewöhnlich bloß des Wortlauts ihrer Quellentexte an, den sie geradezu für sakrosankt hält, und übersieht die gestaltenden Kräfte der Erinnerung, die ihn geschaffen haben und nicht aufhören, auf ihn einzuwirken. Sie lassen keinen Sachverhalt unberührt. Gleichwohl sind auch verformte Erinnerungen Wirklichkeit, die neue Wirklichkeiten erzeugt. Erinnerung zielt überhaupt auf Wirklichkeit. Unsere gesamte leibliche und geistige Existenz verdankt sich dem Gedächtnis. Wir sind unser Gedächtnis.

Wirklichkeit also fassen wir nur durch Erinnerung. Wir vermögen es, weil eingehende Sinnessignale in der Sprache des Gehirns aus elektrischen Impulsen und chemischen Prozessen semantisch besetzt und eingespeichert werden, und weil dieses Wissen, soweit es dem deklaratorischen Gedächtnis anvertraut ist, etwa durch die gesprochene Sprache symbolisch Wirklichkeit zu repräsentieren vermag. Aus diesem Grund können wir einem Fremden, der den Weg zu unserer Wohnung nicht kennt, denselben so beschreiben, dass er tatsächlich hinfindet. Auf diesen Effekt setzt auch der Historiker, der die Sprachen seiner Quellen beherrscht und die symbolische Repräsentation zu entziffern vermag.

Doch, wie gesagt, wir erfassen Wirklichkeit nicht unmittelbar. Sie wird uns stets nur durch Erinnerung, und das heißt gebrochen und ausschnitthaft vermittelt. Daran tragen die körperlichen Bedingungen unseres ‚Weltbildapparates' Schuld, mit dem wir ausgestattet sind und auskommen müssen. Alle eingehenden Sinnessignale müssen vom Hirn über das ihm verfügbare – nämlich schon eingespeicherte – Wissen bearbeitet, ausgewählt und gedeutet werden, bevor sie zu Bewusstsein gelangen können. Derartige Bearbeitung und Deutung geht jedem Bewusstwerden voraus. Das hat Konsequenzen für jede Wahrnehmung, die ein nur teilbewusster, höchst selektiv operierender Konstruktionsprozess ist – und somit für alle Vergangenheitskonstrukte. Denn Deutung und anschließende Konstruktion, das gesamte Erinnern geschehen, was die Historiker, an den Wortlaut ihrer Quellen gebunden, nicht gerne zur Kenntnis nehmen, niemals identisch; sie sind stets kontextuell und situativ moduliert und befinden sich ununterbrochen im Fluss, manche langsamer – wie in der Regel die Leistungen des semantischen Gedächtnisses, manche schneller – wie gewöhnlich die des episodischen Gedächtnisses. Keine Erinnerung gleicht einer anderen; keine bleibt unverändert stehen. Das gilt für das individuelle wie für das kollektive oder das kulturelle Gedächtnis, sei dieses mündlich tradiert oder schriftlich fixiert. Und selbst der forschende Historiker bleibt von gleichartigem Fließen nicht verschont; auch seine Erinnerungen formen sich kontinuierlich um.

Das Gedächtnis verfügt über zahlreiche Konstruktions-‚Techniken' – Teleskopie etwa, Überschreibung, Inversion und andere mehr – und gestattet, von traumatischen Erfahrungen abgesehen, keine Identität der Erinnerungen selbst an dasselbe Geschehen; in der Regel rafft es zusammen, was ursprünglich nicht zusammengehörte und produziert irreale, aber bedeutungsträchtige Mixturen von Scheinwirklichkeiten. Kein Moment kehrt wieder, auch im Gedächtnis gibt es keine Rückkunft. *Erinnerte* Wirklichkeit ändert sich somit unablässig; nichts kann sie vor diesem Fließen bewahren.

Unverändert bleibt allein die *vergangene* Wirklichkeit. Beide Wirklichkeiten, die einstige und die erinnerte, sind streng auseinander zu halten. Doch beider Wirkungen wirken fort und dieses Fortwirken lässt sich erkennen. Der Historiker aber, der wissen will, was einst geschehen, muss diesen Fluss zu seinem Ursprung zurückverfolgen. Wieweit es möglich ist, sei hier nicht erörtert.

Erinnerung transformiert das Erinnerte somit kontinuierlich; nichts verharrt in ihr unverformt. Jedes einzelne dieser divergierenden Erinnerungsbilder kann Handlungsimpuls werden und damit nachwirken und tatsächlich, soweit es Intentionen und Handeln durchsetzt, soziale Wirklichkeit gestalten. Keines aber verändert die *einstige* Wirklichkeit, doch ein jedes schafft in seiner Gegenwart und für die Zukunft *Neues*, das fortan als eigene Realität neben alles Ältere tritt und weiterwirkt. So entfaltet sich ein breiter Fächer von mehr und mehr einander überlagernden und zugleich auseinander tretenden Wirkungen, ein ungebändigter und unzähmbarer, sich in zahlreiche Arme und Seitenkanäle zerteilender, hier und da sich auch wieder vereinender Fluss.

Nichts bleibt von diesem Fließen, Zerteilen und gelegentlichem Wiedervereinen ausgenommen. Der Historiker hat es zu erfassen und die Folgen zu beschreiben. Alles einstige Geschehen, geht es nur in das Gedächtnis ein, unterliegt derartiger Auffächerung in einstige und erinnerte Realitäten und deren jeweilige Wirkungen. Beide decken sich nicht; sie driften vielmehr, je länger sie wirken und je mehr Erinnerungsträger sich – gleichgültig, ob in schriftlicher Form oder in mündlicher Kolportage – beteiligen, umso unaufhaltsamer auseinander. Der Fächer an Realitäten entfaltet sich mit der Zeit immer breiter und reicher. Das Fließen, Zerfließen, erneute Zusammenfließen endet nimmer, es sei denn, alles versickert und mündet in den spurlosen Untergang ewigen Vergessens. Dann ist der Rest ein Schweigen, das kein Historiker mehr durchdringt.

Mythos Karl

Heroisierung und Mythisierung sind davon unmittelbar betroffen; sie zeugen von jener Auffächerung der Erinnerungen an Geschehens- und Gedächtnisrealitäten. Sie sind nicht zuletzt deren Ergebnis. Am Beispiel Karls des Großen lässt es sich geradezu mit archetypischer Deutlichkeit aufzeigen. Seine vielfältige Gegenwart im kulturellen Gedächtnis spiegelt mannigfache Formen der Erinnerung und ihrer Wirkungen; ihnen sei im

Weiteren nachgegangen. Doch gebietet der verfügbare Raum, mich auf wenige Beispiele zu beschränken: den Herrscher, den Sünder und Heiligen sowie den Heros der Dichter.

Der Herrscher

Zumal Frankreich und Deutschland hielten durch historiographische oder anekdotische Texte, in der Schule und in mündlicher Erzählung die Erinnerung an den großen König und Kaiser wach. Man gedachte dabei durchaus eines realen Herrschers und legitimierenden Vorbildes, keines metaphysischen Wesens, keines Wundertäters und sagenfernen Schemens. Gleichwohl zeichneten sich von früh an gravierende Unterschiede ab.

Während Karl im Westen vor allem sachlich-historisch gesehen wurde, Einhards *Vita,* mit einer Lebensbeschreibung seines Nachfolgers Ludwig, den sog. „Reichsannalen", und weiteren Werken zur Geschichte der Franken zu einem respektablen Geschichtsbuch vereint, dem König Karl II., einem Enkel des Großen, zur Instruktion dargereicht wurde, während alsbald auch dieses zweiten Karls gleichnamiger Enkel Karl („der Einfältige", wie er mit distinguierendem Beinamen heißt) in legitimierender Absicht die Erinnerung an seinen großen Ahnherrn – wenn auch nicht nur an diesen – pflegte und damit eine Geschichtstradition begründete, die später, nach einem Karls-abstinenten Zwischenspiel, in die *Grandes Chroniques de France* münden sollte, während dergestalt also die westfränkisch-französische Geschichte begründet wurde, verharrte der Osten mit Notkers *Gesta Karoli Magni* zunächst ganz im Personalen, Episodischen und Anekdotischen. Hier rissen immer wieder mühsam geschaffene Traditionslinien ab. Das Gedenken an Karl blieb davon nicht unberührt. Kein durchlaufendes literarisches Programm scheint das Erhaltene gestaltet und ihm als Ganzem einen über die einzelne Anekdote hinausweisenden Sinn vermittelt zu haben.

Zwar kursierte Einhards *Vita* auch im Osten; aber das Rezeptionsmilieu unterschied sich deutlich von jenem des Westens. Hier, im Osten, waren die Franken nur eines von mehreren Völkern: den Friesen, Sachsen, Thüringern, Alemannen und Bayern, die kaum eine eigene, geschweige denn eine gemeinsame historische Tradition besaßen. Fränkische Herrschaft wurde von den Nichtfranken durchaus als eine fremde empfunden. Ihre Erinnerung an Karl war von unvergessenen Demütigungen durchsetzt und wird im 9. Jahrhundert eher zwiespältig gewesen sein. Zudem teilten die Königssöhne das Reich ihrer Väter in immer kleinere Teile. Doch an welchen sollte sich in besonderer Weise Karls Gedenken heften? Karl III., für den Notker seine *Gesta* niederschrieb, war für wenige Jahre der letzte Gesamtherrscher über das einstige, längst unaufhaltsam auseinanderdriftende Großreich. Erst nachdem im 10. Jahrhundert Einheit und Unteilbarkeit des Ostreiches gesichert waren, konnte das Karls-Gedächtnis dort eine neue Qualität annehmen. Einhards ‚Karlsleben' blieb in solcher Umgebung ein isoliertes literarisches Phänomen – dann und wann gelesen, aber ohne eine an die Schöpfermacht der Vorstellungen appellierende Resonanz. Zudem schob sich schon bei Notker statt des historischen Sinns der allegorisch-mystische in den Vordergrund. Er entrückte Karl mehr und mehr dieser Welt.

Der St. Galler Mönch scheute sich nicht, seine munteren Geschichtchen mit großer, doch ins Leere laufender Geste in einen heilsgeschichtlichen Kontext zu rücken. „Der allmächtige Lenker der Dinge und Ordner der Reiche und Zeiten hat", so beginnt mit Anspielung auf die Geschichtsvision des biblischen Danielbuches (Dan. 2,31) das erhaltene Fragment der *Gesta Karoli magni*, „nachdem er die eisernen oder tönernen Füße jener wunderbaren Bildstatue in den Römern zermalmt hatte, das goldene Haupt einer zweiten nicht minder wunderbaren Statue durch den erlauchten Karl in den Franken errichtet". Dieser eigenwillige Ausflug in die biblische Apokalyptik diente allein dem Kaiserlob, keiner Beschreibung der Endzeit; sie floss mit einem antik-heidnischen Topos in eins: Mit Karl habe ein neues goldenes Zeitalter begonnen.

Das Lob war in keiner Weise theologisch oder geschichtstheoretisch durchdacht, obgleich dazu Anlass bestanden hätte. Konsequenzen für seine eigene Darstellung zog Notker ebenso wenig. Derartige ‚Scheintranszendierung' entkleidete gleichwohl Karl seiner diesseitigen Historizität und entrückte ihn in die Gefilde der Mythen und Exempel. Zumal unter den Sachsen schritt die Entweltlichung kräftig voran. Karl wandelte sich dort zum Heiligen. Die Metamorphose half diesem adelsstolzen Volk, das Trauma der Unterwerfung unter fränkische Herrschaft zu verdrängen und sich seiner eigenen Größe zu besinnen.

Im Westen aber, genauer: in der Ile de France, dem Herzen des künftigen Frankreich, blieb der Kaiser der irdische Herrscher, das reale Vorbild an Herrschertugend. Stets wurde betont, wie er das Recht pflegte, Frieden und Schutz spendete, die Kirchen förderte und in Übereinstimmung mit dem Papsttum handelte. Diese Sicht wirkte, wie angedeutet, zuerst auf Karl II. den Kahlen. Er bekam von Kind an durch seine Mutter Judith Geschichtsbücher zu lesen. Als König handelte er entsprechend: Zumal sein Großvater, dessen Namen er trug, wurde sein Vorbild. Seine Urkunden imitierten des Großen Monogramm, in Compiègne erbaute er sich eine Pfalz, die ein zweites Aachen sein sollte; die berühmte Karlsstatuette des Louvre dürfte er in Auftrag gegeben haben. Der Erzbischof Hinkmar von Reims redigierte für Karls II. Sohn Karlmann die überlieferte Hofordnung Karls des Großen.

„Wegen meines Vorrangs an Lebensalter und im geistlichen Amt", so ergriff der betagte Prälat darin selbstbewusst das Wort, „wendet ihr Nachgeborenen ... euch ratsuchend an meine Wenigkeit. Ich war ja schon in der Verwaltung von Kirche und Hof beteiligt, als sie zur Zeit der Größe und Einheit des Reiches noch glücklich geführt wurden, und ich habe den Ratschlag und die Lehren jener vernommen, die die heilige Kirche in Lauterkeit und Gerechtigkeit lenkten, wie auch derjenigen, die das gefestigte Reich in der Vergangenheit mit mehr Erfolg regierten".[6] Jahrzehnte zurückreichende Erinnerung gestaltete Hinkmars Hofordnung. Der Blick zurück, die Beschwörung der Toten legitimierte – wie solches bisweilen heute noch geschieht. Karl trat dabei keineswegs in einzigartiger Weise in Erscheinung, obgleich er „der Große" oder „der große Kaiser" hieß. Die Erinnerung an ihn isolierte ihn nicht; sie vereinte ihn noch mit den wirklichen oder vermeintlichen Taten von Vater und Sohn und nur im Verbund mit diesen lenkte sie das westfränkische Königtum. So stiftete sie eine Geschichtstradition, die das reale Geschehen der Gegenwart in ungebrochener Kontinuität auch an Karls einstiges und erinnertes Wirken anzuknüpfen erlaubte.

Gleichwohl entkam auch Hinkmars Gedächtnis den Verformungskräften der Erinnerung nicht. Der Erzbischof machte aus dem Verwaltungstext einen Fürstenspiegel und vermengte, wie zu erwarten, eigene Erfahrungen mit dem Überlieferten, was hier im Einzelnen nicht dargestellt werden soll, was aber dem Text mit dem anderen Charakter auch eine andere Wirkung verlieh. Eine genaue Abgrenzung des früheren von seinem Text, der einstigen von der nun gewünschten Hofordnung ist indessen unmöglich.

Der Süden des Landes folgte freilich den im Norden, vom Königtum in der Ile de France gewiesenen Perspektiven nicht. Zwar bescherten auch Aquitanien und Gothien, wie jene Landstriche damals hießen, dem toten Karl eine hervorragende, wenn auch keineswegs gleichförmige Karriere; doch sie entfernte ihn mehr und mehr von seinen einstigen Handlungen und den Erinnerungskonstrukten des Nordens. Einhards *Vita* beispielsweise blieb hier weithin unbekannt. Karl verwandelte sich vielmehr in einen bald geliebten und geachteten, bald auch missachteten und gehassten Feudalherrn.

Sein Bild spiegelte zum Teil das Verhältnis des Südens zum Norden und zum zentralen Königtum, bevor dieses ihn sich wieder unterwarf, zum Teil auch die eigene konfliktreiche Welt dieses Südens. Zahlreiche Klöster wollten von Karl, einige auch von Chlodwig oder Karls Vater Pippin gegründet sein; Urkunden wurden zumal von Klöstern auf Karls Namen gefälscht, allerlei Legenden und heroische Geschichten in Umlauf gebracht, die weithin die Taten seines Großvaters Karl Martell mit seinen eigenen kontaminierten und dem Enkel zuschrieben, was jener getan; dubiose Karls-Reliquien tauchten auf, die nicht aus Aachen, wo sich das Grab befand, wohl aber aus dem Umfeld der Mythen und Sagen stammten, die zunehmend Geschichtsbild und Handeln bestimmten. Die Fiktionen dienten zumeist dem Überlebenskampf der Gemeinschaften gegen benachbarte Klöster, Bischöfe und Laien. Die Erinnerung zielte somit auf reale politische Wirkung. Doch auch Missachtung, Spott und Hohn blieben nicht aus. Auch hinter ihnen stand soziale Wirklichkeit. Rebellen durften nun – anders als im einstigen Leben, doch der tatsächlichen Königsferne des Südens gemäß – über den unbesieglichen Karl triumphieren. Gerade die im Süden weit verbreiteten „Chanson de geste" bildeten ein beliebtes Genus sowohl der Heroisierung als auch der Destruktion dieses Königs.

Selbst Juden konnten sich im Hochmittelalter auf diesen Frankenkönig berufen.[7] Einem Lichtstrahl gleich spiegelten ihre Geschichten sein Gedenken. Sie schrieben ihm ihre Ansiedlung im Süden Galliens zu. Die Chronik des Abraham ben David (*Sefer Ha-kabalah*, Buch der Überlieferung) etwa wusste zu berichten, dass Karl seinerzeit bei Harun al-Rashid einen Rabbi aus dem Hause Davids erbeten habe, der tatsächlich nach dem Westen gezogen sei und, nachdem Karl die Stadt Narbonne von den Sarazenen erobert hatte, dort ein Drittel der Stadt erhalten und die Schule von Narbonne gegründet habe. Ein Privileg des Königs habe alles bestätigt und unter königlichen Schutz gestellt.

Die Geschichte wird in ein wenig anderer Gestalt, gleichwohl noch im 12. oder frühen 13. Jahrhundert auch von den *Gesta Karoli Magni ad Carcassonam et Narbonam* erzählt, die sowohl auf Lateinisch als auch auf Provençalisch verbreitet waren. Danach hätten die Juden der Stadt Narbonne, als Karl sie belagerte, 70 000 Mark Silber geschickt und ihm angeboten, er könne die Stadt an dem Mauerteil erstürmen, den sie zu schützen hätten. Als Gegenleistung wünschten sie allein, dass ihr „König aus dem Geschlechte Davids" immer in der Stadt bleiben dürfe. Karl versprach es; und nachdem er die Stadt erobert hatte, bestieg er, das Zepter in der Hand und von einem großen Gefolge umgeben, den königlichen Thron, rief Aimeric von Narbonne vor sich und sprach: ‚Aimeric, ein Drittel der Stadt gebe ich dem Erzbischof, ein Drittel den Juden, der Rest ist euer'. Auch jetzt sicherte er alles mit einem Privileg. Noch andernorts wurde diese Geschichte, abermals ein wenig anders, erzählt.

Alle diese Erzählungen verdeutlichen, wie die Not des Augenblicks in schutzheischender Absicht die Erinnerung an Karl den Großen heraufbeschwor, wie sie ihn zur Wirklichkeit des Symbols erhob, des Imaginationen und Hoffnungen weckenden, gestaltenden, lenkenden Heros. Hinter der Legende stand mancherlei an einstiger Realität: schutzbedürftige jüdische Gemeinden im Süden, der Jude Isaac, der tatsächlich an Karls Hof in Aachen lebte, der Gesandtenaustausch mit Harun al-Rashid, bei welcher Gelegenheit Karl den Aufsehen erregenden Elefanten Abul Abas zum Geschenk erhalten hatte, die echten Schutzprivilegien für die spanischen Flüchtlinge, Karls fehlgeschlagener Kriegszug nach Spanien, die tatsächliche Eroberung Barcelonas und natürlich auch die Eroberung Narbonnes durch den anderen Karl, den Martell. Nichts davon hatte sich in die Geschichten des hohen Mittelalters gerettet. Gleichwohl wirkte eine zur Unkenntlichkeit verformte Erinnerung fort und gestaltete die Realität ihrer Zeit. Der erinnerte Karl gab das Muster ab, an dem man sich handelnd orientierte oder orientieren sollte.

Der Osten, wie gesagt, brauchte einige Zeit, um an die historische Herrschergestalt anzuknüpfen. Das geschah erst durch Otto den Großen, einen Sachsen, der, um das auf Selbständigkeit drängende Lotharingien, zu dem Aachen damals gleich Köln und Trier gehörte, zu gewinnen, sich ein zweites Mal in Aachen salben und krönen ließ und demonstrativ den Thron Karls des Großen bestieg, der tatsächlich noch heute im Aachener Münster steht. Dort zeigte er sich dem Volk. Seitdem beschworen auch die Könige des sächsisch-fränkischen, ostfränkisch-deutschen Reiches in legitimierendem Rückgriff die Erinnerung an den großen Karolinger. Ein Vierteljahrhundert später ließ Otto dort auch seinen gleichnamigen Sohn zum König salben und krönen; seitdem war das Königtum fest mit Aachen und Karl dem Großen verbunden. Dieses „Aachener Königtum" gab dem frühdeutschen Reich geradezu seine ideelle Mitte.

Der dritte Otto auf dem Thron, Sohn und Enkel der beiden vorangegangenen, schloss sich noch enger an Karl den Großen an. Ihn machte er zu einem Muster seiner Kaiseridee; an ihm orientierte er sein Kaisertum. „Unser Thron" stehe in Aachen, „wo ihn unser Vorgänger Karl, der hochberühmte erhabene Kaiser" errichtet habe, ließ Otto als sein Sprachrohr den Erzbischof Heribert von Köln verkünden.[8] Aachen sollte neben Rom ein Brennpunkt seines Reiches sein. Der Sohn eines sächsischen Vaters und einer byzantinischen Mutter eignete sich das Siegelbild des Franken Karl an, um das Römische Reich zu erneuern. Karls Gedenken ließ er in Aachen wie das der eigenen Eltern feiern.[9] Und mehr als das alles: Otto dürfte nämlich bereits die Kanonisation des fränkischen Kaisers betrieben haben.

Sein Nachfolger Heinrich II., einstiger Herzog der Bayern, musste, ob er wollte oder nicht, daran anknüpfen und erklärte sich zu einem Nachkommen des großen Karl. Es geschah zur Legitimation seiner umstrittenen Thronbesteigung. Zudem griff auch er auf ein Karls-Bild zurück, um seine Erhöhung zu imaginieren. Es war freilich ein Bild Karls II. Auch Heinrichs Nachfolger, der König und Kaiser Konrad II. und seine Gemahlin Gisela, zwei Franken, deren Familien sich tatsächlich auf Karl zurückführen konnten, erinnerten an Karl. An Konrads Sattel hingen Karls Steigbügel, wurde damals propagiert.[10] So floss das Karlsgedächtnis, von Otto I. und Otto III. so sichtbar erneuert, als immer wieder benutzter, aber nie für immer gefasster Legitimationsquell durch die Jahrhunderte.

Insgesamt freilich erschöpften sich auch diese Evokationen der Vorbildlichkeit Karls in eher episodischen, additiven Aspekten. Sie fanden die längste Zeit zu keinen kontinuierlichen und systematischen, über das Personale hinausweisenden Geschichtskonzepten. Karl spielte die mögliche Rolle des Gründungsheros nicht. Das Reich der Sachsen war eben doch – trotz der erinnernden Karls-Beschwörung – kein Reich der Franken. Die fränkischen Salier, die Nachfolger der Ottonen auf dem Kaiserthron, sollten es bitter zu spüren bekommen. Es bescherte ihnen Bürgerkrieg und Gegenkönigtum, durchmischte den Papst-Kaiser-Konflikt des hohen Mittelalters mit dem uralten sächsisch-fränkischen Konflikt und brachte das Reich an den Rand des Abgrunds.

Das 12. Jahrhundert verdeutlicht abermals den Vorsprung Frankreichs in der Karlsverehrung, obgleich mit der Thronbesteigung der Kapetinger im Jahr 987 zunächst die Kontinuität zu Karl dem Großen abriss und keine königliche Erinnerungspflege sie gewährleistete. Der Makel der Illegitimität haftete als dunkler Fleck an den frühen Kapetingern, die seinerzeit, um den Thron zu besteigen, einen legitimen Karolinger von demselben hatten verdrängen müssen. Das erneuerte Karlsgedenken ging nicht von ihnen aus, lastete vielmehr lange Zeit als ‚Wiedergutmachungsdruck' auf ihnen und hielt spät, nämlich erst gegen Ende des 12. und zu Beginn des 13. Jahrhunderts, dann aber umso nachhaltiger seinen Einzug bei ihnen. Doch blieb es in nichtköniglichem Milieu während des 11. und 12. Jahrhunderts präsent. Frankreich war schlechthin „Karlsland", *Kerlingen*. Die „Chansons de geste", ihrerseits Zeugnisse einer lebendigen, sich der Schrift und der Mündlichkeit bedienenden Erinnerungskontinuität unter den Sängern, trugen sein Gedächtnis auch in illiterate Kreise. Das Königtum griff dasselbe dann bei der ersten sich bietenden Gelegenheit auf.

Die berühmteste aller Chansons, die anonyme „Chanson de Roland", bewahrte, von biblischen und neutestamentlichen Mustern überformt, mehrstufige, erstmals vielleicht durch den Erzbischof Hinkmar von Reims gefilterte Erinnerungsspuren des 8. und 9. Jahrhunderts bis zu ihrer ältesten erhaltenen schriftlichen Fixierung um 1100. Sie sang dann das Loblied der *dulce France*, der *France dulce, la bele* (Vers 1695), der *France l'asolue*, des süßen, des schönen, des freien Frankreich, dessen Herr *Li empereres Carles de France dulce* (Vers 16) war, *Carles li reis, nostre emperere magne* (Vers 1), den, als er schlief, auf Gottes Geheiß der Engel Gabriel beschützte (Vers 2525–7). Diese „Chanson" spiegelte die Zeit und den Geist der Kreuzzüge, der durch Frankreich wehte. Bernhard von Clairvaux predigte ihn später und verkündete weithin vernehmbar das „Lob der neuen Ritterschaft", der religiösen Ritterorden nämlich, die sich zum Kampf gegen die Ungläubigen bereiteten. Der Heros Karl aber, der Heidenkämpfer und Gottgeliebte, der schon fast heilige, eilte ihnen allen voran.

Bestimmte religiöse Zentren wie St-Denis, die Grablege der französischen Könige, betrieben aus diversen Gründen – etwa, um den Kult des eigenen Heiligen zu stärken – seine Gedächtnispflege. Sie begannen nun ihrerseits und ohne Nachhilfe aus dem Osten Karl wie einen Heiligen zu betrachten. In St-Denis entstand, wohl Anregungen aus Italien aufgreifend, wie sie etwa bei Benedikt von Sant'Andrea zu finden sind, spätestens in der ersten Hälfte des 12. Jahrhunderts die Legende Karls des Großen, die fiktive Geschichte nämlich von Karls Pilgerfahrt nach Jerusalem, von wo er kostbarste Reliquien, darunter die Dornenkrone und die Windeln Jesu, mitgebracht habe, eine Legende, die sich bald als ein Erinnerungsimplantat, als ein scheinreales Konstrukt, im kulturellen Gedächtnis des Abendlandes einnisten sollte.

Es machte sich zunächst literarisch, sodann kultisch und nicht zuletzt politisch bemerkbar. Die Aachener „Beschreibung, wie Karl der Große Nagel und Dornenkrone von Konstantinopel nach Aachen brachte und wie Karl der Kahle sie nach St-Denis überführte", entlieh ihr Wissen von dort, aus importierten, nicht aus einheimischen Quellen. In der Ile de France entstand ferner, etwa in der Mitte des 12. Jahrhunderts, der sog. Pseudo-Turpin, der den Rolandsstoff fortdichtete, und dem mit über 130 mittelalterlichen Handschriften ein ungewöhnlicher Erfolg beschieden war. Der *Liber Sancti Iacobi*, eine Sammelschrift zu Ehren des Apostels und seines Grabes in Compostella, vereinte den Rolandsstoff mit dem Jakobskult zur Propagation des Kreuzzuges nach Spanien, an dem tatsächlich zahlreiche Franzosen teilnahmen, und der Pilgerfahrt nach Compostella; als sein angeblicher Autor firmierte der Erzbischof Tilpin von Reims, ein wirklicher Zeitgenosse Karls des Großen. Abermals erschien der Frankenkönig, ohne es schon zu sein, gleich einem Heiligen.

In „Charlemagne“ entfaltete sich mit der Zeit der Typus des französischen Königs schlechthin. Herrschaftliche Implikationen fehlten nicht. Abt Suger von St-Denis etwa erinnerte um 1140 an einen Karl, der den Osten erobert habe, weshalb die Deutschen „von Rechts wegen“ (*iure regio*) zu Frankreich gehörten.[11] Und schon die *Chanson de Roland* hatte Aachen zu Frankreich gezogen (Vers 726). Die hier gesäte Saat trug Jahrhunderte später reiche Frucht. Bald verbreitete sich die Theorie der „Rückkehr Frankreichs zum Geschlecht Karls des Großen“, wonach die Königsfamilie der Kapetinger über die Mutter König Philipps II. August, die Hennegauische Grafentochter Elisabeth, wieder an das gesegnete Geschlecht Karls des Großen angesippt war. Das genealogische Argument, das Andreas von Marchiennes im Jahr 1196 vortrug, heilte den Bruch von 987, restaurierte die immer wieder angezweifelte Legitimität der Kapetinger und überhöhte das Ansehen des Königshauses; es implizierte aber nicht zuletzt weitgreifende Herrschaftsansprüche und künftige politische Handlungsmotive.

Solche wurden in der Tat vom Königtum alsbald realisiert, was die ‚Rückkehr‘-Theorie gleichsam als die Summe der französischen Karlsverehrung des 12. Jahrhunderts zu erkennen gibt. Bereits Philipp selbst soll darüber nachgesonnen haben, „ob Gott mir oder einem der anderen Könige der Franzosen die Gnade gewähre, Frankreich in den früheren Stand zu versetzen und es zu derselben Größe und Ausdehnung zurückzuführen, die es zur Zeit Karls (des Großen) einst besaß“.[12] Philipps noch jungem Sohn Ludwig VIII. wurde ein Tatenbericht des großen Königs in lateinischen Hexametern zur Lektüre und zum Vorbild empfohlen, der den Titel *Karolinus* trug und als eine Art Fürstenspiegel konzipiert worden war.[13] Das Gedächtnis an den heldenhaften, glaubensstarken, bald heiligen Kaiser, an den großen König der Franken = Franzosen leistete Hilfe bei der Entstehung der französischen Nation. Der spätere Sonnenkönig wusste darum und verhielt sich entsprechend.

Der Osten reagierte frühzeitig und voll Zorn. „Nicht wir (Franzosen) gehören zum Imperium“, so ließ man zur Zeit Kaiser Friedrichs I. den König Frankreichs tönen, „vielmehr gehört dieses uns; denn die alten Gallier haben es besessen und uns, ihren Nachfahren, hinterlassen“.[14] Es galt somit schleunigst zu handeln. Unseliger freilich konnte der Augenblick nicht sein. Doch fremde Erinnerung provoziert eigene und zeitigt eine situationsbedingte Gestalt, deren Wirken den Händen aller Beteiligten entgleitet. Noch Otto von Freising, der große Geschichtsschreiber um die Mitte des 12. Jahrhunderts, hatte in Karl lediglich den machtvollen König erkannt und keinen mythischen Heros, keinen spezifischen Legitimitätsquell für ein gegenwärtiges Herrschertum, sei es im Osten oder im Westen, keinen neu konzipierten Inbegriff des eigenen Reiches, schon gar keinen Heiligen. Mit Friedrich Barbarossa und Heinrich dem Löwen aber sollte sich das ändern.

Beide beriefen sich – wenn auch in unterschiedlicher Weise und aus unterschiedlichen Gründen – auf Karl den Großen. Der Sachsenherzog aus Schwaben betrachtete sich als einen Erben des Franken und streckte die Hand nach einer Königskrone. Der Schwabe auf dem römischen Königsthron aber betrieb die Heiligsprechung seines Vorgängers aus Franken. Ansätze zu einer übergentilen Integrationsfigur sind weder hier noch dort zu übersehen. Doch waren sie eingebunden in das tagespolitische Geschehen.

Der Löwe erhob königliche Ansprüche; und der Rotbart betrieb für den Augenblick, worauf gleich zurückzukommen ist, eine Kampfansage an Frankreich. Dem englischen König Heinrich II. ließ er, als er ihn für seine Politik zu gewinnen hoffte, mitteilen – jedenfalls kolportierte man es so am englischen Hof: Er, Friedrich, betrachte den französischen König nicht als einen Erben Karls des Großen, sondern nur des Kapetingers Hugo von Franzien, der die wahren Erben, die letzten Karolinger nämlich, vom Thron gestoßen habe; er aber, der Kaiser, sei jetzt Karls Erbe und als solcher werde er Heinrichs Sohn den französischen Thron übergeben.[15] Das griff die innerfranzösischen Zweifel an der Legitimität der Königsfamilie auf[16] und schürte den englisch-französischen Konflikt oder sollte es tun. Wie dem aber sei, die konfliktsteigernde Gedächtnisfigur ‚Karl der Große' sah sich in der Folge jeder Chance beraubt, über die ersten, sehr bescheidenen Ansätze zu einer reichsintegrativen Wirkung in Deutschland hinauszugelangen. Der erinnerte Karl einte die Deutschen nicht.

Erinnerung ist, so halten wir fest, eine Form der Wirklichkeit, der Wirklichkeit nämlich des kulturellen Gedächtnisses, des sozialen Wissens, des gelehrten Diskurses, der argumentativen, politischen und sozialen Interaktion. Sie lenkt soziale und politische Realitäten, die ihrerseits von vielfach modulierten Erinnerungen durchsetzt und geformt sind. Sie stoßen sich an einer Wirklichkeit, die aus den Folgen realer Taten hervorging. Die legendär überformten Erinnerungsstufen aber können sich den Augenblick nicht aussuchen, in dem sie zu wirken beginnen und eine neue Wirklichkeit schaffen, und müssen sich dennoch an diesen Augenblick anpassen. So war es auch jetzt: Im Westen förderte das Gedächtnis an Karl die Bildung der Nation, im Osten indessen schürte sie den Konflikt mit Frankreich.

So zeichnete sich nur in Frankreich eine konsequente Entwicklung ab. Sie mündete – leicht fasslich, nachlesbar und zukunftsweisend – in die *Grandes Chroniques de France*, die, von Ludwig dem Heiligen in Auftrag gegeben und von einem aufwendigen Bildprogramm begleitet, zum Geschichtsbild des spätmittelalterlichen Frankreich schlechthin wurden. Sie wiesen den direkten Weg von den Franken zu den Franzosen, von den Karolingern zu den Kapetingern und später zu den Häusern Valois und Bourbon, von Karl dem Großen zu Ludwig dem Heiligen. Dieser Karl führte mit Selbstverständlichkeit das ruhmreiche Königsbanner, das in ihm und durch ihn geheiligt war und eben gerade, in der Schlacht von Bouvines, über Johann ohne Land und den Kaiser Otto IV. triumphiert hatte: die drei goldenen Lilien auf blauem Grund, das Wappen der französischen Könige.

In Deutschland indessen war nichts dergleichen eingetreten. Hier etablierte sich allein – zaghaft genug und rudimentär – der religiöse Karlskult. Dazu trat der Reichtum an Karlssagen, der sich keinem einigenden Programm unterwarf. Weder dieser noch jener artikulierte ein übergreifendes Ziel, das sich an Karls Namen heftete und der deutschen Geschichte Richtung und Sinn gewiesen hätte. Die Wirkungen der Realität und der Erinnerungen an dieselbe traten in Ost und West eklatant auseinander.

„Karl der Große" also oder „Charlemagne"? Die Frage wurde in dieser zugespitzten Form 1935 in Deutschland aufgeworfen;[17] sie war keineswegs, wie in letzter Zeit gerne behauptet wird, falsch gestellt. Sie entsprang vielmehr der historischen Erfahrung in den unterschiedlichen und in sich noch weiter differenzierenden mittelalterlichen Erinnerungsgemeinschaften des Ostens und des Westens, sowie den davon ausgehenden realen politischen und sozialen Wirkungen, die bis tief in die Neuzeit reichen. Sie kann auf jenen erwähnten Wirkungsfächer aus Realitäten und realitätsstiftenden Erinnerungen verweisen, von dem oben die Rede war.

Die Antwort muss gemäß diesem Wirkungsfächer differenzieren: Hier ging es um „Karl den Großen", dort um „Charlemagne", und mit ihnen um zwei höchst unterschiedliche Erinnerungsfiguren und divergierende historische Phänomene. Dass weder diese noch jene Figur den historischen Frankenkönig und Kaiser erfasste, der, wenn überhaupt, nur aus dem gedächtniskritischen Rückverfolgen der Erinnerungsströme zu ihrem Ausgang erfasst werden kann, das steht auf einem anderen Blatt. Ein solches endet nicht bei den so genannten ‚Quellen', insofern diese gewöhnlich für den direkten Niederschlag der einstigen Geschehnisse betrachtet werden. Denn auch diese ‚Quellen' spiegeln komplexe, transitorische Wirklichkeiten, die in ihrer Flüchtigkeit kaum fassbar sind; sie sind nahe oder ferne Gedächtnisprodukte und müssen als solche analysiert werden. Wie weit das möglich ist, sei an dieser Stelle nicht erörtert.

Indes, wir sind dem historischen Geschehen vorausgeeilt. Denn noch vor dem königlichen Heros und Helden trat, wie eben erwähnt, der Sünder Karl in das kulturelle Gedächtnis und entfaltete über dasselbe eine nachhaltige Wirkung, die schließlich in seine Verklärung als Heiligen mündete und auch den weltlichen Heros, seine Taten und Wirkungen nicht unverwandelt ließ.

Sünder und Heiliger

Der Weg begann mit der erwähnten Vision Wettis. Sie erinnerte an den viel liebenden Karl, einen nimmersatten Weiberhelden und Vater zahlreicher Bastarde, dem im Jenseits, auf den Läuterungsberg verwiesen, ein Untier das ständig nachwachsende Geschlecht zernagte; und sie bediente sich dieser Vision, um psychischen Druck auf den Konvent zu üben und eine neue religiöse Institution, das aufwendige monastische Gebetsgedenken, zu etablieren. Das Mittel zeitigte den gewünschten Erfolg. Das Gebetsgedenken wurde nicht nur eingerichtet, es erwies sich in den kommenden Jahrhunderten als eines der stärksten religiösen und sozialen Handlungsmotive für Klosterstifter und Mönchtum, für Sozialfürsorge und karitative Einrichtungen. Wie dem aber sei, einstige Wirklichkeit und Erinnerung drifteten auch jetzt in ihren realen Wirkungen auseinander und schufen neue Wirklichkeiten, die nichts mehr miteinander gemein hatten.

Nicht minder Phantastisches als die Reichenauer mutete der Autor der „Wunder des hl. Goar“ von 839 seinen Lesern zu. Karl mied danach, als er einst vom Mittelrhein nach Aachen fuhr, den direkten Weg von Ingelheim nach Koblenz. Er hätte ihn an St. Goar und damit an einer von Romanen gepflegten Kultstätte eines Romanen vorbeiführen und ihn dort zum Gebet verweilen lassen müssen. Der König wollte das offenbar vermeiden. Die Strafe ließ nicht lange auf sich warten. Nebel kam auf, und Karl verirrte sich. Nur nach eindringlichem Sündenbekenntnis und inbrünstigem Gebet erreichte er sein Ziel: Seht, auch der mächtigste König wird von dem hl. Goar bezwungen und bekehrt.

Karl also der bußfertige Sünder. Dieser Zug der Legendenbildung fand Nachahmung und Fortsetzung, die in einer großen, unaussprechlichen und bis heute nicht namhaft zu machenden Sünde gipfelte, die Karl beklagte, aber nicht einmal dem hl. Ägidius zu beichten wagte. Diesem aber flog während der Messe ein Brief vom Himmel zu, der dem reuigen Sünder Verzeihung und Gnade verhieß. Das Motiv des Himmelsbriefes lässt sich erstmals in der im 10. Jahrhundert in Südfrankreich, vielleicht im Umfeld des Klosters St. Gilles, entstandenen Ägidiuslegende fassen. Es wirkte von dort aus auf weitere Dichtungen des hohen Mittelalters, nicht zuletzt auch auf das deutsche Rolandslied, das am Hof Heinrichs des Löwen entstand. Die Wandlung des Sünders zum Heiligen zeichnete sich nun ab, zumal als die Ägidiuslegende sich mit der Kreuzzugsthematik und dem Jabobuskult vereinte, Karl zum Kreuzritter und zum ersten Jakobspilger, der hl. Ägidius zu einem der vierzehn Nothelfer aufstieg und sein Kult zahlreichen Orten realen Gewinn eintrug. Die Kriege der leiblichen Erben und Enkel des großen Karl und die Wirkung der Erinnerung an die Größe seiner Fleischessünden schrieben sich mit divergierenden, doch dauerhaften Folgen in die Geschichte des Abendlandes ein.

Der Heilige erwies sich, wie konnte es anders sein, als stärker denn der Sünder. Die Legendendichter unterschlugen oder vergaßen den Frauenhelden, den Lüstling am Läuterungsberg. „Jungfräulich im Begehren und märtyrergleich im Eifer" handelte nun der heilige Karl in einer Antiphon zum Magnifikat im 13. Jahrhundert, ein himmlischer Fürbitter für die Verzeihung der Sünden.[18] Wie war solche Verwandlung möglich geworden? Wie diese qualitative Inversion, die den Sünder zum Mittler der Sündentilgung erhob?

Die Entwicklung setzte, sehe ich recht, in Sachsen ein. Der so genannte Poeta Saxo, ein anonymer Dichter aus diesem Volk, der kurz vor 900 vielleicht in Corvey die spröden „Reichsannalen" in Hexameter und Einhards Karlsleben in elegische Distichen setzte, zeichnete den Frankenkönig als den Glaubensbringer seines Stammes, gleichsam als Apostel der Sachsen (ohne ihn direkt so zu nennen). Gottes Erbarmen schenkte diesem verstockten Volk den großartigen Karl als Lehrmeister und Erzieher zum Glauben, der sie mit Gewalt unterwarf, sie, die keine Vernunft zu zähmen vermochte; „so zwang er die Sachsen unwillig zum Heil". Liebe und Dank gebührten ihm von ihnen. „Durch Karl wurde uns die Hoffnung auf ewiges Leben geschenkt." „Wer könnte die Seelen zählen", so jubelte der Dichter, „die er dem Herrn gewann, indem er die Völker der Sachsen zum Glauben bekehrte? … Gib, Christus, Karl so zahlreichen Lohn, wie das Gotteslob in Sachsens Kirchen erschallt und die Gläubigen das Bekenntnis ablegen… Am Tag des Jüngsten Gerichts steht niemand den Aposteln näher als er." Petrus führe dann die Judenchristen an, Paulus die Heidenchristen, Andreas die Griechen, Johannes die Gläubigen Kleinasiens, Matthäus die Äthiopier, Thomas die Inder, „hinter Karl aber folgt freudig der Sachsen Schar, ihm zur Glorie ewiger Seligkeit".[19] Dieser auf Gottes Geheiß handelnde Karl versöhnte die Besiegten mit dem fränkischen Sieger.

Die Anerkennung neuer Heiliger und ihre Translation war indessen, wie einst Karl der Große auf der Synode von Mainz im Jahr 813 selbst hatte verkünden lassen, im früheren Mittelalter eine kaiserliche Aufgabe. So machte auch kein noch so wortgewaltiger Dichter einen Herrscher zum Heiligen. Der Kaiser indessen, der sich Karls annahm, Otto III., erkannte endlich in ihm den Heiligen, der er war, an dessen Seite und in dessen Schutz er, wie wir aus sicherer Quelle wissen, den Tag der Auferstehung und das Jüngste Gericht zu erwarten gedachte – als einer aus der Schar derer, die freudig Karl vor den ewigen Richter folgten. Er ließ Karls Grab suchen, öffnen und die Gebeine, die einst vor den Normannen in Sicherheit gebracht worden waren, in einen neuen Schrein transferieren, somit Akte vornehmen, wie sie jedem neuen Heiligenkult vorausgingen. Es war ein endzeitlich getönter Glaube, dem der Sohn der Byzantinerin Theophanu sich hingab. Doch war es zu früh, Otto starb mit blutjungen 21 Jahren. Die beteiligten Bischöfe, allen voran Heribert von Köln und Bernward von Hildesheim, erschraken und deuteten den vorzeitigen Tod als Strafe Gottes für die nun als Frevel erkannte Störung der Totenruhe. So erstarb mit dem jungen Kaiser der eben einsetzende kaiserliche Kult. Erst anderthalb Jahrhunderte später sollte es sich abermals ändern.

Mittlerweile formten sich in Frankreich jene Legenden bildenden Kräfte, die die *Chanson de Roland*, Karls Pilgerfahrt nach Jerusalem oder den Pseudo-Turpin hervorbringen sollten. Der hl. Jakobus erschien hier Karl im Traum: „Ich wundere mich über die Maßen, dass du mein Land noch nicht von den Sarazenen befreit hast … Darum tue ich dir kund: dass der Herr, so wie er dich zum mächtigsten der irdischen Könige machte, dich vor allen anderen auserwählt hat, meine Straße [das ist den Pilgerweg nach Santiago!] zu bereiten … und dir so die Krone des ewigen Lebens bereit zu halten. Die Sternenstraße, die du am Himmel gesehen hast, bedeutet, dass du mit Heeresmacht zum Kampf gegen die Ungläubigen zur Befreiung meiner Straße und meiner Erde und zum Besuch meiner Kirche und meines Grabes … nach Galicien ziehen sollst. Und nach dir werden alle Völker, von Meer zu Meer, wandernd und Vergebung ihrer Sünden vom Herrn erflehend, dorthin ziehen“.[20] Karl folgte den Weisungen des Apostels, wurde der Befreier des Jakobusgrabes und der erste Pilger nach Santiago. So verbreitete es der Pseudo-Turpin; und so wurde Karl zum gottgesegneten Weggefährten der Pilger.

Derartigen Stoff griff Friedrich Barbarossa auf und betrieb, wie er festhalten ließ, „auf inständige Bitten (seines) lieben Freundes, des Königs Heinrich von England, und mit Zustimmung und kraft der Autorität des Papstes Paschalis die Auffindung, Erhebung und Heiligsprechung der Gebeine Karls des Großen“.[21] Ein krasserer Unterschied als zwischen den Handlungsmotiven Ottos III. im apokalyptischen Jahr 1000 und eines

Friedrich Barbarossa in dem von einem Papstschisma gezeichneten Jahr 1165 lässt sich kaum denken. Der Kaiser protegierte einen Gegenpapst, die übrigen Könige Europas – mit Ausnahme des dänischen –, auch Heinrich II. von England, anerkannten den von der Mehrheit der Kardinäle gewählten Alexander III. Der Rotbart, im Westen nun als Tyrann und „Vorläufer des Antichrist" tituliert,[22] hoffte, den englischen König, mit seinem französischen Kollegen und Lehnsherrn verfeindet, auf seine Seite herüberziehen zu können.

Gesten der Freundschaft und des Entgegenkommens waren da gefragt. Die Heiligsprechung Karls des Großen war eine von ihnen. Sie stützte sich auf den im Westen und im Umfeld des französischen Königtums wieder erstarkenden Karlsmythos, dem sie nun den Heiligen an die Seite stellte. Papst Paschal III., das kaiserliche Geschöpf, sanktionierte sie. Sie galt dem „starken Kämpfer für die Verbreitung des Christenglaubens und die Bekehrung der Barbaren, dem wahren Apostel", wie eine Kaiserurkunde für Aachen festhielt: die Bekehrung nämlich Sachsens, Frieslands, Westphalens, auch der Spanier und Basken mit Predigt und Schwert; dies letzte erinnerte natürlich an den Komplex um Karls Paladin Roland. Die politische Realität folgte dem kulturellen Gedächtnis, wie es die Lieder verbreiteten. Karls täglicher Wille, für die Bekehrung der Ungläubigen den Tod zu erleiden, hätte ihn zum Märtyrer gemacht. Betrieben aber wurde die Heiligsprechung nicht zuletzt „zur Stärkung des Römischen Reiches".[23] Das Ergebnis war – das verrät die ungewöhnliche und höchst brisante Intervention des englischen Königs – ein unverhohlener Affront gegen den französischen Lehnsherrn dieses Königs, vielleicht gar eine versteckte Drohgebärde gegen denselben und auf jeden Fall eine politische Demonstration im Gewand eines Heiligenkultes. Derselbe vermochte sich von diesem Makel nie recht zu befreien.

Zu Kultzwecken bedurfte es einer Heiligen-Vita. Friedrich gab auch sie in Auftrag. Der Aachener Kanoniker, der sich der Sache annahm, mühte sich redlich, der Überlieferung geeignetes Material zu entnehmen. Einhards höchst profanes Karlsleben lieferte bloß einen äußeren Rahmen. Pseudo-Turpin indessen, die legendäre Jerusalemfahrt und die Reliquienbeschreibung aus St. Denis boten reichlich Stoff. Aus diesen Schriften komponierte er sein Werk. Es geriet mehr zu einer akademischen Übung denn zu einem Zeugnis literarischer Gestaltungsgabe, königlicher oder volkstümlicher Frömmigkeit. Große Wirkung blieb dieser Biografie versagt. Weite Verbreitung fand sie ebenso wenig. Volkssprachliche Versionen sind unbekannt. Gleichwohl, Karl trat nun nicht nur als Glaubensbringer, sondern als Wundertäter und Heiliger in Erscheinung.

Allein in Aachen, und in Frankfurt, etablierte sich der Kult rasch und dauerhaft. „Du warst Licht und Edelstein der Kirche Christi, Karl, Blüte der Könige, Zierde des Erdkreises und Gleisspur der Gesetze", verkündete der Karlsschrein im Aachener Münster zu Beginn des 13. Jahrhunderts: *ECCLESIE CHRISTI TU LUX TU GEMMA FUISTI // KAROLE FLOS REGUM DECUS ORBIS ET ORBITA LEGUM.* Andernorts bedurfte es des Friedens von Venedig (1177), mit dem sich der Rotbart Papst Alexander III. unterwarf, um Karls Heiligkeit ein wenig heller aufleuchten zu lassen. Der englische König hatte, entgegen den Hoffnungen des Kaisers, den rechtmäßigen Papst weder verlassen noch den Kult des neuen Heiligen, um dessen Erhebung er so eindringlich gebeten haben soll, eigens gefördert.

Nicht einmal das staufische Königshaus selbst verehrte den hl. Karl den Großen in besonderer Weise, obgleich Friedrich I. Aachen seinetwegen mit reichen Gaben bedachte und sein gleichnamiger Enkel im Jahr 1215 den letzten, noch fehlenden Nagel in den Aachener Karlsschrein trieb und diesen damit seiner Bestimmung übergab. Doch hatte der junge König auffallenderweise an der vorausgegangenen Translation nicht teilgenommen. So hallten diese Hammerschläge als eine weithin schallende Geste der Aneignung des anspruchsschweren Kleinods durch das Aachener Münster. Sie sollten vor allem das Ohr von Friedrichs Gegner, Kaiser Otto IV., treffen, der vom nahen Köln aus ohnmächtig zusehen und den jugendlichen Staufer in Aachen gewähren lassen musste, obwohl Otto den kostbaren Schrein maßgeblich mitfinanziert haben dürfte. Abermals begnügte sich der Staufer mit einer bloßen Propagandaaktion ohne tieferes religiöses Bedürfnis und ohne kultgeschichtliche Konsequenzen.

Ein volkstümlicher Heiliger wurde Karl auf diese Weise nie – ganz im Unterschied zu der profanen Heroen- und Sagengestalt, als die er weithin im Gedächtnis der Schulmeister und des Volkes lebte. 1233 erhielt immerhin das Stift St. Felix und Regula in Zürich einige Karlsreliquien, worauf sich auch dort ein bescheidener Kult ausbreitete. Allein den Sachsen, jedenfalls den Lateinkundigen unter ihnen, galt Karl als Glaubensbringer, als ihr Apostel, *Saxonum apostolus*, so wie ihn jetzt, im 13. Jahrhundert, die Halberstädter Bischofschronik,[24] auch der eine oder andere Hymnus in Erinnerung bringen sollten: *Saxeae gentis apostolus.*[25] Mehrere Bistümer – neben Halberstadt Osnabrück, Paderborn, Münster, Minden und Hildesheim – verehrten ihn als (Mit-)Patron; in anderen verbreitete sich wenigstens der Kult, auch wenn Zeugnisse eines lebendigen Volksglaubens fehlen. So blieb es, bis die Reformation abermals neue Verhältnisse schuf.

Höchst zögerlich indessen wurde der Karlskult in Frankreich übernommen, obgleich dort im 12. Jahrhundert alles auf ihn zuzueilen schien. Barbarossas Aktion hatte schier unüberwindbare Dämme gegen ihn errichtet. Es bedurfte zweier Jahrhunderte, bevor der hl. Karl sich dort zu etablieren vermochte, dann freilich dauerhafter als im Heiligen Römischen Reich deutscher Nation. Karl blieb im Westen noch lange der französisch-königliche Heros, ein großer, machtvoller Helfer und Förderer der Kirche zwar, eine „zweite Sonne", doch kein Heiliger. Sein Tod habe den ganzen römischen Erdkreis in Trauer gestürzt. „Großer Trost für Frankreich und das römische Imperium aber ist, dass überall sein Gedächtnis in schönster Blüte steht und die schmetternde Tuba das Gehörte schrecklich der ganzen Welt ertönen und im Rühmen seiner Taten auferstehen lässt".[26] Mehr war nicht zu vernehmen.

Der religiöse Kult wird erst für den gelehrten französischen König Karl V. bezeugt, den Zeitgenossen des römischen Kaisers Karl IV. Es war gewiss kein Zufall. Der Heiligenkalender des Königs verzeichnete nun zwei Karls-Feste: zum 28. Januar, dem Todestag, und zum 30. Juli, dem Tag der Translation. Doch nicht nur in der Saint-Chapelle zu Paris hielt der Karlskult jetzt seinen Einzug. Zahlreiche französische Kirchen, Reims, Rouen, Narbonne und andere schlossen sich an. „O Zierde der Kirche, frommer König der Franzosen, Muster an Gerechtigkeit, bitte, Vater Karl, für dieses sündige Volk", heißt es im Missale der Krönungskirche von Reims von 1505.[27] So betete man bis zur großen Revolution und noch länger im 19. Jahrhundert. Volkstümlich wurde aber auch hier der Karlskult nicht.

Der Luxemburger aber auf dem Kaiserthron, Karl IV., suchte zu heilen, was seine staufischen Vorgänger unterlassen hatten. Er, der König von Böhmen werden sollte und einst auf den Namen Wenzel getauft worden war, wechselte den Namen, wählte sich bei seiner Firmung in Paris den heiligen Karl zum Patron und regierte als Karl IV. das römische Reich. Karls Kirche in Aachen, das Marienmünster, auch die Wahlkirche der Könige in Frankfurt bedachte er in der Verehrung seines Heiligen mit reichen Gaben. So erweist sich das 14. Jahrhundert als eine dreifache „Karls-Epoche": im Westen, im Osten und im Himmelreich.

Der Heros der Dichter und Literaten

Die deutschen wie auch die französischen Dichter haben Karl zu keiner Zeit vergessen. Eine reiche Fülle überlieferter Lieder und „Chansons de geste" kündet davon. Wenigstens kurz sei darauf noch eingegangen. Karl erschien als der ideale König, als das Vorbild christlicher Ritterschaft. Hervorgehoben sei allein das *Rolandslied*, das in zahlreiche Sprachen Eingang fand, während der sonstige, geradezu überbordende Schatz der französischen „Gestes de Charlemagne“ oder „Gestes du roi“ übergangen werden muss. Keine von ihnen feierte den Heiligen.

In Deutschland beginnt – von der *Kaiserchronik* abgesehen, in der Karl bereits von Heiligkeit umflort erscheint – die nicht eben üppige Reihe der Karlsdichtungen mit dem *Rolandslied* des Regensburger Pfaffen Konrad, einer Weiterdichtung der französischen *Chanson de Roland*, die ihrerseits auf mündliche Traditionen zurückführt, wie sie etwa in der sog. *Nota Emilianensis* aus dem spanischen Kloster S. Millán de la Cogolla aufscheint. Der Stoff der deutschsprachigen Karlsepik kam somit ebenfalls aus dem Westen; er hatte sich schon dort mit der Kreuzzugsdichtung vereint. Das Epos wurde auf Bitten der Herzogin Mathilde gedichtet, der in Westfrankreich erzogenen englischen Königstochter und Gemahlin Heinrichs des Löwen. Sie brachte das Lied aus ihrer Heimat ins Sachsenland und nach Bayern mit, wo es dann über den Umweg einer lateinischen Übersetzung mühsam ins Deutsche übertragen wurde. Weite Verbreitung fand es nicht. Daneben sind allein der in der Nachfolge des Rolandsliedes stehende *Karl* des Dichters Stricker und der kompilatorische anonyme *Karlmeinet* zu erwähnen. Der Frankenkönig war von diesen wenigen Ausnahmen abgesehen kein herausragender Held der mittelhochdeutschen Dichtung. Doch strahlte die französische Dichtung bis nach Skandinavien aus: *Karlamagnús saga ok kappa hans*.

Schon die *Chanson de Roland* hatte an Karls Spanienzug und Niederlage im Jahr 778 gegen Muslime und Basken erinnert, an die zwölf Paladine mit Roland, der im realen Leben ein bretonischer Markgraf gewesen sein dürfte, und dem getreuen Erzbischof Turpin an der Spitze. Sie erinnerte weiter an den Verräter Genelun, hinter dem sich der historische „Verrat“ des Erzbischofs Wenilo von Sens an Karl II. verbergen dürfte – durchweg also historische Gestalten und Episoden, die in der realen Geschichte des Frankenreiches während des 8. und 9. Jahrhunderts eine Rolle gespielt haben und nun, im Epos, neue, nicht minder nachhaltige Wirkung erzielen sollten. Schicht um Schicht hat sich hier um einen Erzählkern gelagert, der zuletzt noch den Kreuzfahrer und Heiligen in sich aufzunehmen vermochte – für den, der es zu benutzen versteht, geradezu ein Archiv des vielgestaltigen Karlsgedenkens. Das Lied besang mit lautem Waffengeklirr den heldenhaften Märtyrertod Rolands und seiner Gefährten, die furchtbare Rache des Kaisers und seinen endgültigen Triumph. Es mochte jeden christlichen Ritter, auch wenn er keinem geistlichen Ritterorden beitrat, für den heiligen Krieg und den Kreuzzug entflammen. Man vermutet denn auch, dass das deutsche Lied während des Kreuzzuges Heinrichs des Löwen (1172) dem Herzog und seinen Rittern zur Erbauung diente. Doch heilig war des deutschen Roland Herr noch nicht.

Zahlreiche französische Epen des hohen und späten Mittelalters widmeten sich den feudalen Bindungen zwischen dem königlichen Lehnsherrn und seinen Vasallen und Paladinen. Auch Familienfehden spiegelten sich in manch einer der „Chansons". Ein eigener Zyklus an „Verräterepen" entstand. Karl spielte hier freilich vielfach eine eher klägliche Rolle. Er war nun der Versager; Fürsten und Rebellen triumphierten über ihn. Das Rebellenepos präsentierte einen eigenen Typus der französischen Karlsepik, der in Deutschland vollständig fehlte: den negativen Helden, den lächerlichen König, den nutzlosen Herrscher. Es artikulierte dort, zumal in Aquitanien, dem Land südlich der Loire, und überhaupt im Languedoc, die Opposition gegen das zentrale französische Königtum und die reale oder erhoffte Emanzipation von demselben. Davon ist hier nicht mehr zu handeln. Deutschsprachige Dichter griffen diese Thematik ohnehin nicht auf. Erst in der frühen Neuzeit drang der eine oder andere Stoff in die „Volksbücher"-Literatur ein, ohne sonderlich Karls glänzendes Bild zu verdunkeln.

Ein dritter Zyklus der hoch- und spätmittelalterlichen französischen Epik wandte sich, gleich dem reich überlieferten, aber unvollendeten *Willehalm* Wolframs von Eschenbach, dem Markgrafen Guillaume d'Orange zu. Dessen historisches Vorbild war der gleichfalls als Heiliger verehrte Markgraf Wilhelm von Toulouse. Er leitete zur Zeit Karls des Großen unter Ludwig dem Frommen in Aquitanien tatsächlich die Kämpfe gegen die Muslime, bevor er Klostergründer und Mönch wurde. Karl freilich spielte in diesen Dichtungen nur eine randseitige Rolle. Immerhin wusste Wolfram: „Der keiser Karl hât vil tugent" (I, 6, 9).

Heroisierung, Mythisierung und legendäre Verklärung als Wirklichkeit – eine Zusammenfassung

Die Beispiele ließen sich noch lange fortsetzen. Doch auch die vorgestellten sollten deutlich gemacht haben, wie sich die drei Ebenen nationaler Mythisierung, kirchlicher Heiligung und heroischer Dichtung durchdrangen und durchmischten und wechselseitig auf einander wirkten, und wie sie sich zur Gestaltung neuer Wirklichkeiten mit den Nachwirkungen vergangener Wirklichkeit vereinten. Hier vollzog sich ein komplexes Geschehen, bei dem keiner der Beteiligten ahnen konnte, wohin der von ihm beigesteuerte Impuls das Ganze tragen würde, und in dem sich ein jeder fortgesetzt neu orientieren musste. Ins Epos freilich zog der hl. Karl nur selten ein. Der Mythos verlieh diesem Karl viele Gesichter, ließ ihn hier mit dieser, dort mit anderer Gestalt in Erscheinung treten. So lebten fortgesetzt nicht bloß ein einziger, sondern zahlreiche Karl der Große nebeneinander: der Herrscher, der Sieger, der nutzlose König, der Sünder, der Büßer, Pilger und Heilige und andere mehr.

Der Appell an Karl diente vielfach als Passepartout für ‚Legitimität'. Was dieser König oder Kaiser gestiftet, begründet, gefördert haben soll, sollte ewige Geltung beanspruchen und – sei es Herrschaft oder Heiligenkult, Ritter- oder Pilgertum, Ansiedlung der Juden oder Heidenkrieg – sakrosankt sein. Manch ein Motiv knüpfte an reales Geschehen an, doch vieles blieb ausgeklammert und schlummerte allein in den Werken der Geschichtsschreiber. Das Papsttum etwa und Italien, wo sich eine eigene Karlstradition bildete, sowie die Kirchenreform, denen Karl tatsächlich größte Aufmerksamkeit gewidmet hatte, fanden trotz aller welthistorischen Bedeutung keinen Zugang zum nordalpinen Karlsmythos; ebenso wenig der Förderer der Schulen und der Dichtkunst, des Lateins und der Astronomie, der wirtschaftende Karl, kaum etwas von seinen kulturstiftenden Leistungen – von der Ausnahme der angeblichen Gründung der Universität Paris abgesehen –, die ihn tatsächlich groß gemacht haben, von jenem Karl, der nach Dialektik und Rhetorik verlangt und das Abendland zu Wissenschaft und Buchkultur getrieben hatte. Vage Bilder eines idealen, mächtigen Herrschers, wie ihn Dürer imaginierte: „der das Remisch reich Den teitschen under tenig macht",[28] der sich um Recht und Gerechtigkeit und die Ausbreitung des Glaubens sorgte, eines bußfertigen Orientpilgers, eines Freundes der Mönche, eines Schutzspenders der Armen und der Juden und eines Feindes der Heiden formten sich hie und da im kulturellen Gedächtnis. Wären die Historiker allein auf diese mündlich kolportierten und schriftlich fixierten Imaginationen angewiesen, wir wüssten nicht, wer Karl der Große gewesen ist.

Das kulturelle Gedächtnis bleibt freilich nicht stehen; es fließt immerzu weiter. Auch jetzt ist für Karl ein neues Bild im Entstehen, wie eine lebhafte Karlsforschung bezeugen kann. Auch ihr Karlsbild befindet sich im Fluss. Es speist sich nicht zuletzt aus einer erinnerungsgemäßeren Beurteilung der historischen Quellen etwa zu seiner Geburt, zum Prozess gegen den Baiernherzog Tassilo, zur Kaiserkrönung oder zu seiner Nachfolgeregelung. Auch das vertiefte Wissen um die Aktualität der Endzeiterwartung um das

Jahr 800 – nämlich das apokalyptische Jahr 6000 nach Erschaffung der Welt in der Berechnung des hl. Hieronymus – wirft Licht auf den am ersten Tag des neuen Jahrtausends in Rom zum Kaiser gekrönten Karl. Die alten Legenden und Sagen indessen, der Jahrhunderte lang wirksame Mythos Karl, um den es an dieser Stelle vornehmlich ging, sie werden nicht mehr fort-, allenfalls noch abgeschrieben. Lediglich im Internet geistern, abgesunken in eine dubiose Subkultur, unter dem großen Namen Zerrbilder einer Vergangenheit, multifunktional einsetzbare Leerformeln, die über Karl, den Heros und seinen Mythos nichts, über unsere Zeit aber nahezu alles verraten. Doch dies wäre ein neues Thema.

Anmerkungen

1 Dichtung und Wahrheit, 1. Teil, 1. Buch (Bd. 26, S. 27).
2 Zit. bei Lehmann 1941, S. 177 f.
3 Einhard: Leben Karls des Großen, c. 16 (in: Quellen zur karoling. Reichsgesch., I, S. 186).
4 Heitonis Visio Wettini c. 11 (MGH Poetae II, S. 271); Walafrid Strabo, Visio Wettini, Vers 446–65 (S. 66).
5 Notker: Taten Karls (in: Quellen zur karoling. Reichsgesch., III).
6 Hincmarus: De ordine palatii, Prologus (MGH Fontes Iuris Germanici antiqui 3, 1980, S. 32 f.).
7 Zum folgenden Graboîs 1966, S. 5–41.
8 MGH Diplomata Ottos III., S. 347.
9 MGH Diplomata Ottos III., S. 257 f.
10 Wipo: Tetralogus, Vers 159; und Gesta Chuonradi, c. 4 und 6 (MGH Scriptores rer. Germ., S. 80, 25, 28 f.).
11 Suger: Vie de Louis VI le Gros, c. 22 (S. 222).
12 Giraldus Cambrensis: De principis instructione III, 25 (S. 294); die Historizität der Anekdote steht hier nicht zur Diskussion.
13 Vgl. Colker 1973.
14 Ludus de Antichristo, Vers 21–26 (S. 196).
15 Stephan von Rouen: Draco Normannicus lib. III, Vers 247–68 (MGH Scriptores rer. Germ. 26, S. 172).
16 Vgl. etwa Guibert von Nogent: De vita sua (S. 130).
17 Aubin u. a. 1935.
18 Vgl. Lehmann 1941, S. 183 f.
19 MGH Poetae IV, 189–97 (S. 11). – Die weiteren Zitate: V, 51 f.; V, 667 f., 671 f., 677 und 679 ff.
20 Zit. nach Herbers 1988, S. 51.
21 MGH Diplomata Friedrichs I., S. 502.
22 Walter von Châtillon, Nr. 16, Vers 24,4 (S. 144).
23 MGH Diplomata Friedrichs I., S. 502.
24 MGH Scriptores rer. Germ. 23, S. 78 f.
25 Zit. nach Lehmann 1941, S. 183.

26 Alberich von Trois-Fontaines, zit. bei Lehmann 1941, S. 190.

27 Folz 1967, S. 96.

28 So die Inschrift auf dem 1512 gemalten Idealbild Karls des Großen im Germanischen Nationalmuseum Nürnberg.

Quellen

La Chanson de Roland, übers. von Hans-Wilhelm Klein, München 1963.

Die Chronik von Karl dem Großen und Roland. Der lateinische Pseudo-Turpin in den Handschriften aus Aachen und Andernach hg., komm. und übers. von Hans-Wilhelm Klein, München 1986.

Gesta Karoli Magni ad Carcassonam et Narbonam, hg. von F. E. Schneegans, Halle 1898.

Giraldus Cambrensis: De principis instructione, in: Giraldi Cambrensis Opera, hg. von George F. Warner, Bd. VIII, London 1891.

Goethes Werke, hg. im Auftrag der Großherzogin Sophie von Sachsen, 1. Abteilung, Bd. 26, Weimar 1889.

Guibert von Nogent: De vita sua, hg. von Georges Bourgin, Paris 1907 (Collection de textes 40), Paris 1907.

Ludus de Antichristo, in: Geistliche Spiele. Lateinische Dramen des Mittelalters mit deutschen Versen, hg. von Karl Langosch, Darmstadt 1957.

MGH: Monumenta Germaniae Historica.

Quellen zur karolingischen Reichsgeschichte, hg. von Reinhold Rau, Teil I–III (Freiherr vom Stein-Gedächtnisausgabe 5–7), Darmstadt 1955–60 u. ö.

Das Rolandslied des Pfaffen Konrad, hg., übers. und komm. von Dieter Kartschoke, Stuttgart 1993.

Suger: Vie de Louis VI le Gros, hg. und übers. von Henri Waquet, Paris 1929.

Walafrid Strabo: Visio Wettini. Die Vision Wettis, übers. und erl. von Hermann Kittel, Sigmaringen 1986.

Walter von Châtillon: Moralisch-satirische Gedichte, aus deutschen, englischen, französischen und italienischen Handschriften hg. von Karl Strecker, Heidelberg 1929.

Literaturhinweise

Aubin, Hermann, Karl Hampe, Martin Lintzel, Friedrich Baethgen, Albert Brackmann, Carl Erdmann u. Wolfgang Windelband 1935: Karl der Große oder Charlemagne? Acht Antworten deutscher Geschichtsforscher, Berlin 1935.

Colker, Marvin L. 1973: The „Karolinus" of Egidius Parisiensis, in: Traditio 29, S. 199–325.

Ehlers, Joachim 1977: Karolingische Tradition und frühes Nationalbewußtsein in Frankreich, in: Francia 4, S. 213–235.

Ehlers, Joachim 1983: Kontinuität und Tradition als Grundlage mittelalterlicher Nationsbildung in Frankreich, in: Beiträge zur Bildung der französischen Nation im Früh- und Hochmittelalter, hg. von Helmut Beumann, Sigmaringen, S. 15–47.

Engels, Odilo 2000: Karl der Große und Aachen im 12. Jahrhundert, in: Krönungen. Könige in Aachen – Geschichte und Mythos. Katalog der Ausstellung, hg von Mario Kramp, 2 Bde., Mainz, Bd. 1, S. 348–356.

Erkens, Franz-Reiner (Hg.) 2001: Karl der Große und das Erbe der Kulturen. Akten des 8. Symposiums des Mediävistenverbandes. Leipzig 15.–18. 3. 1999, Berlin.

Folz, Robert 1967: Aspects du culte liturgique de Saint Charlemagne en France, in: Karl der Große. Lebenswerk und Nachleben, Bd. IV, hg. von Wolfgang Braunfels und Percy Ernst Schramm, Düsseldorf, S. 77–99.

Fried, Johannes 1994: Der Weg in die Geschichte. Die Ursprünge Deutschlands bis 1024 (Propyläen Geschichte Deutschlands 1), Berlin.

Fried, Johannes 2004: Der Schleier der Erinnerung. Grundzüge einer historischen Memorik, München.

Graboîs, A. 1966: Souvenir et légendes de Charlemagne dans les textes hébraiques médiévaux, in: Le Moyen Âge 72, S. 5–41.

Herbers, Klaus 1988: Karl der Große und Spanien – Realität und Fiktion, in: Karl der Große und sein Schrein in Aachen. Eine Festschrift, hg. von Hans Müllejans, Aachen, S. 47–55.

Herbers, Klaus (Hg.) 2003: Jakobus und Karl der Große. Von Einhards Karlsvita zum Pseudo-Turpin, Tübingen.

Herbers, Klaus 2004: Karl der Große. Vom Vorbild zum Mythos, in: Mythen in der Geschichte, hg. von Helmut Altrichter, K. Herbers, Helmut Neuhaus, Freiburg i. Br., S. 179–202.

Kerner, Max 2001: Karl der Große. Entschleierung eines Mythos, Köln Weimar Wien.

Lehmann, Paul 1941: Das literarische Bild Karls des Großen vornehmlich im lateinischen Schrifttum des Mittelalters, in: Ders.: Erforschung des Mittelalters, Bd. 1, Stuttgart 1959, S. 154–207.

Müllejans, Hans (Hg.) 1988: Karl der Große und sein Schrein. Eine Festschrift, Aachen.

Pape, Matthias 2000: Der Karlskult an Wendepunkten neuerer deutscher Geschichte, in: Historisches Jahrbuch 120, S. 138–181.

Petersohn, Jürgen 1975: Saint-Denis – Westminster – Aachen. Die Karls-Translatio von 1165 und ihre Vorbilder, in: Deutsches Archiv 3, S. 420–454.

Rauschen, Gerhard 1890: Die Legende Karls des Großen im 11. und 12. Jahrhundert, Leipzig.

Remensnyder, Amy G. 1995: Remembering Kings Past. Monastic Foundation Legends in Medieval Southern France, Ithaca London.

Saurma-Jeltsch, Lieselotte E. (Hg.) 1994: Karl der Große als vielberufener Vorfahr. Sein Bild in der Kunst der Fürsten, Kirchen und Städte, Sigmaringen.

Schneidmüller, Bernd 1979: Karolingische Tradition und französisches Königtum. Untersuchungen zur Herrschaftslegitimation der westfränkisch-französischen Monarchie im 10. Jahrhundert, Wiesbaden.

Schneidmüller, Bernd 1987: Ein Geschichtskompendium des frühen 13. Jahrhunderts aus Saint-Denis (Vat. Reg. Lat. 550) als Vorläufer der Grandes Chroniques, in: Quellen und Forschungen aus italienischen Archiven und Bibliotheken 67, S. 447–461.

Schneidmüller, Bernd 2000: Sehnsucht nach Karl dem Großen, in: Geschichte in Wissenschaft und Unterricht 51, S. 284–301.

Der Schrein Karls des Großen. Bestand und Sicherung, hg. vom Domkapitel Aachen, Redaktion Florentine Mütherich, Dietrich Kötzsche, Aachen 1998.

Vulliez, Charles 1990: Orléans, saint Gilles, et la légende du pardon de Charlemagne, in: Haut Moyen-Age. Culture. Éducation et société. Études offertes à Pierre Riché, hg. von Claude Lepelley, Paris, S. 575–589.

Werner, Karl Ferdinand 1952: Die Legitimität der Karolinger und die Entstehung des „Reditus regni Francorum ad stirpem Karoli", in: Die Welt als Geschichte 12, S. 203–225.

Wolfzettel, Friedrich 1993: Karl der Große, in: Enzyklopädie des Märchens 7, Berlin New York, Sp. 981–1002.

Apostel Jakobus
„Pilgerkrönung“ am Jakobusaltar, Schlosskirche Winnenden;
Umkreis d. Jörg Töber aus Hagenau, um 1520

Klaus Herbers

DER APOSTEL JAKOBUS

Vom spanischen zum europäischen Mythos

Als am Sylvestertag des Jahres 2003 in Santiago de Compostela der Erzbischof, Monsignore Julián Barrio Barrio, zum Auftakt eines neuen Heiligen Jahres, eines Año Santo Compostelano, die so genannte Heilige Pforte mit drei Hammerschlägen öffnete, verlas er zunächst einen Brief, den Papst Johannes Paul II. an ihn und das versammelte Volk gerichtet hatte. In diesem Schreiben wird der Heilige Ort mit dem Apostelgrab als „Spirituelle/Geistige Hauptstadt der europäischen Einheit" („capital espiritual de la unidad europea") bezeichnet.[1]

Einen Tag zuvor, am 30. 12. 2003, wurde am gleichen Ort das so genannte Translationsfest begangen. Hier war das spanische Königspaar anwesend. König Juan Carlos trug die *ofrenda*, ein Widmungs- und Bittgebet, an den Apostel im Namen aller Spanier vor. Nationale und europäische Bezüge finden sich hier unmittelbar nebeneinander, ja überlagerten sich sogar in der *ofrenda* des Königs.

Worauf basieren diese Bilder des Apostels Jakobus? Schauen wir in die biblischen Texte, so lässt sich weder ein spanischer noch ein europäischer Bezug feststellen. Hier finden wir den Apostel Jakobus den Älteren oft zusammen mit seinem Bruder Johannes als Söhne des Zebedäus oder als wichtiges Mitglied jener kleinen Apostelgruppe Petrus, Jakobus und Johannes, die dem Herrn zu seiner Verklärung auf den Berg Tabor folgen durfte sowie ihn vor seinem Leiden in den Garten Gethsemane beim Ölberg begleitete. Und schließlich heißt es für die Zeit nach Auferstehung und Himmelfahrt in der Apostelgeschichte (12, 1–2):

> *Um dieselbe Zeit legte der König Herodes Hand an einige Angehörige der Gemeinde, um sie zu misshandeln. Er ließ Jacobus, den Bruder des Johannes, mit dem Schwerte hinrichten.*

Die Vorstellung vom Wirken dieses Apostels hat sich bis heute offensichtlich deutlich erweitert, so dass es gerechtfertigt sein mag, auch eine biblische Gestalt wie Jakobus in den Prozess von Mythenbildung einzuordnen.

Was kann unter einem Mythos verstanden werden?

Folgt man dem Ägyptologen Jan Assmann, so handelt es sich dabei einfach um fundierende Geschichten. Die zunächst in der Antike verwurzelten Konnotationen eines Mythos verschieben sich für das Mittelalter. Neben den häufig für die Antike evozierten Definitionen von Mythen gibt es auch eher funktionale Annäherungen an den Begriff. Im Vorwort des Bandes *Mittelaltermythen*[2] verstehen die Verfasser darunter Konkretisierungen von Gestalten und anderen Dingen, die

> *[...] erzählerisch gewissermaßen modellhaft – ein Konzept bereitstellen für das Verhältnis des Menschen zu seinen Erfahrungen und zur Welt. Vorrationale Mythen bewahren fundamentale Wahrheiten [...] auf, derer sich Rationalität dann erinnert, wenn der wissenschaftlich-technische oder auch gesellschaftlich-ideologische Fortschritt ins Stolpern gerät und zu straucheln droht. Deshalb unterliegen Mythen Tradition und Wandel, und ihre symbolhafte oder auch lebenspraktische Bedeutung verändert sich und paßt sich den sich neu regelnden Bedingungen an.*

Ich möchte hier danach fragen, in welchem Maß Jakobus für die spanische Geschichte fundierend wurde und in das Bewusstsein trat und welche europäischen Bezüge sein Kult entwickelte. Dabei stelle ich von mehreren möglichen nur einige Etappen und Themenfelder in den Vordergrund: eine erste grundlegende Phase im 8./9. Jahrhundert (I), eine politische Instrumentalisierung im Konkurrenzgeflecht verschiedener iberischer Reiche (II) und kirchlicher Ansprüche (III), eine Europäisierung durch Propaganda und Pilgerfahrten (IV), die Frage nach der Entstehung Europas auf den Pilgerwegen (V), die ich dann in einem abschließenden Abschnitt (VI) auch im Blick auf ihre jeweilige Instrumentalisierung hin vergleichend würdigen möchte.

I. Die Hispanisierung des Apostels Jakobus vor dem Hintergrund der muslimischen Eroberungen auf der Iberischen Halbinsel

Wie und warum wird der Apostel mit der Iberischen Halbinsel verbunden? Biblische Notizen wissen hiervon ja gar nichts.

Schon die Anfänge der spanischen Traditionen gehören in eine historische Umbruchssituation. Im lateinischen Westen kannte man zwar die Gräber von Petrus und Paulus in Rom, aber weitere Apostel wurden im Westen bis ins 9. Jahrhundert nicht verehrt. Dies änderte sich nach 711, als der größte Teil des alten Westgotenreiches auf der Iberischen Halbinsel von den Muslimen unterworfen wurde und nur noch kleine christliche Herrschaften im Norden und Osten bestanden. In dieser Situation wurden in einem dieser Reiche, in Asturien, in der zweiten Hälfte des 8. Jahrhunderts Berichte der ursprünglich griechisch verfassten Apostelkataloge aufgegriffen, die den Aposteln verschiedene Missionsgebiete zuordneten, darunter dem Apostel Jakobus dem Älteren die *Hispania*. Wenn dies aber zutraf, sollte dann nicht die letzte Ruhestätte dort sein, wo der Apostel gepredigt hatte? Zu Beginn des 9. Jahrhunderts wurde ein Grab im äußersten Nordwesten der Iberischen Halbinsel gefunden, das man mit demjenigen des hl. Jakobus identifizierte. Jakobus, so hieß es in späteren Schriften zunächst in Übereinstimmung mit der Apostelgeschichte weiter, sei nach seiner Predigttätigkeit auf der Iberischen Halbinsel nach Jerusalem zurückgekehrt, sei dort 44 nach Christus als erster Märtyrer der Apostel enthauptet worden, dann, wie man nun wissen wollte, von seinen Anhängern in ein Schiff gelegt worden und auf wunderbare Weise nach Nordwestspanien gelangt. Das dortige Grab sei in Vergessenheit geraten, bis es dann zu Beginn des 9. Jahrhunderts von dem Eremiten Pelagius nach einer Vision entdeckt worden sei. Soweit die wichtigsten Traditionen von Predigttätigkeit, Überführung und Entdeckung des Grabes.

Heiligenkulte entwickelten sich in dieser Zeit an vielen Orten. Die zunehmende Reliquienverehrung, die Vorstellung, dass am Grab eines Heiligen sich Himmel und Erde gleichsam berührten sowie die immer wichtiger werdenden Hoffnungen, dass an diesen Gräbern frommen Pilgern nicht nur Sünden vergeben, sondern auch Krankheiten durch Wunder geheilt würden, trugen zu einer ungeahnten Vervielfachung von wichtigen Kultorten bei. In Compostela wurde das Grab eines Apostels entdeckt – geschah dies nur zufällig zu Beginn des 9. Jahrhunderts? Der spanische Jakobuskult diente, so eine geläufige These, als eine Identifikationshilfe für das kleine christliche asturische Reich im Norden der Iberischen Halbinsel. War dies nach der muslimischen Eroberung 711 eine fast zwangsläufige Entwicklung? Dann bliebe aber die Frage, warum die Entdeckung des Grabes erst zu Beginn des 9. Jahrhunderts, nicht schon kurz nach 711 erfolgte.

Als 711 die Iberische Halbinsel von den Muslimen weitgehend unterworfen wurde, lebten Christen nicht nur weiterhin im Norden, sondern auch unter muslimischer Herrschaft übten Christen ihre Religion als so genannte Mozaraber weitgehend unbehelligt aus, waren allerdings durch höhere Steuern belastet. Sie konnten sich sogar darauf berufen, dass sie mit Toledo die alte kirchliche Metropole des früheren Westgotenreiches besaßen. War damit nicht vorgegeben, dass diese Mozaraber, vor allem in Toledo, den Ton für die Christen in Spanien überhaupt angaben? Rom bemühte sich darum. Im so genannten Codex Carolinus sind mehrere Schreiben des Papstes Hadrian I. von 785 bis 791 überliefert,[3] die darauf abzielen, die Kirchenstruktur im muslimischen Spanien zu verbessern und gewisse judenfreundliche Tendenzen abzustellen. Wenig später kam es zu einer großen theologischen Diskussion um den so genannten Adoptianismus. Diese Lehre, wonach Gottsohn von Gottvater lediglich adoptiert worden sei, war vielleicht nach der muslimischen Eroberung angesichts eines streng monotheistischen Islam als eine Kompromissformel entwickelt worden. Erzbischof Elipandus von Toledo († ca. 802), ein Verfechter dieser Lehre, hatte Gegner in Asturien, unterlag aber schließlich, nachdem unter karolingischem Einfluss auf dem Konzil zu Frankfurt 794 zugunsten einer streng trinitarischen Position entschieden worden war und Papst Leo III. dies wenig später bestätigte.[4]

Ohne diese dogmatischen Auseinandersetzungen im Einzelnen würdigen zu können, fällt auf: Nach Abschluss dieser Diskussionen und nachdem die Neuorganisation der christlichen Kirche unter muslimischer Herrschaft von den Päpsten aufgegeben, zumindest nach Ausweis der überlieferten Quellen nicht weiter verfolgt wurde, verdichteten sich die spanischen Traditionen um ein Apostelgrab im Norden der Iberischen Halbinsel. Erst jetzt war offensichtlich auch kirchenpolitisch der Weg frei, um dem alten Toledo ein Gegengewicht im Norden des christlichen Spanien entgegenzusetzen. Die Entdeckung des Apostelgrabes in Compostela war damit, bevor der erste Pilger überhaupt gekommen war, schon von Anfang an in Zusammenhänge gestellt, die von der Rezeption der griechischen Apostelkataloge bis zu Entscheidungen im muslimisch beherrschten Toledo, im fränkischen Karolingerreich sowie in Rom reichten. Compostela war somit von Anfang an kein nur lokales Zentrum, obwohl die Pilger zunächst nur aus der Umgebung kamen: spanische und europäische Bezüge waren gegeben.[5]

II. Der Apostel bei der Formierung des christlichen Spanien

Damit waren aber zugleich zwei weitere Perspektiven eröffnet: eine, die sich eher auf Galicien und Spanien bezog, eine andere mit weiter gespannten Dimensionen. Beide Bereiche waren miteinander verflochten und entwickelten sich nicht nacheinander, sondern parallel, wenn auch unterschiedlich nach Rhythmus und Intensität. Vielleicht hilft es dabei, eine Unterscheidung zu treffen: Der Grabeskult in Compostela betraf besonders Galicien, prinzipiell aber alle Gläubigen, die Berichte über eine Missionstätigkeit des Apostels eher Spanien selbst.

Für das Bild von Jakobus wurde auf der Iberischen Halbinsel eine Facette bedeutend, die meist mit dem Landespatronat des Apostels verbunden wird. Die Entwicklung vollzog sich in mehreren Schritten. Ausgangspunkte waren hier weniger die Verehrung seines Grabes oder der Bericht über die Translation, sondern die seit dem 8. Jahrhundert kursierenden Erzählungen, dass Jakobus der Ältere auf der Iberischen Halbinsel gepredigt habe. Von dieser Argumentation her werden seit der Zeit der Kreuzzüge zunehmend auch Vorstellungen von Schutz und Hilfe des Apostels für die Anliegen der christlichen *Hispania* entwickelt. Eine Legende über die Eroberung von Coimbra (1064) mit Hilfe des Apostels Jakobus, die um 1100 aufgezeichnet wurde, ist das erste zentrale Zeugnis. Wichtiger wurde die Interpretation der legendären Schlacht von Clavijo im 12. Jahrhundert. Wiederum wurde eine Fälschung bzw. eine Fiktion entscheidend: das Privileg der „votos de Santiago“. Zwischen 1155 und 1172 brachte der Compostelaner Kleriker Pedro Marcio dieses Schriftstück in eine Form, die bis in die Neuzeit bedeutend blieb. Eine Abgabe vieler Bewohner der Iberischen Halbinsel an die Kirche des Apostels wurde auf die angebliche Schlacht von Clavijo (834 oder 844) zurückgeführt: Nach einer Niederlage der Christen habe Jakobus in einer Vision Hilfe angeboten, danach hätten die Truppen des König Ramiro gesiegt. Zum Dank hätte Ramiro die jährliche Zahlung an die Basilika des Apostels festgelegt, die jeder Christ in der ganzen *Hispania* entrichten müsse. Außerdem solle nach jedem Sieg über die Sarazenen ein Beuteanteil abgegeben werden.[6] Der schon lange als Fälschung erwiesene Text[7] ist aus der Situation des 12. Jahrhunderts zu erklären, knüpft jedoch an frühere Privilegien oder Schriften an[8] und greift auch Elemente der Kreuzzugsidee auf.

Die Chronistik des 13. Jahrhunderts hat diese Version übernommen – denkt man an historiographische Entwürfe wie die von Rodrigo Jiménez de Rada (1247) oder die *Primera Crónica general.*[9] Nicht hoch genug einzuschätzen für die Verankerung der Clavijo-Episode im historischen Wissen der Zeitgenossen und im Bewusstsein ihrer Nachfahren ist aber auch die Tatsache, dass durch die Forderung der „votos"-Abgaben fortwährend Bilder des Schlachtenhelfers Jakobus evoziert wurden. Damit hatte die Rolle des Apostels einen festen Platz in der spanischen Geschichtsschreibung, aber auch im „öffentlichen Bewusstsein" und „kollektiven Gedächtnis" erobert.[10]

Intensiviert wurde die Rolle eines für die *Hispania* wirkenden Jakobus in der zweiten Hälfte des 12. Jahrhunderts weiterhin durch die Förderung seiner Verehrung durch die Könige von León sowie durch die Gründung des Santiago-Ritterordens, der unter dem Schutz des heiligen Jakobus Krieg gegen die Muslime führte, aber gerade langfristig auch „national"-hispanische Identität förderte.

III. Apostelsitz und kirchliche Ansprüche

Bestand aber darin die einzige Weiterentwicklung der so genannten frühesten spanischen Traditionen? Etwa gleichzeitig betrieben die Bischöfe und Erzbischöfe die Entwicklung Compostelas zu einem Apostelsitz, einer *sedes apostolica*, mit den entsprechenden Vorrechten. Es bedurfte reformerisch denkender Päpste im 11. Jahrhundert, die auch den Vorrang Roms stärker in den Vordergrund rückten, um diese Versuche Compostelas in ihre Schranken zu verweisen. So kritisierte Leo IX. 1049 auf dem Konzil in Reims, dass der Bischof von Compostela sich widerrechtlich „apostolischer" Titel bediene.[11] Diese Kritik führte Gregor VII. noch weiter. In einem Brief von 1074 an König Alfons VI. bemerkte er, Schüler der hl. Petrus und Paulus hätten die Iberische Halbinsel zum christlichen Glauben geführt[12] – von Jakobus kein Sterbenswörtchen. Diese Position ordnet sich deutlich in die allgemeinen Bestrebungen Roms ein, die Missionierungen in der frühchristlichen Zeit Schülern des Petrus und Paulus zuzuschreiben und damit den Rombezug der jeweiligen Kirchen wie durch ein Netzwerk zu verstärken. Für Compostela, das die Reliquien eines Apostels beanspruchte, bedeutete dies eine Herausforderung: Vor allem der ehrgeizige Erzbischof Diego Gelmírez (1098/99–1140) konnte in der ersten Hälfte des 12. Jahrhunderts durch Legationen, Argumentationen, aber auch mit Hilfe von Fälschungen seine Position als Vorsteher einer Kirche, die sich eines Apostelgrabes rühmte, ständig weiter verbessern, so dass Compostela schließlich auf abenteuerliche Weise 1124 Erzbistum wurde und seine hervorgehobene Position auch im Streit mit Toledo und Braga während des 12. und 13. Jahrhunderts weiter verteidigte.

IV. „Europäisierung" durch Pilgerfahrten und Propaganda

Bei dieser Rangerhöhung innerhalb der lateinisch christlichen Kirche, die sich auch gegen Ansprüche Toledos richtete, kam dem Erzbischof von Compostela aber auch zugute, dass der galicische Ort inzwischen zu einem großen Pilgerzentrum geworden war, dessen Einzugsbereich längst europäische Dimensionen erlangt hatte. So argumentierte man nicht nur mit dem Hinweis auf den Besitz der Apostelreliquien und auf die Pilgerverehrung, sondern förderte die Bereitschaft des Papstes und seiner Umgebung zur Rangerhöhung durch reiche Geldgeschenke, die zumindest teilweise auf die außergewöhnlich großen Pilgergaben zurückgingen:[13] So gehörten beispielsweise eine goldene Truhe, 211 Poiteviner Schillinge, sechzig Mailänder Münzen und 20 Tolosaner Schillinge zu den Gaben, die auf abenteuerliche Weise nach Südfrankreich in die Umgebung des Papstes gelangten.[14]

Damit leite ich zu einem zweiten Aspekt über: Wie groß war die Ausstrahlung des Jakobus-Kultes geworden und wie wirkte dies weiter? Allgemeine Tendenzen der Frömmigkeitsgeschichte, so die verschiedenen Motivationen, die das Pilgern im Mittelalter insgesamt so beliebt machten, die zunehmende Mobilität, der leichtere Austausch von Nachrichten über größere Distanzen und weitere Rahmenbedingungen können hier jedoch nur erwähnt, nicht weiter dargelegt werden.

Die Compostelaner Bistumsgeschichte aus der Mitte des 12. Jahrhunderts berichtet davon, dass im Jahre 1121 der muslimische Almoraviden-Emir Ali ben Yusuf (1106–1143) aus dem südlichen Spanien Boten zu der christlichen Königin Urraca (1109–1126) gesandt habe. Diese sahen in Navarra die Massen christlicher Pilger, die nach Santiago zogen.[15]

Deshalb fragten sie einen Mann namens Peter, der ihre Sprache beherrschte: ‚Wer ist dieser große Mann, den unzählige Christen von jenseits und diesseits der Pyrenäen aufsuchen, um ihn zu verehren? Die Menge der christlichen Pilger, die nach Compostela gehen und wieder zurückkommen, ist so groß, daß sie kaum den Weg nach Westen offen lassen.' Da wurde ihnen geantwortet, es sei der hl. Jakobus, der Apostel unseres Herrn …, dessen Leichnam in Galicien begraben liege und den Gallien, England, Latium und Deutschland, alle christlichen Provinzen und besonders Spanien als ihren Patron verehren.

Gab es also Stau auf den Pilgerwegen? Die sicher nicht ganz unparteiische, weil in Compostela verzeichnete Notiz lässt zweierlei erkennen: Auch Muslimen wurde das Zentrum Compostela bekannt gemacht, es war auch schon in früherer Zeit in arabischen Quellen erwähnt worden. Und: Es werden hier vor allem Franzosen, Deutsche und Italiener, und weiterhin Engländer erwähnt. Das in der Mitte des 12. Jahrhunderts wohl in Compostela zusammengestellte Jakobsbuch, der *Liber Sancti Jacobi*, hebt ebenfalls besonders Deutsche, Franzosen und Italiener – wenn mir hier diese modernen Bezeichnungen erlaubt seien – hervor.[16]

Für unsere Fragestellung ist aber immer wieder der fünfte Teil dieses Jakobsbuches, ein Pilgerführer herangezogen worden. Dieser Führer ist sicher nicht von Pilgern und Reisenden – soviel verrät die Überlieferung eindeutig – als praktische Handreichung verwendet worden. Er lässt eher propagandistische Absichten des Pilgerzentrums Compostela erkennen. Einige Forscher glauben, der Autor dieses Führers stamme aus Frankreich, aber dies ist keinesfalls sicher. Unterschieden werden in diesem Text vier Ausgangswege nach Santiago, die alle in Frankreich beginnen: in Tours, Vézelay, Le Puy und in St. Gilles. Damit hatte der Autor die bis heute in fast jedem Buch für Jakobspilger reproduzierten Wege gleichsam festgeschrieben und kanonisiert. Übertrieben könnte man von einer „Erfindung der Pilgerwege" durch den Autor dieser Zeilen sprechen. Übersehen wird meist jedoch ein erstaunlich geschickter propagandistischer Coup, indem das für fast alle europäischen Regionen so weit entfernte Jakobusgrab herangeholt, ja gleichsam in das übrige Europa hereingeholt wurde. Wichtige konkurrierende Kultzentren in Frankreich ordnete der Autor dem spanischen Jakobusgrab unter, indem er in einem wichtigen Kapitel Orte wie Tours, St. Foy in Conques, St. Leonhard im Limousin oder Toulouse einfach als Heiligtümer auf dem Weg, als Stationen zum Zielort, weniger als eigenständige Zentren würdigte. So erschien der Weg als wichtiger Teil der Jakobusverehrung und das entfernte Compostela an der geographischen Peripherie rückte gleichsam ideell ins Zentrum. Dass das Ende der damals bekannten Welt, das Cap *Finis terrae*, später von Jakobspilgern mit aufgesucht wurde, verlieh der Pilgerfahrt eine weitere eschatologische Perspektive, denn dort blickte man nicht nur auf das Meer, sondern war vielleicht auch der Ewigkeit näher gerückt.

Trotz gewisser Vorbehalte gegenüber den bisher zitierten Quellen, die *pro domo* schrieben, verdeutlicht diese Propaganda im Pilgerführer des 12. Jahrhunderts zumindest Tendenzen in der Mitte des 12. Jahrhunderts, darunter den Versuch, gewisse Ansprüche Compostelas als großes überregionales Pilgerzentrum umzusetzen. Zu diesen eher offiziellen Stimmen trat die in

Mirakelberichten greifbare Mundpropaganda, die deutlich machte, wo ein besonders mächtiger Heiliger mit großer Wunderwirkmacht anzutreffen sei.

Lässt sich mit weiteren Quellen der Kulteinzugsbereich des Apostelgrabes in Compostela genauer nachweisen? Für das Hochmittelalter betreffen überlieferte Nachrichten zu einzelnen Pilgern vor allem Angehörige des höheren Adels beziehungsweise des Klerus. Als erster namentlich belegter Pilger, der nicht aus der Nähe Compostelas kam, gilt Bischof Godeschalk von Le Puy im Jahre 950/51. Trägt man auf einer Karte alle von der Mitte des 10. Jahrhunderts bis Ende des 12. Jahrhunderts bezeugten Pilger ein,[17] so geht aus dieser Übersicht eine klare Tendenz hervor: Der Einzugsbereich des Pilgerzentrums Santiago de Compostela liegt zu dieser Zeit in West- und Mitteleuropa, insbesondere in Frankreich, Katalonien, Deutschland und Italien. Allerdings reicht er vereinzelt schon weiter. Seit Ende des 11. Jahrhunderts sind die ersten englischen Pilger belegt,[18] 1180 der erste Schwede.

Dieser Eindruck lässt sich durch weitere Befunde für das Hochmittelalter stützen. Viele der Wundergeschichten, die als zweites Buch in den *Liber Sancti Jacobi* integriert wurden, beziehen sich auch auf die Pilgerfahrt nach Compostela. Wenn vielleicht auch Zweifel an den Wundergeschichten oder den Wundern selbst erlaubt sind, so dürften die geographischen Bezüge nicht frei erfunden worden sein. Die Herkunft der in diesen Mirakeln genannten Personen bestätigt im Wesentlichen das bereits gewonnene Bild: Frankreich, Deutschland und Italien erscheinen bis in die Mitte des 12. Jahrhunderts als Kernräume der außerspanischen Jakobusverehrung.

Kanonisten zählen seit dem beginnenden 13. Jahrhundert den Besuch von Compostela neben Rom und Jerusalem zu den großen Pilgerfahrten, den *peregrinationes maiores*. Eine für den Einzugsbereich der Compostelafahrten im Spätmittelalter aussagekräftige Quellengattung sind die Geleitbriefe. In den Registern der aragonesischen Kanzlei ist eine Vielzahl der in der Regel für Einzelpersonen ausgestellten Geleitbriefe überliefert. Für die besonders reich dokumentierten Jahre 1378–1422 ergibt sich aus insgesamt 134 Geleitbriefen vor allem, dass nun Osteuropa erstmals nachweisbar zur Jakobspilgerschaft beitrug. Trotzdem blieb der Schwerpunkt in Frankreich, Deutschland und Italien. Mit diesen Geleitbriefen ist jedoch nur eine besonders aussagekräftige Quellenart genannt; für das Spätmittelalter verfügen wir über eine Vielzahl von Quellengattungen mit Belegen, die über das heutige Europa hinausreichen, bis hin nach Armenien.

Die Ausweitung des Einzugsbereichs ließe sich weiter – was eine eigene Darstellung wäre – an den Spuren des Kults außerhalb Galiciens und Spaniens ablesen. Denkt man an die Verbreitung der Texte, die Funde von

Pilgermuscheln in Gräbern, an künstlerische Darstellungen des Apostels, der auch in Deutschland seit dem 13. Jahrhundert vor allem als Pilger, dann zuweilen unter dem Eindruck der Türkengefahr als Schlachtenhelfer dargestellt wird, so lässt sich eine zunehmende Verbreitung mit deutlichen regionalen Schwerpunkten ablesen. Betrachtet man zum Beispiel den polnischen Raum, so konzentrieren sich die bisher gesichteten Belege auf die Diözese Krakau und den Ostseeraum. Für Deutschland ist hervorzuheben, dass ganz bestimmte ikonographische Formen, wie die Segnung und Austeilung von Pilgerstäben und Pilgertaschen, die „Krönung" der Pilger nach vollendeter Reise durch den Apostel oder die Darstellung eines Wunders, wie etwa ein unterwegs gehenkter Pilger von Jakobus gerettet wurde, seit dem 12./13. Jahrhundert immer mehr an Gewicht gewannen. Hinzu trat die Literatur, die das Pilgerthema, auch des Jakobsbruders, immer häufiger aufgriff, zuweilen kritisch persiflierte. Die Muschel, zunächst das Abzeichen, das Jakobspilger zum Beleg ihrer Fahrt zurückbrachten, wurde bald zum Zeichen der Pilger schlechthin.

V. Die „Entstehung Europas" auf den Pilgerwegen?

Wenn der Kult und die Pilgerbewegung im späten Mittelalter bis nach Polen und Ungarn, vereinzelt sogar bis in den Vorderen Orient ausstrahlten, so stellt sich vor dem Hintergrund des europäischen Leitmotivs die Frage, ob Jakobspilger europäische Gemeinschaft auch dadurch stifteten, dass sie andere Pilger trafen, fremde Völker und Gebräuche auf ihren Wegen wahrnahmen. Gab es so etwas wie eine Annäherung der Nationen auf den Pilgerwegen? Haben die Wege Europa zusammengeführt, wie Goethe sogar einmal gesagt haben soll[19] und Politiker heute immer wieder mit unterschiedlichen Interessen hervorheben? Die überlieferten Pilgerführer und die Reiseberichte, die vor allem erst seit dem 15. Jahrhundert aufgezeichnet wurden, können hier zumindest einige Hinweise geben.

Wie werden Länder und Bewohner im schon genannten Pilgerführer nach Santiago de Compostela aus dem 12. Jahrhundert vorgestellt? Ein Kapitel über Landschaften und Bewohner zwischen Tours und Compostela ist aufschlussreich:[20]

> *[…] Die Poiteviner sind stark, gute Krieger, sie beherrschen Bogen, Pfeil und Lanze im Krieg vortrefflich, zeigen Mut in der Schlachtreihe, sind schnell im Lauf, elegant in der Kleidung, von Gesicht schön, gewandt im Wort, großzügig und gastfreundlich.*

Weitere Gegenden werden weniger positiv hervorgehoben, so anschließend die Gascogne, zumindest was die Bewohner betrifft:

> *[...] sie sind schwatzhaft, spöttisch, lüstern, Wein und Essen zugeneigt, schlecht mit Kleidung sowie Schätzen und Schmuck ausgestattet, aber an den Krieg gewöhnt und in der Gastlichkeit gegenüber Armen zuvorkommend. Wenn sie am Feuer sitzen, essen sie gewöhnlich ohne Tisch und trinken gemeinsam aus einem Becher. [...] sie schlafen alle zusammen auf wenig verfaultem Stroh, sogar das Gesinde mit Herr und Herrin. [...]*

Zum waldreichen Baskenland bemerkt der Autor zum Beispiel:

> *Die Zöllner in diesem Land, nahe des Cisapasses, in einem Ort namens Ostabat und in St-Jean und St-Michel-Pied-de-Port, sind schlecht und von Grund auf zu verdammen. [...] Obwohl sie eigentlich nur von Leuten, die ausschließlich Handel treiben, einen Tribut verlangen dürfen, nehmen sie ebenso eine Abgabe von Pilgern und Durchreisenden [...]*

Die Bewohner Navarras ähneln den Basken weitgehend, haben angeblich nur eine hellere Haut:

> *Die Navarresen tragen schwarze Kleider, die so kurz sind, daß sie nach schottischer Art nur bis zum Knie reichen, sie haben Schuhe aus ungegerbtem, noch behaartem Leder, die sie lavarcas nennen. [...] Wenn man sie essen sieht, glaubt man fressende Hunde oder Schweine vor sich zu haben. Wenn man sie reden hört, erinnert es an Hundegebell. Ihre Sprache wirkt durchaus fremd. Sie nennen Gott Urcia, die Gottesmutter Andrea Maria, das Brot orgui, den Wein ardum, das Fleisch aragui, den Fisch araign, das Haus echea [...]*

Schließlich heißt es gegen Ende dieses Kapitels:

> *Die Galicier ähneln unserem französischen Volk im Vergleich zu allen übrigen unkultivierten spanischen Völkern durch ihre Gebräuche am meisten, aber sie gelten als jähzornig und streitsüchtig.*

Kulturelle Merkmale der beschriebenen Bewohner, Charaktereigenschaften, Gebräuche und Eigenheiten werden meist mit Hinweisen auf Essen und Trinken, zuweilen auf Bekleidungsformen, aber auch auf Sprache gekennzeichnet. Auffällig bleibt, welche Völker positiv, welche negativ beschrieben werden. Negativ werden vor allem Gascogner, Basken und Navarresen gekennzeichnet. Gute Noten erhalten die Poiteviner, aber auch die Galicier, weil sie der *gens Gallica* am ähnlichsten seien. Der Autor dieses Kapitels, wahrscheinlich aus Frankreich stammend, misst Völker und Gegenden offensichtlich an der eigenen Herkunft. Er zeichnete nicht nur

Beobachtungen auf, doch bis zu welchem Grad er Klischees, Topoi, literarische Traditionen oder Vorurteile aufgriff, lässt sich nur annäherungsweise bestimmen.

Einen weniger propagandistischen, dafür stärker praxisbezogenen Hintergrund hat der gedruckte Pilgerführer des Servitenmönches Hermann Künig von Vach, wohl von 1495, der die so genannte Ober- und Niederstraße nach Compostela beschreibt. Im Unterschied zu dem Pilgerführer des *Liber Sancti Jacobi* ist dieser Text sicher stärker rezipiert worden; dies legen allein die mehrfachen Druckausgaben nahe; die holprigen Reime dürften außerdem beim Memorieren geholfen haben.[21]

Beginnen ließ Hermann Künig seine Wegbeschreibung in Einsiedeln, weiter ging es über die Schweiz, Savoyen, das Rhônetal, Südfrankreich und dann den so genannten „camino francés" durch den Norden Spaniens.

Den Hinweg von Einsiedeln aus hat Hermann Künig die „Oberstraße" genannt, auf dem Rückweg führt er den Leser über die so genannte „Niederstraße". Bis kurz vor den Pyrenäen bleiben Hin- und Rückweg weitgehend gleich, in Frankreich ging es über Bordeaux, Blaye, Saintes, Poitiers, Tours; von dort entweder nach Metz oder weiter über Paris, Valenciennes und Brüssel nach Aachen, wo der Verfasser seinen Reiseführer enden lässt. Insgesamt wird deutlich, dass die Pilger als Deutsche angesprochen werden. Schon zu Anfang will Künig die Gemeinheiten der Kapaune, ein Schimpfwort für böse Wirte, nicht unerwähnt lassen (Vers 9); später hebt er Nachstellungen warnend hervor: So sei ein Spitalmeister in Burgos den Deutschen nicht gewogen (Vers 207). Dafür werden Namen von deutschen Wirten empfohlen, die auch in der Fremde Hilfe böten, so in Genf (Vers 94). Ortsnamen sind germanisiert, verballhornt: Genf heißt „Senefaß", das Armagnac „Armer Jacken Land", Castrojeriz ist „Castelfritz" und so fort.

Ein Pilgerlied, „Wer das elent bawen wel", diene hier als weiteres Zeugnis. Es wurde etwa in der gleichen Zeit wie Künigs Führer aufgezeichnet, war aber vielleicht schon früher verbreitet. Die einzelnen Strophen beschreiben zunächst die Ausrüstung des Pilgers, weiterhin die üblichen Vorbereitungen und berichten dann strophenweise über die verschiedenen Landschaften am Weg, der grundsätzlich der „Oberstraße", wie Hermann Künig sie nennt, folgt. Allerdings sind einige Orte vertauscht, werden einige Umwege beschrieben: Besonders Berg- und Passüberquerungen erscheinen so wichtig, dass sie in drei Strophen (10–12) eigens thematisiert werden.

Zu Burgos erzählen viele Strophen das Drama über die Untaten und die Bestrafung des Spitalmeisters (Strophe 13–23). Ein spanischer König ließ drei Spitäler erbauen: Als er von deutschen Pilgern erfuhr, dass in einem

Die walfart vnd Straß
zu sant Jacob.

Straßburger(?) Ausgabe (1495?)

Die straß zu sant Jacob in
warheit gantz erfaren.

Nürnberger Ausgabe (undatiert)

Die strasz vnd
meylen tzu sant Jacob
auß vnd ein in warheyt gantz erfarn
findestu in dysem buchleyn

Leipziger Ausgabe (1521)

Die strasz vnd meilen
zů sant Jacob vß vnd yn in war/
heit gantz erfaren findstu
in disem bůchlin.

Straßburger Ausgabe (undatiert)

Titelholzschnitte des Pilgerführers von Hermann Künig von Vach

Spital 350 Pilger vergiftet worden seien, verkleidete sich der König selbst als Pilger, fand das Spital in Burgos verwahrlost vor und ließ den Spitalmeister, der sich zudem als Mörder verriet, gefangen nehmen und hinrichten. Eine solche Geschichte verdeutlicht, wie sehr das Lied Probleme der einfachen Pilger aufgriff. Erst die letzten drei Strophen lenken dann auf den restlichen Weg nach Compostela, den Abstecher zum nahe gelegenen Kap Finisterre zurück.

Das Lied gilt vielfach dem Pilgeralltag: Es geht um Ausstattung, Wegverlauf, Verpflegung und Unterbringung. Die verschiedenen Länder und Völker erhalten unterschiedliche Noten: „So ziehen wir durch Schweizerlant ein, sie haißen uns got welkum sein". Danach aber heißt es: die „welschen lant, die seint uns bruedern unbekant" (Strophe 6). In Savoyen bekommt der Pilger weder Brot noch Wein, dafür aber in Pont St. Esprit am Unterlauf der Rhône.

„Deutsch" und „welsch" sind die Ordnungskriterien, die abgrenzen. Gleichzeitig subsumiert der Ausdruck „welsch" alles, was nicht deutsch ist. „Kumt er in die welschen lant, er findt kein teutschen priester", dem der Pilger seine Sünden beichten könne. Stirbt ein Pilger gar in „welschem lant" (Strophe 4), dann wird er bei der Straße begraben. Und außerdem „ligen fünf berg im welschen lant"(Strophe 10), die überquert werden müssen. Der letzte dieser Berge birgt so viele Gefahren, dass dort sogar viele tote Pilger aus deutschen Landen zu finden seien. Die Fremde wird durch empfangs- und weniger empfangsbereite Völker, durch Schwierigkeiten und Hilfen definiert, dabei wird fast alles auf deutsch und welsch bezogen.

VI. Vergleichende Bilanz

Blickt man auf die Pilgerführer oder die Lieder, so zeigt sich schnell, dass die vermeintlich europäische Wirkung des Apostels eher den Einzugsbereich, weniger ein gemeinschaftliches oder gar europäisches Bewusstsein der nach Compostela ziehenden Pilger betraf. Hier ist eher zu beobachten, dass zunehmende Kontakte mit fremden Welten vielleicht sogar dazu beitrugen, die eigene Herkunft und die eigene Position stärker ins Bewusstsein zu heben. Dies lässt sich im späten Mittelalter mehrfach an ähnlichen Beispielen zeigen, denkt man an die Kaufleute in fremden Städten, an die Teilnehmer an den spätmittelalterlichen Konzilien, wie im 15. Jahrhundert in Konstanz und Basel, und an die Bildung von Konzilsnationen oder an die korporativen Zusammenschlüsse an den Universitäten.

Dagegen verweisen Pilgerberichte von Adeligen und von Bürgern der städtischen Oberschicht, die ich hier ausgelassen habe, oft auf einen souveränen Umgang mit der Fremde. Dennoch wurde der Apostel selbst zum Pilgerpatron mit europäischen Dimensionen.

Die spanische Variante gab es in verschiedener Ausprägung seit den Anfängen, pointiert aber erst seit dem 12. Jahrhundert. Das Bild eines Maurentöters trat hier erst spät hinzu, zu einer Zeit, als die Kämpfe der Christen gegen die Muslime auf der Iberischen Halbinsel schon fast der Vergangenheit angehörten. Aber selbst dieses Bild wurde in bestimmten Situationen exportiert. So finden wir den Apostel im Osten des Reiches zu Beginn der Neuzeit als „mataturcos" oder in Lateinamerika als „mataindios".

Beide Facetten, der europäische Pilgerpatron und der spanische Kämpfer gegen die „Ungläubigen", begegnen sich, wenn man noch einen abschließenden Aspekt betrachtet. Am 28. Januar wird jährlich im Bistum Aachen das Karlsfest begangen. Die Gebeine Karls des Großen stehen im Aachener Dom in einem Schrein, der zeigt, wie Karl als Spanienfahrer gegen die Muslime gekämpft haben und dabei auch das lange Zeit vergessene Grab des Apostels Jakobus verehrt haben soll. Der Apostel selbst soll Karl aufgerufen haben, dem Sternenweg zu folgen, sein Land von den Muslimen zu befreien und das Apostelgrab zu besuchen.

Niedergelegt wurde diese Geschichte in einer Erzählung, die Erzbischof Turpin von Reims angeblich aufgezeichnet haben soll. Sie wurde in das schon erwähnte Jakobsbuch, den *Liber Sancti Jacobi*, in Santiago integriert und verbreitete sich in zahlreichen Handschriften. Die Geschichte basiert ursprünglich auf Karls Spanienzug von 778 und seiner Niederlage in Roncesvalles, die nun im 11./12. Jahrhundert neu interpretiert wird, auch mit Hilfe des Apostels Jakobus.[22] Diese Verbindung beider Facetten – Krieger und Pilger – in der Person Karls des Großen (ein weiterer Mythos im Rahmen des vorliegenden Bandes) verweist aber auf eine bedeutende Umbruchszeit in Mitteleuropa wie auf der Iberischen Halbinsel im 11./12. Jahrhundert. Die Traditionen um den hl. Jakobus schöpften zwar aus einem Grundbestand, wurden aber immer wieder erweitert, verändert und in neue Zusammenhänge eingepasst. Wenn es zutrifft, dass Mythen vor allem wirksam werden, wenn Gesellschaften in einem Umbruch sind, so trifft dies für das 12. Jahrhundert in ganz besonderer Weise zu. Die Intensivierung der religiösen Auseinandersetzungen zwischen Christen und Muslimen sowie die gebotene Neuordnung des christlichen Spanien mit der Hilfe von Papsttum und anderen europäischen Einflüssen eröffneten auch für den Mythos Jakobus neue Dimensionen, die auf Spanien selbst, aber auch auf das übrige christliche Europa, das Abendland, oder wie es heute oft genannt wird: Papsteuropa, gerichtet waren.[23] Wenn Mythen in diesen Prozessen ganz allgemein als „fundierende Geschichten" verstanden werden, so lassen sich beide Facetten des Apostels Jakobus auch in diese Zusammenhänge einordnen.

Die weitere Wirkung beider Dimensionen blieb nie ganz eindeutig und eindimensional, und so ist es auch unsicher, welcher denn „der wahre Jakob" ist.[24] Zwar hatte Jakobus als Nationalpatron sich in der Neuzeit gegen Theresa von Avila durchzusetzen, zwar verlor die Kirche von Santiago die wichtigen Votos-Einnahmen ganz Spaniens, die man auf die Schlacht von Clavijo zurückführte, im 19. Jahrhundert. Dennoch konnte Jakobus als Nationalpatron unter der Herrschaft Francos nochmals eine große Renaissance erleben, die in reduzierter Form bis in unsere Zeit anhält. Allerdings spricht man heute auch in Spanien lieber vom Pilgerpatron als vom kriegerischen Schlachtenhelfer, zumal seit der europäischen Orientierung der Iberischen Halbinsel während der letzten zwanzig Jahre.

Eins zeigt aber unsere kurze Spurensuche: Die Bilder der Apostels, die im Laufe der Zeit entstanden, waren oft wirksamer als die „harten Tatsachen". Sie erklärten Zusammenhänge, begründeten Traditionen, spiegelten und kritisierten Wirklichkeiten, spendeten Kraft und Trost. Dabei ist Jakobus bis heute immer wieder auch in problematischer Weise instrumentalisiert worden, auch innerhalb Spaniens. In jüngster Zeit geschah dies nicht nur durch eine fortwährende Europäisierung, sondern auch durch den Prozess der Regionalisierung. Denn wenn in der galicischen Partei des „Bloque gallego" Stimmen behaupten, der gute Jakobus, der Pilgerpatron, der gehöre zu Galicien, während dagegen der kriegerische Patron, der Matamoros, eindeutig den Kastiliern gehöre, dann ist die politische Absicht offensichtlich. Dann weiß wohl bald keiner mehr, wer und wo denn der „wahre Jakob" überhaupt ist!

Anmerkungen

1 Der hier abgedruckte Text entspricht im wesentlichen der am 29. 1. 04 in Eichstätt vorgetragenen Fassung. Auf einen ausführlichen Belegapparat wurde verzichtet. Zur Thematik vgl. mit weiterer Literatur: Herbers 1994, Herbers 2001, Herbers 2003; dort insbesondere auch weitere Nachweise zu spanischsprachigen Quellen und Forschungen.
2 Müller und Wunderlich 2001, X. – Vgl. zu den weiteren möglichen Definitionen grundlegend für neue Orientierungen in der Mittelalterforschung auch Graus 1975, Althoff 1996, 11–33.
3 Jaffé 1885–1888: 2479, 2445, 2446; Gundlach (Hg.) 1892, 636–648. Zum Codex Carolinus vgl. künftig die in Erlangen vorbereitete Dissertation von Tina Müller.
4 Vgl. zum Frankfurter Konzil Berndt 1997.
5 Vgl. Herbers 2003 und 2002a.
6 Vgl. zur Lage von Überlieferung und Editionen auch Vones 1980, 206 Anm. 171.
7 Grundlegend Barrau-Dihigo 1919, 64 und 125 f. Nr. 18 (der eine Kopie mit Fragezeichen in das 12. Jh. datiert).
8 Hierzu Herbers 1994.
9 Kap. 629.
10 Vgl. Herbers 1994, Abschnitt XII.
11 Vgl. zur Sache Vones 1980.
12 Jaffé 1885–1888, 4840, Caspar (Hg.) 1920, 92–94.
13 Vgl. hierzu Herbers 2002b, 32–36.
14 Falque Rey 1988, II 10, 238–240, auf S. 238 die Auflistung der Gaben.
15 Dies., 307 f.
16 Vgl. Herbers und Santos Noia 1998, 89; deutsch in Herbers 2001, 73.
17 Vgl. hierzu die verschiedenen Bände der Reihe „Jakobus-Studien“ (bisher 14 Bände, Tübingen 1988 ff.).
18 Vgl. hierzu Lomax 1985.
19 So vielfach in spanischen Veröffentlichungen, jedoch ohne Beleg.
20 Deutsche Zitate aus Herbers 2001, 111–122; zu den weiteren Zeugnissen dieses Abschnittes vgl. Herbers und Plötz 1996.
21 Vgl. jetzt die Neuausgabe von Herbers und Plötz 2004.
22 Vgl. dazu die Beiträge des Sammelbandes: Herbers (Hg.) 2003 mit weiterer Literatur.
23 Vgl. hierzu Borgolte 2001 und 2002; zu „Papsteuropa“ Schmidt 1999, bes. 39–101.
24 Diese Redensart geht auf die seit dem Spätmittelalter auch in Toulouse gezeigten Jakobusreliquien zurück; vgl. hierzu Meyer 1999, 125–140.

Quellen

Caspar, Erich (Hg.) 1920: Das Register Gregors VII. I, 64 (Monumenta Germaniae Historica, Epistolae selectae in usum scholarum 2,1), Berlin.
Falque Rey, Emma (Hg.) 1988: Historia Compostellana (Corpus Christianorum, Continuatio Mediaevalis 70), Turnhout.
Gundlach, Wilhelm (Hg.) 1892: Monumenta Germaniae Historica Epistolae III, Berlin.
Herbers, Klaus, und Robert Plötz 1996: Nach Santiago zogen sie. Berichte von Pilgerfahrten ans „Ende der Welt“, München.

Herbers, Klaus, und Robert Plötz 2004: Die Strass zu Sankt Jakob. Der älteste deutsche Pilgerführer nach Santiago de Compostela, Ostfildern.
Herbers, Klaus, und Manuel Santos Noia (Hg.) 1998: Liber Sancti Jacobi, Santiago de Compostela.
Jaffé, Philipp ^{2}1885–1888: Regesta pontificum Romanorum ab condita ecclesia ad annum post Christum natum MCXCVIII, bearb. v. Ferdinand Kaltenbrunner, Paul Ewald und Samuel Löwenfeld, Bände 1–2.

Literaturhinweise

Althoff, Gerd 1996: Formen und Funktionen von Mythen im Mittelalter, in: Mythos und Nation, hg. von Helmut Berding, Frankfurt, S. 7–33.
Barrau-Dihigo, Luís 1919: Etude sur les actes des rois asturiens (718–910), in: Revue Hispanique 46, S. 1–192.
Berndt, Rainer 1997: Das Frankfurter Konzil von 794. Kristallisationspunkte karolingischer Kultur, Mainz, 2 Bde.
Borgolte, Michael 2001: Das europäische Mittelalter im Spannungsbogen des Vergleichs, Berlin.
Borgolte, Michael 2002: Europa entdeckt seine Vielfalt, Stuttgart.
Graus, Frantisek 1975: Lebendige Vergangenheit. Überlieferung im Mittelalter und in den Vorstellungen vom Mittelalter, Köln Wien.
Herbers, Klaus 1994: Politik und Heiligenverehrung auf der Iberischen Halbinsel. Die Entwicklung des „politischen Jakobus", in: Politik und Heiligenverehrung im Hochmittelalter, hg. von Jürgen Petersohn, Sigmaringen, S. 177–275.
Herbers, Klaus 2001: Der Jakobsweg. Mit einem mittelalterlichen Pilgerführer unterwegs nach Santiago de Compostela, Tübingen (1986), 7. Auflage 2001.
Herbers, Klaus 2002a: „So ziehn wir durch die welschen lant". Der Jakobskult als Beitrag zur Gestaltung Europas, in: Zur Debatte 5, S. 30–31.
Herbers, Klaus 2002b: Das Papsttum und die Iberische Halbinsel, in: Das Papsttum in der Welt des 12. Jahrhunderts, hg. von Ernst-Dieter Hehl u. a., Ostfildern, S. 25–60.
Herbers, Klaus 2003: Le culte de saint Jaques et le souvenir carolingien chez Lucas de Tuy, in: À la recherche de légetimités chrétiennes, hg. von Patrick Henriet, Lyon, S. 149–176.
Herbers, Klaus (Hg.) 2003: Jakobus und Karl der Große. Von Einhards Karlsvita zum Pseudo-Turpin, Tübingen.
Lomax, Derek 1985: The First English Pilgrims to Santiago de Compostela, in: Studies in Medieval History presented to R. H. C. Davis, hg. von Henry Mayr-Harting und R. I. Moore, London, S. 165–175.
Meyer, Andreas 1999: Städtische Identität und Konkurrenz. Die spätmittelalterlichen Apostelgräber in Toulouse, in: Stadt und Pilger, hg. von Klaus Herbers, Tübingen, S. 125–140.
Müller, Ulrich, und Werner Wunderlich 2001: Mittelalter-Mythen. Zu Begriff, Gegenstand und Forschungsprojekt, in: Herrscher, Helden, Heilige, hg. von dens., St. Gallen (1996) 2. Auflage 2001, S. IX–XIV.
Schmidt, Hans-Joachim 1999: Kirche, Staat, Nation. Raumgliederung der Kirche im mittelalterlichen Europa, Weimar.
Vones, Ludwig 1980: Die „Historia Compostellana" und die Kirchenpolitik des nordwestspanischen Raumes 1070–1130, Köln Wien.

Theoderich als Dietrich von Bern
Bronzeskulptur am Grabmal Kaiser Maximilians I., Innsbruck, Hofkirche;
Guss v. Peter Vischer d. Ä.

Carola L. Gottzmann

THEODERICH

Die Verwandlung der historischen Person in die literarische Figur Dietrich von Bern

Das Mittelalter weist eine Fülle von historischen Gestalten auf, die in Dichtungen ganz unterschiedlichen Deutungen unterzogen wurden. So begegnet uns Attila († 453), in deutscher Lautform Etzel, einerseits als höchst grausamer, blutrünstiger Tyrann und andererseits als friedvoller, geradezu schwacher Herrscher, wie er uns im *Nibelungenlied* und in der historischen Dietrichdichtung entgegentritt. Ein derartig einfaches gegensätzliches Bild lässt sich von Theoderich/Dietrich nicht entwerfen (der Name ‚Dietrich' ist wie bei Attila/Etzel nur die dem deutschen Lautstand entsprechende Form). Theoderich/Dietrich war über ein Jahrtausend lang eine bekannte Gestalt und bis ins 16., in Skandinavien gar bis ins 17. Jahrhundert in aller Munde. Der Name hatte geradezu Zeichenfunktion, ob er sich – wie König Rother in der gleichnamigen Dichtung – bei seiner Werbung als Dietrich ausgibt, um in einer kritischen Situation seine Identität zu verbergen, ob er für Ketzertum schlechthin stand oder ob er als der überragende Überwinder von Drachen und Riesen galt.

Doch was hat das alles mit Theoderich, dem Ostgotenkönig (um 452–526) zu tun? Wie kann ein berühmter Herrscher, der dreißig Jahre in Italien friedvoll regiert hat, in der deutschen Dichtung zum Exilanten am Hofe Etzels werden, der zudem historisch bereits zur Zeit der Geburt Theoderichs seinen Tod fand? Wie kann er von Ermrich, dem historischen Ermanarich/Hermenricus ins Exil getrieben werden, der historisch doch noch früher, nämlich etwa 125 Jahre zuvor (um 375), wohl Selbstmord beging? Warum klagt Dietrich in den historischen Dichtungen ständig über sich als „ich armer Dietrich", war doch Theoderich über eine Generation ein sehr erfolgreicher Gotenherrscher in Ravenna (mittelhochdeutsch „Raben") und Verona (mittelhochdeutsch „Bern")? Wie kommt es, dass Dietrich seinen Ruhm und seine kriegerische Tüchtigkeit nicht gegen gestandene Krieger oder Ritter, sondern gegen Riesen oder Zwerge immer wieder unter Beweis stellen muss? Eines ist sicher: Der ganze Komplex ist ein riesiges, aufregendes Puzzle.

Es lässt sich leicht nachvollziehen, dass bei der Fülle von Belegen über diesen großen Zeitraum die nunmehr über zweihundertjährige wissenschaftliche Forschung zu ganz unterschiedlichen Erklärungen gelangt ist und bis heute noch keine Einigkeit herrscht. Denn die Dichtungen sind nicht mit historischen Romanen zu vergleichen, wo die Folie etwa der Theoderich-Biographie leicht erkennbar durchschimmert. Im Gegenteil, das Faktenmaterial wird nicht nur vielfach geradezu auf den Kopf gestellt, sondern auch in andere Bedeutungsmuster transponiert. Gleichwohl soll trotz der fast erdrückenden und sehr unterschiedlichen Beleglage versucht werden, die Wandlung der historischen Person Theoderich in die literarische Figur Dietrich von Bern Schritt für Schritt nachzuvollziehen.

Der historische Theoderich

Ausgangspunkt und Basis, um die Verwandlung aufzeigen zu können, muss natürlich ein knapper Überblick über die wesentlichen historischen Fakten vom Leben und Wirken Theoderichs sein. Deren Auswahl erfolgt bereits im Hinblick auf die dichterische Gestaltung.

Theoderich wurde 452 geboren. Seine Mutter war die Nebenfrau Hereleuva, die den katholischen Taufnamen Eusebia annahm. Da der Sohn anerkannt war, galt er als legitimer, nicht außerehelicher Spross. Achtjährig wurde er als Geisel an den Kaiserhof von Konstantinopel gegeben, wo er bis 470 blieb und dort die Kenntnisse erwarb, die den Grundstein für seine spätere friedvolle Herrschaft mit dem Hauptsitz in Ravenna, z. T. in Verona legten. 488 ernannte ihn Kaiser Zenon zum oströmischen Patricius und schickte ihn mit einem Heer nach Italien, um den Skiren Odoakar zu beseitigen, der seinen Sohn Thela zum weströmischen Kaiser ausgerufen hatte. Die unterschiedlichen Berichte, wie Odoaker getötet wurde, interessieren hier nicht. Theoderich übernahm die Führung; 497 wurde seine Stellung als gotischer König durch den Kaiser anerkannt. Er übte nun zusammen mit dem römischen Senat die Herrschaft über Italien aus. Wie die Geschichtsschreiber Prokop, der Anonymus Valesianus und Cassiodor überliefern, führte Theoderich eine ausgeglichene und umsichtige Politik. Er hielt die Machtverhältnisse zwischen Römern und Goten, zwischen Rom und

Konstantinopel, sowie zwischen Katholiken und gotischen Arianern in der Balance. Arianer waren Christen, die nicht glaubten, dass Christus wesensgleicher Gott sei; ihre Lehre wurde 325 auf dem Konzil von Nicaia verurteilt. Der Arianer Theoderich hat etwa dreißig Jahre lang das Land zu Wohlstand gebracht und den Frieden gesichert.

Erst in den letzten Jahren vor seinem Tod 526 geriet er, zu einem Teil den Umständen geschuldet, in ein Netz kirchlicher und machtpolitischer Rivalitäten, in das er sich verstricken ließ und das eine Wende in der bisherigen Weltgeschichte einleitete.

Ohne die sehr verwickelten Glaubensprobleme im Detail zu entfalten, sollen einige Schwerpunkte genannt werden, da die kirchlichen Probleme Auswirkungen auf das Machtgefüge hatten, das wiederum auf Theoderichs Herrschaft Einfluss nahm. Rom und Byzanz waren seit 484 kirchlich getrennt. Hervorgerufen wurde das Schisma durch das Konzil von Chalcedon (451), an dessen Beschlüssen Rom festhielt. Es ging um die verschiedenen Seinsformen Christi als Teil der Trinitätslehre, die in Chalcedon präziser gefasst wurde als in Nicaia. Außerhalb des römischen Einflussbereichs wurde die Formel ‚Christus ist wesensgleicher Sohn Gottes' nicht akzeptiert (bis zum heutigen Tag z. B. nicht von den Orthodoxen und Kopten), weshalb es zu heftigen Streitigkeiten kam.

482 erließ Kaiser Zenon ein Edikt, Henotikon genannt, durch das die Anhänger von Chalcedon und die Monophysiten, die die Einheit von Gott und Mensch in Christus nach dem Schema einer kreatürlichen Natureinheit verstanden, geeint werden sollten. Damit gab der Kaiser Rom preis, wodurch Theoderich freie Hand in Italien hatte. Als Justinos I. in Byzanz an die Macht kam und sein Neffe Justinian Einfluss gewann, wurde 519 das Henotikon fallengelassen, sodass es wieder zu einer Verständigung zwischen Rom und Konstantinopel kam. Die geballte Kraft ließ nun den Konflikt mit den gotischen Arianern aufbrechen. Nach der Aufhebung des Henotikons wurden in Byzanz die Arianer verfolgt. Die Kräftebalance fing an zu bröckeln und der Arianer Theoderich bangte um sein gotisches Volk.

Jetzt schien eins zum anderen zu kommen. 523 starb sein Sohn, der Thronfolger Eutharich, sodass Theoderich, zu der Zeit um die siebzig Jahre alt, angesichts der Sicherung der Macht in Rom unruhig wurde. Als nun noch entscheidende Schwierigkeiten mit römischen Würdenträgern auftraten, verlor Theoderich offensichtlich seine gewohnte diplomatische Haltung. Briefe an den Kaiser von führenden römischen Würdenträgern wurden abgefangen, die Absichten eines Hochverrats erkennen ließen. Sie wurden besonders Albinus angelastet. Kein geringerer als der hoch angesehene Boëthius erklärte diese Angelegenheit, wohl um sie herunterzuspielen, zu seiner eigenen und der des gesamten römischen Senats. Damit erreichte er nur das Gegenteil, da die Anklage nunmehr institutionalisiert war. Der Senat, der die Gefahr, die über ihm drohte, erkannte, ließ Boëthius fallen. Boëthius, daraufhin ebenfalls des Hochverrats beschuldigt, wurde gefangen gesetzt. In dieser Zeit verfasste er die berühmte Schrift *Trost der Philosophie* (*De consolatione*). Wahrscheinlich aus Angst, dass schon vor seinem Tode seine Herrschaft verhandelt werde, erzwang Theoderich das Todesurteil gegen Boëthius, das 524 vollstreckt wurde. Hiermit war ein Pulverfass geöffnet, das sich auch umgehend kraftvoll entzündete.

Inzwischen waren Goten im Vandalenreich unter Hilderich (523–530) niedergemetzelt worden, weil dieser eine Byzanz-freundliche Politik betrieb. Die Schwester Theoderichs, die mit dem vorangegangenen Herrscher Thrasamund († 523) verheiratet war, wurde mit ihrem Gefolge eingekerkert. 525 kamen sie und ihre Leute um. Theoderich plante im Frühjahr 526 einen Rachefeldzug, den er aus gesundheitlichen Gründen jedoch nicht mehr ausführen konnte.

Neben der Kurie und dem Kaiser hatte Theoderich auch die Römer gegen sich aufgebracht. Er ließ sich nun zu einem zweiten folgenschweren Schlag hinreißen. Er befahl, Symmachus, der als Haupt des Senats galt und Schwiegersohn von Boëthius war, zu verfolgen und 525 hinzurichten.

Auch der dritte Fehler Theoderichs ließ nicht lange auf sich warten. Da die arianerfeindliche Politik des Kaisers Theoderich in Italien beunruhigte, bat er Papst Johannes, als sein Gesandter in Konstantinopel für eine tolerantere Politik einzutreten. Der Papst wurde mit allen Ehren empfangen, weil man den Ausgleich mit Rom suchte. Theoderich missfiel das zutiefst. Bei der Rückkehr des Papstes befahl er ihm, sich in Ravenna zur Verfügung zu halten. Unglücklicherweise starb der Papst wenige Tage darauf. Theoderich sollte ihn nur wenige Monate überleben.

Polemische Verzeichnung durch die Chroniken

Es darf wohl als exzeptionell gelten, dass ein Herrscher wie Theoderich von seinem Tod bis zum Ende des Mittelalters im Gedächtnis der Menschen gehalten wurde. Entscheidende Träger dieser konstanten Überlieferung von 526 bis ins 16. Jahrhundert waren die über siebzig Chroniken, die eine enorme Verbreitung in gebildeten und damit in vornehmlich klerikalen Kreisen fanden. Alleine die Chronik des Otto von Freising (1158) ist in mehr als 50 Handschriften überliefert bzw. bezeugt, so dass man sich vorstellen kann, welchen Einfluss dieses „Medium" gehabt hat. Man darf davon freilich keine getreue Faktenübermittlung erwarten. Ganz im Gegenteil. In diesen Chroniken wird ein breites Spektrum von Meinungen über Theoderich/Dietrich überliefert. Die Chronisten haben immer und immer wieder Aussagen aufgenommen und fast genüsslich variiert, die teils gelehrter Herkunft, teils aber mündlicher Gerüchteküche und bewusster klerikaler Deutungspolitik entsprungen waren. Deren Entstehung lässt sich heute kaum mehr nachvollziehen, da die vorhandenen Handschriften oft erst aus späterer Zeit stammen und so nicht sicher ist, ob die Berichte nicht erst später hinzugefügt wurden.

Allgemein lässt sich feststellen, dass eine der Hauptquellen für die gesamte chronikalische Überlieferung über Theoderich nicht der byzantinische und daher griechisch schreibende Prokop (um 562), sondern Jordanes war (um 551), der den verlorenen Bericht Cassiodors um 521 verwendet. Angefangen von dem Anonymus Valesianus (kurz nach 526) beginnt dann eine jahrhundertelange Chronistik, die geradezu abenteuerliche Ereignisse berichtet. Die Darstellung Theoderichs, der in den lateinischen Chroniken stets diese Namensform trägt, wird immer und immer wieder verändert, mit z. T. merkwürdigen und fabulösen Berichten angereichert, ja sie ergeht sich gar in Geschichten, die jeglicher Realität entbehren. Abgesehen davon setzt schon früh eine gezielte Umdeutung der Biographie Theoderichs ein, besonders hinsichtlich seines Endes. Papst Gregor d. Große (590–604) lastete in seinen *Dialogi* (593/94) Theoderich die Tötung des Papstes Johannes an und stilisierte sein Ende als Strafe Gottes, indem er ihn in den Vulcanus stürzen lässt. Dieser Tod gehörte von nun an zum beinahe festen Bestandteil der Chronistik. Trotz der friedvollen und umsichtigen Herrschaft Theoderichs erhält sein Leben in den Chroniken vom Ende her gesehen eine völlig unrühmliche Gestaltung. Entgegen den Fakten wird der Papst von Theoderich eingekerkert. Dessen Tod gestaltet man dann fortan als dreisten Mord und stellt ihn auf eine Stufe mit dem Tod von Boëthius und Symmachus (später taucht stattdessen der Name Seneca auf). Ob es die *Gesta Theoderici* mit ihren drei Redaktionen (*Vita Fuldensis*, *Fredegar*, *Aimoinius*) aus dem 7. Jahrhundert ist oder die volkssprachliche *Kaiserchronik* um 1150 oder die Chronik von Jacob von Twinger um 1420, immer erhält das Leben Theoderichs durch dieses Ende eine negative Deutung. Mag auch das Leben sonst in aufsteigender Linie gezeichnet werden, so wird es in seiner Gesamtheit durch den jähen Fall am Ende eindeutig als prototypisch für eine verdammungswürdige Herrschergestalt gewertet.

Theoderich wird zwar nicht in so schillernd abscheulichen Farben gezeichnet wie Nero (vgl. in der *Kaiserchronik*), aber er ist ein *hereticus*, ein *rex tyrannus* bzw. *rex iniquus*, ein unzulänglicher Herrscher, ein *rex sine divina virtute*, ohne göttliche Tugendhaftigkeit. So wird selbst seine Geburt negativ ausgelegt – was freilich nicht verwundert, liefert sie nach der hohen Bedeutung, die dem Geblütsrecht beigemessen wurde, doch mit der Idoneität, dem Geeignetsein zum Regieren, den Grundstein für eine gute oder schlechte Herrschaft im Mittelalter. Die ungewöhnlichen Umstände der Geburt Friedrichs II. am 26. Dezember 1194 legen ein beredtes Zeugnis hierfür ab. Konstanze, die Frau Heinrichs VI. (1165–1197), gebar Friedrich im kalten Winter in einem Zelt in aller Öffentlichkeit mitten auf dem Marktplatz. Da sie nicht mehr jung war, wollte sie Gerüchten entgegentreten, das Kind stamme nicht von ihr. Salimbene von Parma (1221–1287) hat in seiner Chronik angesichts der Probleme Friedrichs mit der Kurie dennoch verbreiten wollen, dass er der Sohn eines Fleischers wäre. Eingedenk dieser großen Bedeutung des Geblütsrechts, lastete die Kirche, wie das in der *Kaiserchronik* gestaltet wird, Theoderich eine außereheliche Geburt an, die nach germanischem Recht nicht bestand, da er als Sohn vom Vater und dem Volk voll anerkannt war.

Die Verfasser der Chroniken waren ausnahmslos Kleriker, ob kaiserfreundlich oder nicht. So gibt es keinen Zweifel am Befund, dass die Kirche mit Hilfe der Chronistik Theodericus oder Dietrich beständig als verdammungswürdigen Ketzer und daher unzulänglichen Herrscher angesehen hat.

Ein unfähiger Dietrich im ‚Nibelungenlied'

Welches Bild bietet sich nun in den Dichtungen? Um 1200 oder nach dem neuesten Fragmentenfund im niederösterreichischen Kloster Zwettl vielleicht schon davor, führt der Dichter des *Nibelungenliedes* Dietrich in einen Stoff ein, zu dem er gar nicht gehört. Dietrich weilt als Exilant an Etzels Hof. Er hat sein Reich verloren, ist also nicht mehr eigenständiger Herrscher. Die Ursache des Exilantentums wird hier mit keinem Wort erwähnt. Entscheidend ist aber das Verhalten Dietrichs als Gast am Hofe Etzels. Als die Nibelungen auf Einladung Kriemhilds am Hof ankommen, warnt sie Dietrich eindringlich vor der Rache der Königin. Von Kriemhild deshalb zur Rede gestellt, schmäht er sie und nennt sie eine *vâlandinne*, eine Teufelin. Bei dem mörderischen Kampf hält sich Dietrich zunächst zurück. Der Tod Rüdigers zwingt ihn zum Handeln, wobei seine Leute in den Kampf verwickelt werden. Die Burgunden töten alle seine Krieger außer Hildebrand. Als er nun vor Hagen steht, will er ihn zur Kapitulation überreden: Er werde selbst dafür sorgen, dass die Burgunden in ihr Land zurückkehren könnten, andernfalls werde er lieber sterben (Strophe 2340). Es kommt zum Kampf, und es gelingt Dietrich, Hagen zu fesseln. Nun hat er nichts Eiligeres zu tun, als ihn Kriemhild zu übergeben. Danach kämpft er mit Gunther, den er überwältigt und ebenfalls Kriemhild ausliefert. Dietrich, der Kriemhilds Rachedurst mit dem einer *vâlandinne* (Teufelin) verglich, bittet Kriemhild, die in der Ferne weilenden Burgunden um seinetwillen zu schonen (Str. 2364). Bekanntlich tötet sie ihren Bruder und den Gefolgsmann Hagen.

Was ist also hier geschehen und was sagen diese Ereignisse über die dichterische Gestaltung Theoderichs/Dietrichs aus? Kriemhild kann mit Unterstützung Dietrichs die Burgunden töten. Er hätte die Gefangenen entweder König Etzel als oberstem Richter des Landes übergeben oder – sofern die Umstände dies nicht zuließen – sie selbst für Etzel in Gewahrsam nehmen müssen, was angedeutet ist, weil er sein Leben für ihr Leben verpfänden will. Deutlich zeigt sich, dass Dietrich nicht nur unfähig ist, überpersönliche Herrscherpflichten wahrzunehmen, sondern völlig labil in seinen Entscheidungen ist. Wenn man von dem sehr umstrittenen *Hildebrandslied* (9. Jh.) absieht, macht die erste greifbare dichterische Gestaltung der Figur Theoderich/Dietrich um 1200 Dietrich zum Erfüllungsgehilfen oder Vollzugsorgan einer von Rache besessenen, teuflischen Kriemhild, die den Tod vieler heraufbeschworen hat. Lediglich sein getreuer Vasall Hildebrand, dem in den Dichtungen nie der „Durchblick" fehlt, vollzieht einen Strafakt, indem er Kriemhild nach dem Tod der Burgunden den Kopf abschlägt.

Lässt sich auch nicht klären, wer der Verfasser des *Nibelungenliedes* war oder aus welchem Umkreis er stammte (ein *clericus* wird vermutet), der Befund belegt, dass er in zweifacher Weise Dietrich bewusst in den Untergang der Nibelungen integriert hat. Indem er als Neuerung überhaupt Dietrich in den Nibelungenstoff einbezog, hat er ihn, dem man in den Chroniken ein Teufelsbündnis nachsagte, bewusst zum Vollzugsorgan der Teufelin Kriemhild machen wollen. Indem der Autor überdies Dietrich ausdrücklich zum Exilanten an Etzels/Attilas Hof machte, entkleidete er ihn gezielt einer eigenen Herrschaft. Angemerkt sei hier, dass ein Exil Dietrichs bei Attila/Etzel bereits in den um 1030 datierten *Quedlinburger Annalen* erwähnt wird. Da diese Handschrift aber aus dem 16. Jahrhundert stammt, sind die Belege sehr umstritten. Daran ändern auch andere Chroniken nichts, die ebenfalls das Exil nennen. Es kann lediglich ausgesagt werden, dass im Zuge der in den Chroniken nachvollziehbaren Verschmelzung von Ermanarich mit Theoderich diese Exilversion auftritt und dass sie im Kern bereits hier jener Deutung unterworfen wird, die das *Nibelungenlied* dann weiter ausgestaltet. Der Autor des *Nibelungenliedes* will damit wohl zum Ausdruck bringen, dass Dietrich nicht Herr über sein eigenes Land und seine Leute zu sein vermag. Dieser Makel äußert sich dann in seiner Wankelmütigkeit und letztlich in der Unfähigkeit, das Richteramt adäquat auszuüben. Die negative Bewertung von Dietrich bleibt sich aber gleich, so dass man davon ausgehen kann, dass die klerikale chronikalische Sichtweise, wenn sie auch in die mangelnden Herrscherfähigkeiten umgemünzt wurde, im Grundtenor konstant geblieben ist.

Es fragt sich natürlich, welche Absicht der Nibelungendichter überhaupt mit seinem Werk verfolgte, griff er doch in der hochhöfischen Epoche, der Zeit des nach Vollkommenheit strebenden Rittertums, wie man es in der gleichzeitigen Artusdichtung erlebt, zu einem Stoff, der in Tod und Verderben endet. Hing das mit der problematischen staufischen Herrscherkontinuität zusammen, mit einem von Heinrich VI. angestrebten Erbkönigtum wie in England und Frankreich? Machte sich hier die sehr machtbewusste Politik von Papst Innozenz III. (1198–1216) bemerkbar, der die Dominanz der kirchlichen über die weltliche Gewalt vertrat?

Kurz erwähnt sei, dass man im 19. und bis tief ins 20. Jahrhundert den Dietrich des *Nibelungenliedes* mit völlig anderen Augen sah. Man unterstellte eine Kluft zwischen der negativen Darstellung in den Chroniken und einer vermeintlich positiven in der Dichtung. Heldendichtung galt als Heldenverehrung, weshalb weder Siegfried noch Dietrich im *Nibelungenlied* negativ gezeichnet sein konnten. Sie galten als die Helden par excellence. Hebbels Drama *Die Nibelungen* untermauerte diese Sichtweise. Denn hier wird tatsächlich ein christlicher Held vorgeführt. So heißt es am Schluss des Nibelungen-Untergangs angesichts des Gemetzels:

Etzel:
„Nun sollt' ich richten – rächen – neue Bäche
Ins Blutmeer leiten – Doch es widert mich,
Ich kann's nicht mehr – mir wird die Last zu schwer –
Herr Dietrich, nehmt mir meine Kronen ab
Und schleppt die Welt auf Eurem Rücken weiter –"

Dietrich antwortet darauf: „Im Namen dessen, der am Kreuz erblich!" Dann fällt auf der Bühne sofort der Vorhang. Dass dieses verklärende Bild den textlichen Belegen des Mittelalters nicht standhält, dürfte einsehbar geworden sein. Dietrich ist ein Zauderer, eine in seinen Meinungen schwankende Figur und dokumentiert, dass er Herrscherpflichten offensichtlich nicht adäquat umzusetzen weiß.

Ein kläglicher Dietrich in den historischen Dichtungen

Entscheidend ist, dass erst ca. 75 bis 95 Jahre nach dem *Nibelungenlied*, d. h. am Ausgang des 13. Jahrhunderts, das einen großen Umbruch kennzeichnet, Dichtungen entstanden sind, wie *Dietrichs Flucht* (auch mit dem Titel

Buch von Bern bekannt), die *Rabenschlacht* und *Alpharts Tod*. Sie werden unter den Oberbegriff historische Dietrichdichtungen gefasst. Dietrich, jetzt die Hauptfigur von Ereignissen, ist ebenfalls Exilant, kehrt aber erstaunlicherweise trotz zahlreicher Siege stets wieder ins Exil zu Etzel zurück. Sein Gegenspieler ist Ermrich, der historische Ermanarich, der jedoch etwa hundert Jahre vor Theoderich gelebt hat. Dass er zum Onkel von Dietrich gemacht wird, erklärt sich leicht, da Ermanarich der historische Begründer des Amalergeschlechts war, dem auch Theoderich entstammte. Dieser gewaltige Herrscher war aufgrund der breiten Handschriftenlage vom 9. bis ins 15. Jahrhundert durch die *Getica* des Jordanes (551), der Cassiodor (533) als Vorlage benutzt hatte, der gelehrten Welt bekannt. Von hier bezog man auch die Berichte über Theoderich.

Es gilt nun zwei der Epen näher zu betrachten. Den erzählten Geschehnissen in *Dietrichs Flucht* wird eine lange Genealogie vorangestellt, die bis auf Ermrich alle Herrscher als vorbildlich vorführt. Ermrich ist ein grausamer Fürst, der jetzt das Land seines Neffen Dietrich verwüstet. Der Berner kann Ermrich zwar besiegen, doch dieser flieht. Als Dietrich sieben seiner Gefolgsleute entsendet, um Gold zur Belohnung seiner Krieger herbeizuschaffen, werden diese von Ermrich gefangen. Selbst als Dietrich Ermrichs Sohn zum Austausch gegen seine Gefolgsleute anbietet, lehnt Ermrich dies ab und fordert, Dietrich solle das Land verlassen. Obwohl Dietrich eindringlich von seinem Volk angefleht wird, lieber die sieben Mann zu opfern, als das gesamte Land in bittere Not zu stürzen, gibt er dennoch für seine Gefolgsleute das Reich preis und überantwortet es der Gewaltherrschaft seines Onkels. Wie im *Nibelungenlied* vermag er nicht übergeordnete Herrscherpflichten wahrzunehmen. Waren seine Leute bereit, für König und Reich zu sterben, so stellt er seine persönlichen Bindungen über die staatspolitischen Aufgaben für Land und Leute.

Im Exil bei Etzel erfährt er dann, dass Frauen und Kinder getötet werden. Abermals ist er also seiner Herrscherpflicht nicht nachgekommen: Er hat es versäumt, *witwen und waisen, wîp unde kint* zu beschützen. Er erhält Kunde, einer seiner Recken habe Bern zurückerobert. Mit Unterstützung Etzels erobert er zahlreiche Städte seines Landes. Als es ihm gelingt, Männer Ermrichs gefangen zu nehmen, fordert er Ermrich nicht zur Räumung des gesamten Landes auf, sondern erbittet nur Gold. Auch überlässt er ohne zwingenden Grund die eroberten Städte der Obhut seiner Recken, geht wieder ins Exil zu Etzel zurück und verfällt erneut klagend in Selbstmitleid.

Schließlich erhält er die Nachricht, dass jetzt sein eigener Vasall Witege, der schon im altenglischen *Waldhere* (kurz nach 1000) im Zusammenhang mit Theoderich erwähnt wird, die Stadt Raben (Ravenna) an Ermrich verraten hat. Er zieht mit einem Heer nach Raben und sieht, wie vor seinen Augen Frauen und Kinder gerade vom Galgen abgenommen werden. Der Autor macht damit erneut sichtbar, dass Dietrich sich nicht um das Gemeinwohl (*bonum commune*) gekümmert hat. Wiederum vertraut er die Städte seinen Gefolgsleuten an und kehrt laut wehklagend zu Etzel ins Exil zurück. Dietrich ist also weder als Herrscher fähig, das Reich zu schützen, noch imstande, aus Erfahrungen zu lernen. Er verharrt in seinem Fehlverhalten, bemitleidet nur sich selbst, statt an das Elend seines Volkes zu denken.

Die dreißig Jahre friedvoller und gerechter Herrschaft Theoderichs sind nicht nur einfach in dreißig Jahre Exil verwandelt, d. h. in die Nicht-Wahrnehmung seines Herrscheramtes. In der dreimaligen Wiederholung der Möglichkeit, seinen Pflichten nachzukommen, führt der Text wie in einem Beweisgang vor, dass Dietrich überhaupt nicht imstande ist, der im Mittelalter seit Hinkmar von Reims (um 806–882) bekannten Auslegung des Wortes *rex* (König) von *regere* (regieren) gerecht zu werden. Weder kann er das Gute dirigieren (*bonos dirigere*), noch das Schlechte korrigieren (*pravos/malos corrigere*), noch sich selbst regieren (*se regere*). Deutlich spiegelt sich die negative Deutung der Chronistik auch in dieser Dichtung.

Diese Unfähigkeit bringt das *Rabenschlachtlied* noch stärker zum Ausdruck. Das Epos beginnt damit, dass Dietrich im Exil bei Etzel wegen der in seinem Land herrschenden Tyrannis Ermrichs einen großen Feldzug plant. Da bitten die beiden noch nicht erwachsenen Söhne Etzels, immerhin dessen Erbnachfolger, mit auf den Kriegszug gehen zu dürfen. Nun ist es unmöglich, gleichzeitig das eigene Land zurückzuerobern und die heißspornigen Jungen zu beaufsichtigen. Doch statt die Bitte abzulehnen, befürwortet Dietrich sogar noch das Anliegen der Jungen. Er stiehlt sich aus dieser doppelten Verantwortung, indem er einen erfahrenen alten Krieger, Elsan, verpflichtet auf die beiden Knaben und seinen jüngeren Bruder Diether aufzupassen. Während der Kampf tobt, sprengen die Jungen davon, da sie die Kriegsereignisse miterleben wollen. Der Zufall will es, dass sie auf Witege stoßen, der zwar früher ein Gefolgsmann Dietrichs war, jetzt aber zu Ermrich übergelaufen ist. Obgleich Witege die Knaben mehrfach nachdrücklich auffordert, nicht mit ihm zu kämpfen, stürzen sich die drei auf ihn, so dass ihm keine Wahl bleibt, als sich zur Wehr zu setzen. Nachdem Dietrich einen großen Sieg errungen hat, findet er die Leichen der drei Knaben und bricht in laute Klage aus, ohne sich selbst aber für den Tod verantwortlich zu machen. Er bleibt daraufhin in Raben, doch nicht aus Fürsorge für sein Volk, sondern weil er vor Etzel und dessen Frau Angst hat. Der Tod ihrer Söhne, die ihre Erbnachfolger sind, könnte sein gutes Verhältnis zu dem Königspaar stören. Rüdiger macht dann dem Königspaar klar, dass auch Dietrichs Erbnachfolger, sein jüngerer Bruder, ums Leben gekommen ist. Es liegt also kein hinterhältiger Anschlag vor; die Welt der persönlichen Beziehungen ist wieder in Ordnung. Nun geht Dietrich abermals ins Exil und kümmert sich nicht um sein Land und sein Volk. Der Tod der Knaben hat keineswegs seinen Sieg über Ermrich in eine Niederlage verkehrt. Es bestünde keine Veranlassung für ein erneutes Exil. Auch hier werden wieder persönliche Interessen über die Herrscherpflichten gestellt.

Es zeigt sich also in diesen Epen, die fast reißbrettartig das Versagen eines Königs vorführen, dass hier wohl wie im *Nibelungenlied* ein *clericus*, d. h. ein Gebildeter am Werke war, der die kirchliche negative Sicht Theoderichs aus den Chroniken dichterisch umzusetzen vermochte. Doch noch in anderer Hinsicht gewinnen die historischen Dietrichepen an Bedeutung.

Ein heldischer Dietrich in den märchenhaften Epen

Die Epen, in denen Dietrich gegen Riesen, Zwerge und Drachen kämpft, werden unter dem Oberbegriff der märchenhaften Dietrichepen zusammengefasst. Hier bietet sich ein ganz anderes Bild. Es gibt also zwei Typen von Dietrichdichtungen, die offensichtlich in Konkurrenz zueinander stehen. Darauf weist schon die Überlieferung hin. Die beiden genannten historischen Epen sind in vier großen Sammelhandschriften stets zusammen überliefert. Nirgends sind sie aber gemeinsam mit der märchenhaften Dietrichdichtung aufgezeichnet, so dass in der Überlieferung eine strikte Trennung vorgenommen wurde (eine Ausnahme bildet das *Eckenlied*, das in die *Thidreks saga* Eingang fand). Zudem wurden *Dietrichs Flucht* und die *Rabenschlacht* nie starken Umformungen unterworfen. Dagegen weisen die märchenhaften Dichtungen, die bis ins 16. Jahrhundert dann auch in den großen Drucken Verbreitung fanden, viele Fassungen und Versionen auf. Während also die historischen Epen eine feste Gestalt haben und damit auf eine buchmäßige Konzeption und Verbreitung hindeuten, sind die märchenhaften Dichtungen völlig unfest und unterliegen, wie die Überlieferung zeigt, ständigen Veränderungen. Aus diesem Befund ist nur der Schluss zu ziehen, dass die plötzlich gegen Ende des 13. Jahrhunderts entstandenen historischen Epen nicht ein Produkt einer langen (mündlichen) Entwicklung sind, sondern ein bewusstes Konstrukt vielleicht klerikal-orientierter Interessen. Somit stellt sich die Frage, was diese märchenhaften Epen mit ihrem anderen Dietrichbild bezwecken sollten und wer ein Interesse an dieser Umformung gehabt haben könnte.

Einen Einblick in die Problematik bietet wohl am besten das *Eckenlied*. Am Anfang der Dichtung streiten die Riesen Ecke, Vasolt und Ebenrot über die Gerüchte von Ruhm und Kampfüberlegenheit des Dietrich von Bern. Keiner der drei kann aber ihre Wahrheit durch eigene Erfahrung bestätigen. Ecke ist von der verbreiteten Meinung der Unüberwindlichkeit Dietrichs überzeugt, so dass er sie jetzt selbst auf die Probe stellen möchte. Durch einen Kampf mit Dietrich will er seinen eigenen, bis jetzt vergleichsweise geringen Ruhm vermehren. Ebenrot stellt die Gegenthese auf. Dietrich verdiene diesen guten Ruf gar nicht, weil er einst aus Besitzgier Hilt und Grim der Rüstung wegen getötet habe. Vasolt steht dazwischen: Er will die Möglichkeit einer solch düstren Tat Dietrichs nicht ganz ausschließen, glaubt selbst aber eher nicht daran. Reißbrettartig verläuft die fast schon scholastisch in Handlung umgesetzte Argumentation, die also der Verifizierung oder Falsifizierung bedarf. Sie wird bis auf einen Punkt nahezu gedoppelt durch drei Königinnen, die ebenfalls von den Heldentaten des Berners gehört haben. Die eine Königin, Seburg, angetan von Dietrichs Ruhm, möchte gerne den berühmten Mann sehen. Deshalb geht sie zu Ecke und bittet ihn, ihre Sehnsucht zu befriedigen und ihr den Berner zu bringen. Sie schenkt Ecke ein Schwert, einen Helm und eine prächtige Rüstung, die ihn vor Dietrichs Hieben bewahren soll. Sie übersieht jedoch, dass Ecke erpicht ist, durch die Tötung von Dietrich seinen eigenen Ruhm zu begründen, weshalb er an einem lebenden Berner gar nicht interessiert ist. Als sie ihm noch ein Pferd geben will, um ihn zu einem echten Ritter zu machen, lehnt der Riese das ab, weil das Ross ihn doch nicht tragen könnte. So macht sich Ecke auf den Weg, den Helden zu suchen. Auf seinem Fußmarsch besteht er erfolgreich einige Kämpfe, die seine Stärke dokumentieren.

Das Gerede über seinen Ruhm macht Dietrich ständig zum Objekt von Kämpfen. Als Opfer divergierender Meinungsmacher ist Dietrich also stets im Einsatz, das reale Bild seiner Person zu behaupten. Als sich Ecke zu Fuß und Dietrich zu Pferd endlich begegnen, bietet Ecke seine Rüstung als Kampfpreis an. Er stellt ihn damit gemäß der Behauptung Ebenrots auf die Probe. Doch Dietrich lässt sich trotz massiver Reizreden nicht zum Kampf bewegen, da er immer wieder beteuert, dass Ecke ihm kein Leid zugefügt habe. Erst als Ecke ihn auffordert, dass Gott ihn heute töten und Dietrich zu Hilfe kommen möge (Strophe 99,12–13), greift der Berner zum Schwert. Dietrich, in den Chroniken aufgrund seiner Verfehlungen gegen den Papst, den Stellvertreter Gottes auf Erden, gebrandmarkt, ist nun der Verteidiger Gottes, weil man Gott nicht herausfordern darf. Nach einem heftigen Gefecht und der Weigerung Eckes, sich zu unterwerfen, bleibt Dietrich keine Alternative, als Ecke zu töten.

Nun bricht Dietrich in heftiges Klagen aus. Er befürchtet, dass sich der Tod Eckes zum Nachteil seines Rufes auswirken könne und er unverschuldet den negativen Gerüchten neue Nahrung geliefert habe. Sukzessive steigert sich Dietrich in diese Kritik hinein, bis er sie sich selbst zu Eigen macht. Obwohl ihm der materielle Gewinn gleichgültig war, nimmt er Ecke die Rüstung ab, als bestätige sich die Meinung Ebenrots. Da jetzt nicht Ebenrot, sondern Dietrich selbst sich zum Träger der negativen Anschauungen macht, muss der Berner das negative Bild auch durch sich selbst, d. h. durch seine eigenen Taten, revidieren. Deshalb braucht er auch nicht gegen Ebenrot anzutreten, so dass nur die Kämpfe mit Vasolt und den Mitgliedern der Riesenfamilie Eckes geschildert werden.

Die folgenden Begegnungen und Kämpfe dienen dazu, Dietrich nicht als egoistisch Handelnden, wie dies in den historischen Epen anklingt, sondern als sozial Agierenden zu erweisen und ihn darüber hinaus von dem Vorwurf der Heimtücke bei seinen Kämpfen zu befreien. Dietrich, schwer verwundet, hilft Babehilt, so wie er auch eine Jungfrau errettet. Zweimal kämpft er gegen den mit seinen zwei Zöpfen als Wollüstigen charakterisierten Vasolt und lässt ihn am Leben, obwohl der Riese ihn nach der ersten Auseinandersetzung schmählich hintergeht.

Ob Dietrich Ecke tötet oder ob er Vasolt am Leben lässt, immer wieder wird er gezwungen zu kämpfen. Ist es nicht sein Ruhm, den er unter Beweis stellen muss, so wird er zum Waffengang von den Verwandten derjenigen herausgefordert, die ihn wegen seines Ruhmes testen wollten und die Dietrich hatte töten müssen. Als die Angehörigen Eckes ihn einzeln nach einander herausfordern, bekennt sich Dietrich stets offen zu seiner Tat, Ecke getötet zu haben, wodurch er unter Beweis stellt, für seine Tat einzustehen. Jegliche Heimtücke, die ihm gerüchteweise vorgeworfen wird, ist damit nichtig. Dietrich vermag so seinen gegen sich selbst gerichteten Vorwurf, schändlich gehandelt zu haben, zu entkräften.

Obwohl die Laßberger Handschrift hier endet, schließt das Dresdener Heldenbuch aus dem 15. Jahrhundert den Kreis zu den drei Königinnen im *Eckenlied*. Denn Dietrich wirft das Haupt Eckes vor die Füße der Königinnen und schilt sie, ihn ohne Grund in einen tödlichen Kampf verwickelt zu haben.

Das *Eckenlied* ist zweifellos nicht nur das deutlichste Beispiel für eine innerliterarische Auseinandersetzung mit den beiden konträren Dietrichbildern, sondern ein Dokument für eine klare Opposition gegen die chronikalisch-klerikale Negativzeichnung des Berners. In der Straßburger Druckfassung von 1559 tritt die Korrektur des Negativbildes noch stärker hervor. Dietrich wird gelobt wegen seiner Gerechtigkeit und Tapferkeit. Ein Exil findet keine Erwähnung, im Gegenteil, er regiert nach dieser Version 31 Jahre und erlebt viele Päpste. Als Papst Anastasius stirbt, leidet die Christenheit große Not. Vom Mord Dietrichs/Theoderichs am Papst ist hier keine Rede.

Lässt die Straßburger Druckfassung keinen Zweifel daran, dass dieses positive dichterische Bild als eine Reaktion auf die historische Epik bzw. gegen die Chronistik zu verstehen ist, so gibt die Laßberger Fassung Rätsel auf. Denn die Frage der Datierung wirft etwas vereinfacht das zentrale Problem auf, ob *Dietrichs Flucht* oder die *Rabenschlacht* eine Reaktion auf das *Eckenlied* waren, oder umgekehrt. Auf den Punkt gebracht: Ab wann gab es Kräfte, die daran interessiert waren, das Negativbild Dietrichs zu korrigieren? Schuld an diesem Problem ist eine Strophe mit Bezug auf Ecke und Dietrich in der *Carmina Burana*, der berühmten lateinischen Liedersammlung, die häufig nach einem lateinischen Lied auch deutsche Strophen, etwa von Walther von der Vogelweide und anderen Minnesängern zitiert. Die Handschrift wird vor 1250, wahrscheinlicher um 1230 datiert. Das *Eckenlied* müsste also vor den historischen Dietrichepen entstanden sein, die ja um 1275/80 oder 1295 datiert werden. Wenn dem so ist – und der Inhalt der Strophe lässt eigentlich keinen Zweifel zu – dann müssen in dieser Zeit bereits Kräfte bestanden haben, die das negative Theoderich-Bild der Chronistik oder eventuell der Volkssage zu diesem Zeitpunkt schon zu revidieren suchten. Obwohl die Beleglage für eine Erklärung derzeitig viel zu dünn ist, lässt sich soviel sagen, dass die Figur Theoderichs/Dietrichs ein Politikum war. Denn es ist auffällig, wie noch weiter zu zeigen sein wird, dass in bestimmten Krisenzeiten der Kurie oder des Kaiserreiches die Dichtungen geradezu eine Hochkonjunktur haben, was besonders für das krisengeschüttelte 14.–16. Jahrhundert gilt. Bemerkenswert ist auch, dass alle Werke anonym überliefert sind und man sich hinter der traditionellen Anonymität der literarischen Gattung Heldendichtung verschanzen konnte.

Dietrich und sein treues Gefolge

Wohl gleichzeitig mit den historischen Epen oder kurz danach – die Datierungen sind ungemein schwierig – erscheinen weitere märchenhafte Epen. Herausgegriffen sei der *Sigenot*, der allein in 8 Handschriften vom frühen 14. bis ins 15. Jahrhundert und dann in mehr als 21 Drucken vom Ende des 15. Jahrhunderts bis 1661 zäh rezipiert wurde. Er hat sich offensichtlich höchster Beliebtheit erfreut, denn bereits Frauenlob (gest. 1318) erwähnt den Riesen. In der älteren Fassung will sich der Riese für seinen Verwandten Grim (hier Grine) an Dietrich rächen, ein Motiv, das bereits aus dem *Eckenlied* bekannt ist. Dietrich wird gefangen genommen. Hildebrand begegnet Sigenot, der sich auch an ihm rächen will. Auch er wird überwältigt und in das Verlies gesteckt. Mit Hilfe des Zwergen Eggerich gelingt es Hildebrand, sich aus den Fesseln zu befreien und den Riesen zu töten, worauf er auch Dietrich von seinen Fesseln lösen kann. Welche Fassung man auch nimmt, wichtig ist, dass Dietrich jedes Mal auf die Hilfe anderer angewiesen ist. Man kann sich des Eindrucks nicht erwehren, als wollten die Schöpfer des *Sigenot* den Vorwurf der historischen Epik entkräften, Dietrich entscheide sich lieber für seine Mannen und nicht für das Reich. Denn immerhin rettet der Gefolgsmann Hildebrand seinem Herrn Dietrich das Leben, wodurch Dietrich hier geradezu auf seine Getreuen angewiesen ist.

Etwas anders ist der *Laurin* strukturiert, der überaus variationsreich in mehr als 18 Handschriften, allerdings relativ spät vom Anfang des 14. bis zum Anfang des 16. Jahrhunderts und in 11 Drucken von 1479 bis 1590 überliefert ist. Von ihm gibt es sogar eine tschechische Fassung aus der 2. Hälfte des 14. Jahrhunderts sowie einen dänischen und færøischen balladenhaften Text. In dem älteren Text, der wie auch die jüngeren Fassungen zweifellos Tiroler Volkssagengut verwertete – was schon bei den 3 Königinnen im *Eckenlied* nachweisbar ist –, geht es nicht um Riesen, sondern um einen listigen Zwerg. Überwunden lädt dieser Dietrich und seine Mannen in seinen Berg ein, wo er sie durch ein Betäubungsmittel kampfunfähig machen kann. Die von Laurin entführte Künhild vermag ihren gefangenen Bruder zu befreien. Inzwischen gelingt es auch Hildebrand, sich und die Seinen der Fesseln zu entledigen, so dass sie Laurin überwinden. Auch hier wieder braucht Dietrich seine Mannen, um das Problem zu lösen; auch hier tritt die Sorge um die Erhaltung des Reiches in den Hintergrund. *Laurin* fand mit dem *Walbern* noch eine Fortsetzung, in welcher der Zwerg, gleichsam als Wiedergutmachung, seine Treue beweisen kann, ja in einer Fassung gar zum Christentum bekehrt wird.

Allgemein lässt sich feststellen: Die märchenhaften Dichtungen entwickeln immer mehr ein Eigenleben und werden mit fortschreitender Zeit, teils sehr versteckt, erneut zum Spielball der Kontroverse zwischen einem positiven und einem negativen Dietrichbild.

Ehe aber diese Entwicklung kurz aufgezeigt wird, sei ein Blick auf die nordische Rezeption geworfen. Dietrich findet Eingang in die norwegisch-schwedische Literatur durch das große epische Stoffkonglomerat der *Thidreks saga* (letztes Viertel 13. Jh.) und später (frühestens nach 1400) in die dänischen balladenartigen *kæmpeviser* (Kampflieder), versprengt sogar bis in færøische Lieder. Trotz der sehr problematischen Überlieferungslage der *Thidreks saga*, die bis ins 17. Jahrhundert reicht, und trotz der Vielschichtigkeit der aufgenommenen Stoffe, die zudem außerordentlich verschachtelt dargeboten werden, lassen sich für die Gestalt Dietrichs Grundlinien erkennen. Der erste Teil legt in vielen Einzelhandlungen dar, wie Thidrek nach und nach Gefolgsleute gewinnt. Hier haben sicher die 12 Pairs der Karlsdichtungen Pate gestanden. Dietrich ist ein kämpferischer und durchsetzungsfähiger Krieger, der seine Macht auf den Zulauf der Mannen gründet. Rivalitäten unter den Gefolgsleuten deuten allerdings schon darauf hin, dass darin ein Problem liegt.

Es ist interessant, dass gerade dieser Teil der *Thidreks saga* die Grundlage für die dänischen Kampflieder bildete. Dietrich erscheint in diesen bis auf eine Ausnahme nicht als Einzelkämpfer, sondern agiert stets im Verbund mit seinen Mannen (oder Brüdern). Wie in den märchenhaften Dietrichdichtungen in Deutschland ist er häufig auf seine Leute angewiesen, so dass er den Ruhm eines Sieges meist nicht für sich allein verbuchen kann.

Dietrichs Höllenfahrt

Die Gewinnung der Mannen entspricht aber keineswegs der gesamten Konzeption der *Thidreks saga*. Nach vielen Ereignissen vermag der Ratgeber Ermenriks, Sifka (Sibeche in den deutschen Dichtungen), aus Rache an Ermenrik den König gegen seinen Neffen Thidrek aufzuhetzen, so dass von da an der Abstieg Thidreks erfolgt. Wie in den historischen Dietrichepen wird er zum Landflüchtigen und Exilanten, mit dem Unterschied jedoch, dass er hier zum willfährigen Erfüllungsgehilfen des ständig Krieg führenden Attila stilisiert wird. Am Schluss sieht Thidrek im Bad einen prächtigen Hirsch. Er befiehlt sein Ross zu holen. Da ihm dies zu lange dauert, schwingt er sich auf ein rabenschwarzes Pferd. Zu spät merkt er, dass er sich vom Ross nicht mehr lösen kann. Sein Knappe ruft ihm nach: „‚Herr, wann wirst du wiederkommen?‘ Thidrek antwortet: ‚Ich reite ins Verderben. Dies muß ein Teufel sein, auf dem ich sitze. Wiederkommen werde ich, wenn Gott will und Sankta Maria.‘ Da verschwand das Roß.“ (S. 459–460)

Der Schluss ist in zweifacher Weise bemerkenswert. Zum einen macht er Anleihen an das teuflische Ende Theoderichs/Dietrichs, wie man es aus den Chroniken und der Volkssage kennt. Zum anderen gibt es hier eine von Gott und Maria in Aussicht gestellte Erlösung Thidreks. Ein kurzer Rückblick sei gestattet. Das Motiv der Entrückung auf einem dämonischen Pferd ist nicht erst die Erfindung der norwegischen Verfasser. Der von Gregor d. Gr. in die Welt gesetzte Vulkansturz Theoderichs hatte nur im gelehrten Schrifttum ein Echo. Anders der dämonische Ritt, der wohl viel älter als die Erwähnung in der *Thidreks saga* ist. Die *Chronica regia Coloniensis* teilt zum Jahr 1197 mit, Spaziergänger hätten Theoderich an der Mosel auf einem schwarzen Ross sitzend gesehen, der seinen Namen nannte und mehrere

Unglücksfälle ankündigte, bevor er wieder verschwand. Dies zeugt von einer die Vulkansturz-Geschichte populär umdeutenden Version. Nur so erklärt sich, dass Otto von Freising sowohl die Vulkansturz-Geschichte berichtet, und gleich danach hinzufügt, dass Theoderich auf einem Pferd sitzend ad „inferos descendit", in das Unterirdische, die Hölle hinabstieg.

Das Relief am Portal der Basilika San Zeno in Verona, datiert auf spätestens 1138, erwähnt zwar den Namen Theoderich nicht; bei seiner Lokalverbundenheit ist ein Bezug zum Gotenkönig aber als fast sicher anzunehmen. Auch hier zeigt sich ein Reiter, der einem Hirsch nachjagt und sich dem Höllentor nähert, wo ein Teufel wartet. Der Beginn der Inschrift „O regem stultum" (einfältiger König) scheint auf Walahfrids verachtungsvolles Gedicht (wohl 829) gegen das von Karl aufgestellte Reiterstandbild Theoderichs, ein Wahrzeichen des Ketzertums, zu deuten. Walahfrid berichtet sowohl davon, dass Theoderich dem ewigen Feuer anheim gefallen ist (Vulkansturz-Version), als auch davon, dass sich Theoderichs Pferd in die Lüfte erhebt und mit ihm davonfliegt. Damit steht er ganz in der Tradition der klerikalen Deutung von Theoderich. Zum Abschluss sagt Walahfrid: „Tetrice stulte, vale", was eben an das Veronensische Relief erinnert, aber noch in weiterer Hinsicht interessant ist. Walahfrid ist der einzige, der die Namensform „Tetrice" gebraucht, die auf den ersten Blick eine niederdeutsche Lautform suggeriert. Doch weit gefehlt. Er spielt mit dem Namen. Lateinisch „tetricus" heißt ‚finster' und das setzt er wortspielerisch in Verbindung mit „taeter", was ‚abscheulich' bedeutet.

Ob nun auch der berühmte schwedische Runenstein von Rök (Anfang 9. Jh.), eine der frühesten und längsten schwedischen Runeninschriften überhaupt, dieses Reitermotiv aufnimmt, ob die Runen von Walahfrids Gedicht über das Reiterstandbild beeinflusst sind oder nicht, das möge dahingestellt sein. Sicher ist nur, dass das dämonische Reitermotiv, ob es biblischen, antiken oder heidnischen Ursprungs ist, mit dem Ende Theoderichs/Dietrichs verknüpft wird und damit das negative Bild unterstützt. Allerdings relativiert die *Thidreks saga* das dunkle Ende, indem sie ihm die Gnade Gottes in Aussicht stellt.

Abenteuerliches Nachleben und zwielichtiger Ausklang

Mit Sicherheit lässt sich für die Figur Theoderich/Dietrich postulieren: Ob in den zahlreichen Dichtungen mit ihren heterogenen Sichtweisen der Ausgangspunkt der Dietrichgestalt in dem Ostgotenkönig Theoderich noch gesehen wurde oder nicht, seine Gestalt hatte bis zum Ausgang des Mittelalters geradezu Signalcharakter. Man brauchte den Namen Dietrichs nur zu nennen und konnte sicher sein, dass jeder etwas damit anzufangen wusste. Selbst in einem ungewöhnlichen, weil heilsgeschichtlichen Kontext nennt Tilo von Kulm in seinen *Siben Ingesigeln* (1331) Dietrich als Beispiel für einen zwar kühnen Streiter, der sich aber im Gegensatz zu Christus eben nicht für andere hingegeben hat, mithin nur auf seinen eigenen Ruhm bedacht war. Die zahllosen Erwähnungen von Dietrich außerhalb der Heldendichtung in der mittelalterlichen Literatur, die leider noch nicht vollständig gesammelt wurden, belegen, wie stark er im Bewusstsein der Menschen präsent gewesen sein muss. Je weiter sich aber das Mittelalter seinem Ende zuneigte, desto mehr wurden gerade die märchenhaften Dietrichdichtungen gleichsam zum Markenzeichen für Dietrichs Taten. Es waren jetzt reine Abenteuergeschichten, vergleichbar heutigen Action-Filmen, die das Publikum begeisterten, wie die späteren Fassungen und Versionen belegen.

Einen Höhepunkt in dieser bis zur Verballhornung gehenden Darstellung bildet das niederdeutsche balladenartige Gedicht von *Koninc Armentriken (Ermenrikes) Dôt*, das auf einem fliegenden Blatt aus der Mitte des 16. Jahrhunderts, vermutlich in Lübeck gedruckt, überliefert ist. Dietrich will den König Armentriken wegen seiner „wreedlichkeit" (Bosheit) vertreiben. Dessen Land ist ihm aber – entgegen den historischen Dietrichepen – nicht untertan. Nachdem er erfährt, wo sich dieser König befindet, und ihm aufgetragen wird, den jungen Bloedeling auf die Fahrt mitzunehmen, macht sich Dietrich mit 12 Mannen auf den Weg. Vor der Burg setzen sich alle Kränze auf und ziehen sich Festgewänder über die Rüstung, als ob sie zum Tanz gingen. Da erblicken sie Galgen, die nach Aussage Bloedelings für sie bestimmt seien. Als sie die Burg betreten, befiehlt König Armentriken, das Tor zu schließen und die Ankömmlinge gefangen zu nehmen und an den Galgen zu hängen. Dietrich stürmt zuerst in die Burg, und der letzte der Mannen schließt das Tor, damit niemand entkommen kann. Nun fassen sich die Leute Dietrichs in Tanzesweise an den Händen und fragen den König Armentriken, warum er den Galgen für sie errichtet habe. Weil der König schweigt, zieht Dietrich sein Schwert und schlägt ihm den Kopf ab. Nachdem alle in der Burg, bis auf den Torwächter, getötet wurden, bricht Dietrich, wie wir das aus den historischen Dichtungen kennen, in lautes Klagen aus, da er den jungen Bloedeling in seiner Schar vermisst. Da meldet sich dieser aus dem Keller und verkündet, er habe allein viereinhalb hundert Mann überwunden. Sie freuen sich, dass alle 12 Mannen leben und gesund sind.

Bemerkenswert an diesem Spätwerk ist, dass Dietrich den bösen König Armentriken mit seinen Leuten überwinden kann. Die Situation, dass er stets an einem Widersacher scheitert, ob man nun Ermrich und Armentriken personell in eins sieht oder nicht, ist hier ebenso wenig deutlich gegeben, wie in den dänischen balladenartigen Liedern, wo Diderik ebenfalls oft erfolgreich gegen Könige gewinnt. Damit wird sichtbar, dass hier gegen das Bild des ewigen Exilanten gearbeitet wird: Dietrichs Bild wird ständig korrigiert.

Mag hier der Zusammenhang Theoderich/Dietrich nicht mehr hergestellt worden sein, in gelehrten klerikalen Kreisen war er allemal bewusst. Denn die Entwicklung sollte sich noch einmal zu einer Kontroverse der verschiedenen Dietrichbilder zuspitzen. Der Befund deutet darauf hin, dass man darauf verzichtete, weitere historische Dietrichdichtungen als Negativzeichnungen in Umlauf zu bringen. Das Potential war erschöpft, zumal nach Ausweis der Beliebtheit und der explosionsartig sich verbreitenden märchenhaften Dichtungen die Menschen an diesem Helden und seinem getreuen Hildebrand großen Gefallen gefunden hatten. Der Inbegriff des verderblichen Theoderich/Dietrich war im breiten Volk nicht mehr zu vermitteln. Die Dichtungen hatten eine Eigendynamik entwickelt.

Verstärkt setzt aber nun die Verurteilung der märchenhaften Dichtungen ein. Das anonyme niederdeutsche Werk *Der Seelentrost*, basierend auf den 10 Geboten und in die 2. Hälfte des 14. Jahrhunderts zu datieren, vermerkt, dass man in den Büchern von „Dietherich von Bern und den alten recken kein nutz“ findet, „want man vindet dar niet der selen trost“. Es sind „eytle ding“. Stattdessen empfiehlt es sich selbst zur Lektüre. Der berühmte Prediger Johann Geiler von Kaisersberg (1445–1510) beklagt die Geschwätzigkeit der Zeit, die er mit Dietrich verbindet: „so reden sie weit herumb von Dietherich von Bern, ee sie vff den puncten kumen, daran die sach stodt“. Auch Luther wendet sich dezidiert gegen Dietrich. Doch in dieser Zeit lässt sich ein Kuriosum feststellen, das die zähe Rezeption von Theoderich/Dietrich in ihren eigentlichen Ursachen nach Jahrhunderten wieder sichtbar macht. Während bei den Reformatoren die märchenhaften Dichtungen zum Inbegriff von unnützen Geschichten ohne moralischen Wert werden, wie die vielen Beispiele aus Predigten belegen, deklarieren Katholiken sie als antikatholisch. In Tirol lässt beispielsweise der Erzherzog Ferdinand II. (1564–1595) Drucke vom *Eckenlied*, dem *Laurin* und *Sigenot* beschlagnahmen, weil hierin gerade reformatorisches Gedankengut vermutet wird. Deutlicher kann sich also die religiöse Kontroverse, die seit eh und je hinter diesen Dichtungen steht, nicht dokumentieren.

Daneben vollzog sich eine weitere Umdeutung, die sich an der neuen Bewertung von Riesen und Zwergen anzeigt. Bereits in den späteren Fassungen vom Zwerg *Laurin* zeigte sich eine Wandlung vom hinterlistigen Zwerg zum Helfer Dietrichs und seiner Gefolgsleute an. Die Vorrede oder der Anhang zum gedruckten *Heldenbuch*, das zwischen etwa 1483 und zuletzt 1590 gedruckt wurde, schildert, dass alle Helden, die aus der heroischen Dichtung bekannt sind, getötet werden, einschließlich Hildebrand. Von Dietrich heißt es jedoch:

Da kam ein cleiner zwerg, vnd sprach zů jm. Berner berner du solt mit mir gan. Da sprach der berner, wa sol ich hin gan. Da sprach der zwerg, du solt mit mir gan, dein reich ist nit me in diser welt. Also gieng der berner hin weg, vnd weißt nieman wa er kumen ist obe er noch in leben oder dot sey [...]

Statt den Tod zu erleiden oder gar vom Teufel geholt zu werden, wird Dietrich, wie Friedrich Barbarossa und König Artus, entrückt und damit gerade von den Zwergen jedem menschlichen Zugriff entzogen.

Anders verhält es sich mit den Riesen. Waren sie ursprünglich nur zu überwindende Gegner, die alle Kampfeskraft erforderten, um den Ruhm Dietrichs und anderer Helden des Mittelalters zu dokumentieren, so erfährt der Riese im ausgehenden Mittelalter und der frühen Neuzeit eine klare Bedeutungszuweisung. Er ist nicht mehr der Unhold und das Böse schlechthin, sondern angesichts der bewegten politischen Zeiten Sinnbild des Tyrannen. Es sei erinnert, dass Luther ursprünglich das hebräische Wort für Riese nicht als ‚Riese' übersetzte, sondern mit ‚Tyrann' wiedergab, was ganz der Vorstellung seiner Zeit entsprach. Damit schließt sich aber der Kreis der gegensätzlichen Bilder von Theoderich/Dietrich.

Galt für den von Theoderich zum Tode verurteilten Boëthius (um 480–524) der Gotenherrscher als Tyrann, wurde diese Auffassung jahrhundertelang in den Chroniken weiter tradiert, hat man sie in den historischen Dietrichdichtungen folgerichtig in der Herrschaftsunfähigkeit zum Ausdruck gebracht, so kollidieren plötzlich im ausgehenden Mittelalter diese Vorstellungen mit den ursprünglich als positives Gegenbild gestalteten märchenhaften Epen, wo Dietrich gegen Riesen kämpft.

Bei dem jetzt gewandelten Bedeutungsmuster würde Dietrich als erfolgreicher Überwinder der Tyrannen gelten. Weil der Tyrann sich aber nicht selbst als Tyrann überwinden kann, war der Zeitpunkt gekommen, die märchenhaften Dichtungen erst recht allseits zu brandmarken. Der evangelische Theologe und erste Biograph Luthers, Cyriacus Spangenberg (1528–1604), einer der letzten Zeitzeugen der einst sehr lebhaft geführten Diskussion, fasst das Ganze wie folgt zusammen:

Dieses ist sonderlich zu behalten, das in den alten Heldenbuechern unter den Riesen, Drachen, Lindwuermen, und andern wilden Leuten und Thieren, so die Helden umgebracht, anders nichts dann Tyrannen, boese gottlose, schedliche Leut, Landverwuester, Moerder und Strassenreuber verstanden, und unter den Zwaergen

[...] so Land und Berge gebawet, und sonst vernuenftige, tieffsinnige, kuenstliche Leut, gute getrewe Rhaethe und Diener gemeinet werden [...].

Damit war auch das Ende der über tausendjährigen Polemik pro und contra Theoderich/Dietrich erreicht, weil der Name verblich und mit ihm seine Zeichenfunktion verloren ging. Man kann natürlich noch darüber spekulieren, ob mit dieser Figur, die im Mittelalter so zäh eine dominante Rolle spielte, konkrete politische und kirchenpolitische Interessen verbunden waren, die diese Gestalt erst zu der Galionsfigur machten, die sie war. Doch ein Ausflug in die Reichs- und Kirchenverhältnisse der jeweiligen Zeit würde den Rahmen des Vortrags sprengen.

Neben vielen Bildzeugnissen ist das überlebensgroße Standbild Dietrichs von Bern, das die Grabstätte Kaiser Maximilians I. (1493–1519) in Innsbruck säumt, als Zeugnis des ausgehenden Mittelalters erhalten. Das Standbild ist 1513 noch zu Lebzeiten Maximilians von Peter Vischer geschaffen worden, so dass es wohl die Billigung des Kaisers fand. Im Gegensatz zu König Artus und anderen sehr majestätischen Bronzefiguren an seinem Grab präsentiert sich Dietrich verträumt und erschöpft. Er neigt seinen Oberkörper nach links, sein Haupt in Gegenrichtung, stützt sich auf sein Schwert und blickt geradezu geistesabwesend einher. Hat der Schöpfer dieses Standbildes in Erz gebannt, was die ständige Klage „Ich armer Dietrich" in den historischen Dietrichepen zum Ausdruck bringt? Hat er damit einen Schlusspunkt setzen wollen, dass Theoderich/Dietrich müde seiner selbst und müde des ständigen Erweises seiner Kampfestüchtigkeit jetzt am Grab Maximilians, des so genannten letzten Ritters des Mittelalters, sinnierend auf sein zwiespältiges Image zurückblickt?

Quellen- und Literaturhinweise

Das Eckenlied. Hrsg., übersetzt und kommentiert von Francis B. Brévart. Stuttgart 1986.

Deutsches Heldenbuch. 1. Teil, hg. von Oskar Jänicke 1866, Neudruck Berlin, Zürich 1967. 2. Teil, hg. von Ernst Martin 1866. Neudruck Berlin, Zürich 1975.

Die Geschichte Thidreks von Bern. Übers. v. Fine Erichsen 1924, Düsseldorf, Köln 1967.

Ensslin, Wilhelm ²1959: Theoderich der Große. München.

Gschwantler, Otto 1971: Heldensage in der Historiographie des Mittelalters. (Masch.) Wien.

Heinzle, Joachim 1978: Mittelhochdeutsche Dietrichepik. München.

Wisniewski, Roswitha 1986: Mittelalterliche Dietrich-Dichtung. Stuttgart.

Zimmermann, Heinrich Joachim 1972: Theoderich der Große – Dietrich von Bern. Die geschichtlichen und sagenhaften Quellen des Mittelalters. Diss. Bonn.

Hl. Martin von Tours
Relief „Bassenheimer Reiter" um 1239; zunächst am Westlettner des Mainzer Doms, heute Pfarrkirche Bassenheim

Benedikt Konrad Vollmann

DER HEILIGE MARTIN VON TOURS

Die Person des Bischofs von Tours steht im vollen Licht der Geschichte: Martinus, „der dem Mars Geweihte", wurde 316/17 oder 336[1] als Sohn eines römischen Militärtribuns in Sabaria (Pannonien) geboren, trat mit 15 Jahren – gezwungen – in den Militärdienst, ließ sich 334/35 (oder 354/55) in Amiens taufen und wechselte 356, nach 25 Dienstjahren aus der Armee entlassen, in den geistlichen Dienst. Bischof Hilarius von Poitiers, der damals bedeutendste Theologe der westlichen Kirche und entschiedene Anti-Arianer, nahm ihn in den niederen Klerus auf, indem er ihn zum Exorzisten weihte. Noch bevor Hilarius im selben Jahr von Kaiser Constantius II. in die Verbannung geschickt wurde, war Martin bereits abgereist, um seine heidnischen Eltern zum Christentum zu bekehren und in seiner Geburtsstadt zu predigen und zu missionieren. Er wurde jedoch von den Arianern von dort vertrieben. Hierauf lebte er einige Jahre als Eremit nahe Mailand, bis ihn der arianisch gesinnte Mailänder Bischof Auxentius auch von dort verjagte. Als Bischof Hilarius 361 aus der Verbannung zurückkehren durfte, ging Martinus wiederum nach Poitiers und scharte in der Nähe der Stadt, in Ligugé, eine Asketengemeinschaft um sich. 371 zum Bischof von Tours erhoben, gründete und leitete er in der Nähe von Tours wiederum eine klösterliche Gemeinschaft (das *maius monasterium* – Marmoutier), deren etwa 80 Mitglieder – wie ihr Oberhaupt selbst – asketische Lebensweise mit missionarischer und seelsorgerlicher Tätigkeit verbanden. Martins Tätigkeit wurde von Gott durch Wunder bestätigt, die auch nach seinem Tod, 397, sich weiterhin ereigneten und sein Grab zu einem Wallfahrtsort werden ließen.

Dies hört sich, abgesehen von der soldatischen Vorgeschichte, an wie andere mittelalterliche Bischofsviten auch: Bekehrung zum geistlichen Leben, Gründung einer Mönchsgemeinschaft, Erhebung zum Bischof, vorbildliches Wirken als Seelenhirte, Wunder, seliges Hinscheiden, Wunder am

Grab, Verehrung durch die Gläubigen, Reliquienkult. Dies würde Punkt für Punkt z. B. auch auf den hl. Norbert von Xanten zutreffen, und doch käme kaum jemand auf die Idee, den hl. Norbert als mythische Figur zu bezeichnen. Was ist dann das Besondere am Bischof von Tours, das ihn aus der Schar vieler anderer Heiligengestalten heraushebt? Was lockte jene mythenbildenden Energien hervor, die die Menschen seiner Zeit und der folgenden Jahrhunderte veranlassten, aktuelle Hoffnungen, Wünsche, Ängste und Konflikte auf seine Person zu projizieren? Welche Eigenschaften der Person und welche Umstände der Zeit bewirkten, dass dieser eine, sterbliche Mensch in der kollektiven Imagination Züge annahm, die ihn ins Übermenschliche erhöhten, der Sphäre des Gewöhnlich-Menschlichen entrückten?

Ich versuche eine erste, generelle Antwort, die sich zugegebenermaßen etwas vereinfacht liest, die aber in der weiteren Entfaltung doch vielleicht die besondere Ausstrahlung erklären kann, von der oben die Rede war. Die Aussage lautet: Martinus war in besonderer Weise ein „vir Dei", ein Mann Gottes. Der Ausdruck meint natürlich mehr als „Gottesmann" im Sinne von professioneller Zugehörigkeit zu einem geistlichen Beruf; sie meint eine Verbindung mit Gott, eine Zugehörigkeit zur Sphäre des Numinosen, die die durchschnittlich-allgemeine Frömmigkeit übersteigt. „Vir Dei" ist die Bezeichnung des alttestamentlichen Propheten in den Büchern der Könige.[2] „Vir dei" ist der Mann, der von Gott gesandt wird, den Königen und dem Volk Israel die göttlichen Weisungen mitzuteilen, ein Mensch, dessen Autorität in der besonderen Nähe zu Gott gründet. Zweihundert Jahre nach Martinus wird Papst Gregor d. Gr. seine Benediktusvita mit derselben Prädikation beginnen: „Fuit vir Dei gratia Benedictus et nomine" – Es war da ein Mann Gottes, ein Gesegneter nach Begnadung und Benennung.[3] Und wie bei den Propheten des Alten Bundes, und später beim hl. Benedikt, wird diese Mittelstellung zwischen Welt und Überwelt bekräftigt und veranschaulicht durch die Wunder, die Gott durch seine *Männer* wirkt.

Die Wahrnehmung des hl. Martin als eines *vir divinus*, eines „zu Gott gehörenden Menschen", ist jedoch nicht zu allen Zeiten und in allen Gesellschaftsschichten die gleiche, sie wandelt sich vielmehr unter dem Erwartungsdruck der jeweiligen Zeit und der jeweiligen Gesellschaft. Ich fasse – wiederum plakativ – die verschiedenen Aspekte unter drei Schlagworten zusammen: Martin der Asket und Seelsorger, Martin der Patron, Martin der Mantelteiler.

Martin, der Asket und Seelsorger

Asketische Lebensführung und Seelsorgeeifer, so könnte man meinen, müssten für einen Mann der Kirche selbstverständlich sein. Weshalb sollte dies die Menschen dazu bringen, den, der solches tut, zu divinisieren? Die Antwort ergibt sich aus der besonderen Situation des 4. Jahrhunderts. Das Christentum war zwar noch nicht Staatsreligion, aber doch die von den Kaisern bevorzugte und geförderte Religion, und deren oberste Repräsentanten, die Bischöfe, waren staatlicherseits höchst respektierte Würdenträger. Sie genossen z. B. das Privileg, mit der staatlichen Post reisen zu dürfen; auf heutige Verhältnisse übertragen wäre damit etwa vergleichbar eine Inanspruchnahme der Flugbereitschaft der Bundeswehr durch die Bischöfe. Diese und andere Privilegien brachten es mit sich, dass überall in den Provinzen die bischöfliche Würde als echte Alternative zu einer Karriere im Staatsdienst betrachtet und vor allem von den begüterten Adligen angestrebt wurde. Hinzu kam, dass auch das gläubige Volk bei der Bischofswahl mit Vorliebe auf diesen Personenkreis zurückgriff, zum einen, weil ein von Haus aus vermögender Bischof die karitativen Aufgaben der Kirche eher wahrnehmen konnte, und zum andern, weil ein Bischof mit großem Landbesitz und einer starken Klientel seiner Diözese und insbesondere seiner Bischofsstadt Schutz gewähren konnte, den die – von äußeren Feinden mehr und mehr bedrohte – Staatsmacht nicht mehr zu leisten imstande war. So kam es, dass zumindest in der westlichen Reichshälfte ein Großteil der Bischofssitze vom reichen Provinzialadel eingenommen wurde, der weder eine theologische Ausbildung genossen hatte, noch – in vielen Fällen – auf das gewohnte Herrenleben verzichten wollte. Der Kirchenvater Hieronymus hat einen typischen Vertreter dieser Gruppe, den spanischen Bischof Jovinianus, mit scharfer Polemik angegriffen.[4] Ein Gegengewicht gegen diese Verweltlichung der Kirche bildete die im gleichen Jahrhundert erstarkende asketische und monastische Bewegung, die im Rückzug aus der Welt ein „geistliches Leben" (vita spiritualis) zu verwirklichen suchte. Die Unzufriedenheit mit der Entwicklung der Dinge nach der konstantinischen Wende trieb aber nicht nur die Anachoreten und Mönche aus den Städten hinaus, sie trieb auch die Menschen, die in der ‚Welt' lebten, um. Auch sie verlangten nach geistlicher Leitung, wie sich etwa an dem Erfolg des spanischen Bischofs Priszillian ablesen lässt, der, obwohl selber mit großem Grundbesitz ausgestattet, als Bischof die asketische Lebensform gewählt hatte und, sehr zum Unwillen der übrigen spanischen Bischöfe, gleichgesinnte Anhänger und Anhängerinnen um sich scharte.

Vor diesem Hintergrund ist die Wirkung zu sehen und zu verstehen, die

Martinus auf das christliche *Volk* ausgeübt hat, eine Wirkung, die schließlich zu seiner Bischofserhebung führte. Er wurde gewählt, nicht weil er mächtig war, sondern weil er Macht hatte im Sinne des Evangeliums: „Er lehrte sie wie einer der Macht hat und nicht wie die Schriftgelehrten und Pharisäer“ (Mt 7,29). Martinus vereinte zwei Dinge, nach denen die Menschen verlangten, die ihnen aber in dieser Verbindung sonst nicht geboten wurden: Er verzichtete auf die Annehmlichkeiten des weltlichen Lebens und unterschied sich dadurch von den übrigen Bischöfen. Und: er kümmerte sich um die Menschen, speziell die Menschen auf dem Land, und unterschied sich dadurch von den übrigen Asketen. Beides wurde von den Zeitgenossen wahrgenommen. Sulpicius Severus, der Biograph des hl. Martin, schreibt in seinen *Dialogi*:[5]

> *Jene [gemeint sind die Anachoreten des Ostens], so erfahren wir, wirken, frei von allen Hemmnissen, wunderbare Dinge, für die allein der Himmel und die Engel Zeugen sind. Dieser [gemeint ist Martinus] hielt, gegründet in unerschütterlicher Stärke, allen Widrigkeiten stand, mitten in der Menge und im Verkehr mit den Leuten, unter widerspenstigen Klerikern, unter wütenden Bischöfen, während ihm fast täglich von allen Seiten Stolpersteine in den Weg gelegt wurden. Dabei wirkte er so große Dinge, wie sie nicht einmal die früheren und jetzigen Wüstenväter wirkten.*

Man beachte den Ausdruck „wütende Bischöfe“ (saevientes episcopi). Man kann verstehen, dass die gallischen Bischöfe gegen die Erhebung dieser ihnen wesensfremden Person auf den Touroner Stuhl waren. Sulpicius Severus zitiert in seiner *Vita sancti Martini* die Meinung der bischöflichen Gegner: Martin sei eine verächtliche Person (contemptibilis), unwürdig des Bischofsamtes mit seiner unansehnlichen Erscheinung, seinem schmutzigen Gewand und seiner ungepflegten Frisur.[6] Sulpicius bemerkt dazu, dass die Bischöfe mit diesen abschätzigen Bemerkungen den erlauchten Mann (vir illustris) in Wirklichkeit priesen, charakterisierten sie ihn damit doch als Asketen. Aber, so Sulpicius an anderer Stelle, die Kleriker und Bischöfe wollten nichts von ihm wissen, weil sie ihre eigenen Fehler hätten zur Kenntnis nehmen müssen, wenn sie seine Tugenden anerkannt hätten. Anders das Volk: „Die einfachen Gläubigen beziehe ich in diesen Vorwurf nicht mit ein“.[7] Es war das Kirchenvolk, das die Wahl gegen den Widerstand der Hierarchie durchsetzte: „Sie [nämlich die bei der Wahl anwesenden Bischöfe] hatten keine Möglichkeit etwas anderes zu tun als das, was das Volk nach dem Willen Gottes beabsichtigte.“[8] In der Bischofserhebung des Martinus und in der weit über die Diözesangrenzen hinausreichenden Verehrung, die seiner Person entgegengebracht wurde, manifestiert sich das

Unbehagen der einfachen Leute gegenüber „denen da oben", gegenüber den Kirchenführern ebenso wie gegenüber den Trägern der Staatsgewalt. Es war das Gefühl einer Fehlentwicklung, das einen anderen Asketen dieses Jahrhunderts, den hl. Hieronymus, zu dem Ausspruch veranlasste: „Seitdem die Kirche unter christliche Kaiser gekommen ist, wuchs sie zwar an Macht und Reichtum, hat aber an sittlicher Kraft abgenommen."[9] Martinus wurde für die Menschen zur Symbolfigur einer besseren Kirche, einer Kirche, die den Glauben und die Werke der Urkirche erneuern würde. Einer ähnlichen Unruhe mit demselben Misstrauen gegenüber der Hierarchie und mit derselben Forderung nach dem Geist des frühen Christentums werden wir wieder an der Wende vom 12. zum 13. Jahrhundert begegnen, wo Sankt Franziskus die neue Lichtgestalt, der neue Apostel der Zeit sein wird.

Martin, der Patron

Neben Martin, den „wahrhaft apostolischen Mann", trat in der Vorstellung der Menschen Martin der Patron: Patron im Sinne der antiken Gesellschaft als jemand, der sich schützend vor seine Klientel stellt. Was man von Martinus erwartete und was er die vollen 26 Jahre seiner Amtszeit leistete, war, sich für die Gläubigen seiner Stadt und seiner Diözese und darüber hinaus für alle Mühseligen und Beladenen einzusetzen, für die Armen, die Kranken, die Energumenen (vom Teufel Besessenen), die Verfolgten, Eingekerkerten, Verurteilten. Oben wurde schon kurz die öffentliche Funktion erwähnt, die von den Bischöfen der Spätantike ausgeübt werden musste und die sie nicht selten zu einer Art Stadtherren machte. Die Ehrentitel, die man ihnen gab, bezeugen diese Entwicklung: „pater populi" (Vater des Volkes), „pater civitatis" (Vater der Bürgerschaft), „pater urbis et pater patriae" (Vater der Stadt und Vater des Vaterlands). Martinus leistete diesen Dienst für Tours ebenso wie andere Bischöfe für ihre Städte: Abwehr von Übergriffen der staatlichen Obrigkeit, vor allem ihrer Finanzbeamten. Ein Unterschied zu den Kollegen im Bischofsamt bestand freilich darin, dass Martins Fähigkeit, Schutz zu gewähren, nicht auf Reichtum und verwandtschaftlichen oder gesellschaftlichen Beziehungen beruhte, sondern auf der Autorität seiner Persönlichkeit. Diese war allerdings exorbitant und gefürchtet bei Kaisern, staatlichen Magistraten und Mitbischöfen gleichermaßen. Für die Furcht der Amtsbrüder gibt Sulpicius Severus im zweiten Buch der *Dialogi* ein eindrucksvolles Beispiel. Martinus musste, um für schwer Bedrückte Fürsprache einzulegen, zum Hof des Kaisers Maximus nach Trier reisen. Dort hielten sich immer noch die spanischen Bischöfe auf, die Priszillians Verurteilung und Hinrichtung betrieben hatten.[10]

> *Als sie von der Nachricht überrascht wurden, Martinus sei angekommen, verloren sie alle Selbstsicherheit (totis animis labefacti) und begannen zu murmeln und zu zittern. [...] Wegen ihres schlechten Gewissens befürchteten sie, Martinus würde sich weigern, mit ihnen zu verkehren und es würde dann auch nicht an andern mangeln, die unter dem Eindruck seiner Autorität seinem Beispiel folgen würden.*

Zwar musste Martinus dies eine Mal nachgeben und sich mit den Bischöfen treffen, weil nur unter dieser Bedingung der Kaiser bereit war, die Verfolgung der Priszillianisten in Spanien einzustellen. Aber von da an mied Martin die Bischöfe: „Er lebte hernach noch 16 Jahre, besuchte aber keine Synode mehr und hielt sich von jeder Bischofsversammlung fern."[11]

Ähnlich groß wie der Respekt der Bischöfe vor Martin war der der Kaiser. Als Kaiser Valentinian gemeldet wurde, Martinus sei auf dem Wege zu ihm, befahl er, alle Türen des Palastes zu schließen und ihn nicht vorzulassen. Er wusste genau, dass Martin um Dinge bitten würde, die er nicht gewähren wollte, und dass dieser nicht weichen würde, bevor der Kaiser nachgegeben hätte. Martin kam nach siebentägigem Fasten und Beten – wir würden sagen: nach einem Hungerstreik – dennoch in den Palast, weil ihm ein Engel die Türen öffnete. Als der Kaiser nun Martin eintreten sah, wurde er wütend und schrie: „Wer hat den hereingelassen?" und blieb ostentativ auf dem Thron sitzen, das heißt, er weigerte sich den Bischof zu begrüßen und seine Anwesenheit zur Kenntnis zu nehmen. Da musste der Himmel nochmals eingreifen: Der Kaiser „stand erst auf, als ein Feuer den königlichen Thron erfasste und der Brand den König am Gesäß ansengte". So wurde der Stolze von seinem Thron aufgescheucht und „stand ganz gegen seinen Willen vor Martin auf" und natürlich gewährte er alles, worum ihn der Bischof bat. „Er gestand nämlich, er habe die Kraft Gottes gespürt".[12]

In dieser Episode – und es ist nur eine von vielen – kommt zum Tragen, worin das *patrocinium*, die „Schutzmacht" des Heiligen, vor allem bestand: in seiner Fähigkeit, durch sein Fürbittgebet Gott zu direktem Eingreifen zu veranlassen. Dies konnten die anderen Bischöfe nicht – und so konzentrierte sich auf seine Person die kollektive Heilserwartung der Menschen, eine Erwartung, die weit über Schutz und Hilfe im Einzelfall hinausging. Für die Menschen war Martins Wunderkraft der Beweis, dass Gott lebt, dass er wirkt, dass die Botschaft des Evangeliums wahr und der Glaube der Heiden falsch ist, dass auch in ihrer Zeit der Schluss des Markusevangeliums noch Gültigkeit hat: „Sie [nämlich die Apostel] machten sich auf und predigten überall, und der Herr unterstützte sie und bekräftigte ihre Worte mit Wunderzeichen" (Mk 16,20). Martins Amtsnachfolger im 6. Jahrhundert, Gregor von Tours, hat genau dies im Auge, wenn er im ersten Buch seiner *Historiae* das Bild des Martinus in der Imagination der Menschen so skizziert: [13]

> *Damals ging auch unsere Sonne auf und erleuchtete Gallien mit neuen Strahlen des Lichts; zu jener Zeit nämlich hub der hl. Martinus in Gallien zu predigen an, tat durch viele Wunder unter dem Volke dar, dass Christus der Sohn Gottes, wahrer Gott sei, und machte zuschanden den Unglauben der Heiden.*

Aber gerade weil Martin für die Menschen der Garant der Kontinuität von der ersten bis zur zweiten Ankunft Christi, der Garant für die Fortdauer der Heilsgeschichte war, konnte seine Hilfs-, Schutz- und Garantiefunktion nicht mit seinem Tode enden. Es war zu erwarten, dass der Ort seiner Ruhestätte weiterhin der Ort von „signa et virtutes", von Zeichen und Wundern sein würde. Der Streit der Bewohner von Tours mit denen von Poitiers um den Besitz des Leichnams ist ein klares Zeugnis für die Fortdauer der Faszination, die der Heilige ausübte, auch ein Beleg für das Kalkül, das man anstellte. Während die Poitevinen sagten, sie hätten ihren Abt nur auf Zeit nach Tours ausgeliehen und er müsse nunmehr heimkehren, konterten die Touroner: [14]

> *Ihr behauptet da, wir hätten unsern Anteil an seinen Wundertaten gehabt. So wisset denn, er tat deren mehr bei euch als unter uns. Denn, vieler anderer Taten nicht zu gedenken, euch hat er zwei Tote erweckt und uns nur einen. [...] So muss er denn noch als Toter erfüllen, was er für uns im Leben nicht geleistet hat.*

Die Auseinandersetzung endete übrigens zugunsten der Touroner, weil bei der Totenwache die Leute von Poitiers einschliefen. Als die von Tours dies merkten, „ergriffen sie schnell die irdische Hülle des heiligen Leibes und warfen sie durchs Fenster nach draußen" (per fenestram eiciunt), wo sie aufgefangen und in das Schiff verbracht wurde, das dann den Leichnam Martins nach Tours transportierte. Martin erfüllte die Erwartungen, die die Bürger seiner Stadt in ihn gesetzt hatten, voll und ganz, wie die vier Bücher Gregors *Von den Wundertaten des heiligen Bischofs Martinus*[15] bezeugen.

Doch war es nicht allein die Stadt Tours, die den toten und alsbald kultisch verehrten Martinus als Patron beanspruchte. Seit Beginn des 6. Jahrhunderts musste er – zusammen mit anderen Heiligen – auch den Schutz des fränkischen Königtums übernehmen. 498/99 war Chlodwig I. Christ geworden. Für einen germanischen König bedeutete die Taufe jedoch einen Verlust an Legitimation, da diese zu einem nicht geringen Teil in der genealogischen Herleitung der königlichen Sippe von den Göttern bestand, einer Herleitung, die beim Volk das Vertrauen auf den besonderen Schutz der Götter im Kampf nährte. Der göttlichen Ahnen nun verlustig gegangen, wählten die fränkischen Könige christliche Heilige – unter ihnen an vorderster Stelle den hl. Martin – als *Verbindungsmänner* zum Himmel.[16] Dies sollte zudem den fränkischen Herrschern die Sympathie der nichtgermanischen Bevölkerung einbringen, für die Martinus, wie schon gesagt, „die Sonne war, die Gallien erleuchtete". So wurde schließlich der Mantel des Heiligen, die *cappa*, zum Reichskleinod, das den König auf seinen Reisen begleitete, weil es den Heiligen selbst und seinen Schutz gegenwärtig hielt. Als die Karolinger die merowingische Dynastie ablösten, übernahmen sie den Martinskult: Er war Teil der Legitimierung der neuen Herrscher. Und überall, wo die fränkische Herrschaft sich ausweitete, wurden neu gegründete Pfarreien dem hl. Martin geweiht als Bestandteil der Herrschaftssicherung: Wo Martin eine Kirche besaß, würde er – und damit der fränkische Herrscher – sich nicht mehr vertreiben lassen.[17]

Martin, der Mantelteiler

Es ist wohl kein Zufall, dass nach dem Ende der fränkischen Expansionsbewegung und mit dem in der Mitte des 9. Jahrhunderts einsetzenden Zerfall des karolingischen Großreichs Martin seine Funktion als Patron des Reichs einbüßte. Dies zeigt sich u. a. darin, dass seit dieser Zeit die Martinspatrozinien kaum mehr zunahmen und die Kirchengründer es vorzogen, römische Martyrerreliquien zu erwerben und die Kirchen unter deren Schutz zu stellen. Aber damit verschwand Martin von Tours nicht aus dem Bewusstsein der Menschen. Im klerikal-literarischen Bereich wurde eine wohl im 8. Jahrhundert geschaffene Zusammenstellung von Martinsschriften, der sogenannte *Martinellus*, noch Jahrhunderte weiter abgeschrieben und verbreitet, im 12. Jahrhundert durch Richer von Metz sogar versifiziert.[18] Doch dies hätte wohl kaum hingereicht, um das Andenken an den Heiligen in weiten Kreisen der Bevölkerung wach zu halten. Vielmehr war es ein bestimmtes Ereignis seiner Vita, das auch noch nach der merowingisch-karolingischen Epoche die Vorstellungswelt der Menschen gefangen nahm, weil sich in ihm ihre Ängste und Wünsche bündelten. Es ist die Szene, wie Martinus, der junge Offizier, vor Amiens seinen Mantel mit einem Bettler teilt und in einer Traumvision erfährt, dass Christus selber der Bettler gewesen war.

Die früheste auf uns gekommene erhaltene bildliche Darstellung dieser Szene, der noch unzählige folgen sollten, stammt aus dem 10. Jahrhundert; sie ist enthalten in dem um 975 entstandenen Sakramentar von Fulda, das heute in der Universitätsbibliothek von Göttingen aufbewahrt wird.[19] Was gerade diese Szene so attraktiv erscheinen ließ, war aber nicht einfach der karitative Akt als solcher, sondern der Umstand, dass ein berittener Soldat seinen Mantel teilte. Das 10. Jahrhundert ist eine Zeit, in der das Volk den Reiterkrieger zu fürchten lernte. Besonders in Frankreich, wo die Zentralgewalt schwach war, tyrannisierten und terrorisierten die *milites*-„Ritter" alle und jeden, der ihnen nicht mit dem Schwert entgegentreten konnte. Sie überfielen, von ihren Burgen herabgaloppierend, die Kaufleute, die mit ihren Waren von Marseille aus nach Norden zogen; sie plünderten die Bauern aus, konfiszierten ihre Ernte, trieben das Vieh weg und bereicherten sich an den Wehrlosen, so dass das Land in Rechtlosigkeit zu versinken drohte. Die von Bischöfen und Äbten seit dem letzten Viertel des 10. Jahrhunderts ins Leben gerufene Gottesfrieden-Bewegung[20] war ein erster Schritt, die Gewalttätigkeit zu begrenzen. Der nächste bestand darin, der Kaste der Reiterkrieger ein christliches Berufsverständnis zu vermitteln, d. h. eine theologisch fundierte Ritterideologie, das Ideal des *miles christianus*. Um die wild gewordenen Militärs in die Gesellschaft einzubinden, wurde den Rittern ein Berufsbild gegeben: Schutz der Schutzlosen, d. h. der Kleriker, Witwen und Waisen, sowie Verteidigung der Christenheit gegen äußere Feinde, d. h. den Heidenkampf. In diesem Sinne ermahnte Papst Urban II. 1095 in seiner berühmten Predigt von Clermont die Ritter: „Nunc fiant milites qui dudum extiterunt raptores" (Jetzt sollen Ritter werden, die lange genug Räuber gewesen waren).[21] Um die religiöse Erhöhung des Soldatentums zu kräftigen, wurde in dieser Zeit der Eintritt in den Ritterstand als Ritterweihe gestaltet.

Der Hintergrund dieser Bestrebungen war die kollektive Angst vor denen, die, zu Pferd daherstürmend und das Schwert schwingend, nach Belieben sich nehmen konnten, was ihnen gefiel. Dem gegenüber errichteten die Menschen – sozusagen apotropäisch – das Bild des hl. Martinus, der auch auf dem gefürchteten Pferd sitzt und sein Schwert zieht, aber nicht um zu nehmen, sondern um zu geben, nicht um arm zu machen, sondern um mit dem Armen zu teilen. Es dürfte nicht von ungefähr sein, dass die erste Darstellung der Mantelteilung zeitlich genau mit dem ersten Gottesfrieden zusammenfällt.

Die Reserviertheit der Christenheit gegenüber dem Berufskriegertum geht weit in die Antike zurück und sie war besonders im lateinischen Westen ausgeprägt, der keine Soldatenheiligen kannte, die mit dem hl. Georg oder dem hl. Sebastian hätten verglichen werden können.[22] Wie sehr man an der Möglichkeit zweifelte, dass ein Soldat der schweren Sünde entgehen könne, ist daraus zu ersehen, dass einem öffentlichen Sünder nach der Kirchenbuße nicht erlaubt war, in den Militärdienst einzutreten oder zurückzukehren. Tat er es dennoch, war er automatisch exkommuniziert.[23] Auch in der Lebensbeschreibung des hl. Martin kommt die abwertende Haltung gegenüber dem Soldatentum zum Vorschein. Als der aufsässige Touroner Kleriker Brictius den greisen Martinus, der ihn wegen seines Lebenswandels getadelt hatte, mit Schmähungen überhäufte, sagte er als erstes, er, Brictius, sei verehrungswürdiger (sanctior) als Martin, weil er von Jugend auf im Kloster kirchlich erzogen worden sei, während Martin, was er nicht abstreiten könne, anfänglich „das schmutzige Soldatengeschäft betrieben habe" (militiae actibus sorduisse).[24] Sulpicius hat überhaupt Mühe, mit der militärischen Vergangenheit seines Idols klar zu kommen. Er malt in den kräftigsten Farben aus, wie untypisch Martins Militärkarriere verlaufen sei. Zuerst habe man ihn zum Kriegsdienst gezwungen: *catenatus*, „in Ketten gefesselt" habe er den Fahneneid geleistet. Dann habe er sich mit einem einzigen Burschen begnügt, dem er außerdem die Schuhe ausgezogen und geputzt habe. Er habe sich von allen Verfehlungen ferngehalten, in die sich dieser Menschentyp (illud hominum genus) gewöhnlich verwickeln lässt. Außerdem habe er schon während seiner Militärzeit und noch vor der Taufe alle Werke der Barmherzigkeit geübt: den Notleidenden beigestanden, den Elenden Hilfe gebracht, die Bedürftigen mit Nahrung versorgt, die Nackten bekleidet und von seinem Sold nur so viel behalten, als er für die tägliche Nahrung benötigte. Kurzum: Er habe so gelebt, „daß man ihn schon zu dieser Zeit nicht für einen Soldaten, sondern für einen Mönch halten konnte".[25]

Sulpicius geht aber noch weiter in der Hochglanzpolitur von Martins Vita, indem er den Eindruck erweckt, Martinus habe nach seiner Taufe nur noch zwei Jahre gedient und sei mit 20 Jahren aus dem Heer ausgeschieden. Aus seinen Angaben errechnete man denn auch das Jahr 336/37 als das Geburtsjahr des Heiligen, während Gregor von Tours dafür das Jahr 316/17 angibt.[26] Wenn Gregor Recht hat – und es spricht viel dafür – muss Martinus die ganzen vorgeschriebenen 25 Jahre Militärzeit abgedient haben, bevor er 356 zu Bischof Hilarius kam. Nur – Gregor berichtet nichts davon. Die 10 Bücher seiner *Historiae* und die vier Bücher der *Virtutes* sind voll von den wunderbaren Taten des Heiligen, aber nirgendwo wird seine militärische Vergangenheit auch nur mit einem Wort erwähnt und ebenso wenig die Mantelteilung. Gregors Zeitgenosse Venantius Fortunatus schildert zwar die Szene vor Amiens, aber er unterschlägt Martins militärische

Vergangenheit.[27] Nicht einmal die aus der Vorlage übernommene Bezeichnung des Mantels als *chlamys* ist eindeutig: Der Terminus bedeutet sowohl Kriegermantel als auch Reisemantel.

Das obstinate Schweigen Gregors und des Venantius ist merkwürdig. Man wird gegen Ende des 6. Jahrhunderts im Frankenreich wohl kaum daran Anstoß genommen haben, dass Martinus im römischen Heer gedient hatte. Seit Chlodwig im Jahr 486 oder 487 den Syagrius besiegt hatte, gab es kein römisches Heer mehr in Gallien, das die Franken als Gegner hätten fürchten müssen. Ich vermute eher, dass der demütige, mönchische, mantelteilende Offizier den kriegsstolzen Franken nicht zu vermitteln war. Mehr noch: Es hätte das Bild gestört, das die neue Herrenschicht sich nach dem Willen Gregors von Martinus machen sollte, nämlich das Bild des mächtigen Wundermannes, mit dem sich anzulegen auch für die Franken wenig ratsam war, wenn sie nicht für Missachtung des Heiligen bestraft werden wollten.

An der Szene der Mantelteilung sind nicht die Herrschenden interessiert, sondern die Beherrschten. Sie beflügelt die kollektive Imagination derer, die sich vor den Berittenen fürchten. Die kollektive Imagination der Ritterkaste wird sich einen anderen Mythos suchen, nämlich den von König Artus und seiner Tafelrunde, idealen Rittergestalten, die das Streben nach Glanz und Ehre verbinden mit den Tugenden des vorbildlichen *miles christianus*: Freigebigkeit, Wahrung des Rechts und Schutz der Wehrlosen.

Anmerkungen

1 Das Geburtsjahr ist umstritten; s. unten Anm. 26. Stancliffe 1983, 111–133, optiert für das spätere, Pietri 1992, 194, für das frühere Geburtsjahr.
2 1 Samuel 2,27; 9,6 f.; 1 Könige 12,22; 13,1–31 u. ö.; 2 Könige 4,9–42 u. ö.; vgl. dazu Fontaine 1963, 84–95.
3 Vogüé & Antin 1979, 126.
4 Hieronymus, Adversus Jovinianum (Migne 1883, 221–352).
5 Sulpicius Severus, Dialogi I 24,2 f. (Halm 1866, 176 f.).
6 Sulpicius Severus, Vita sancti Martini 9,3 (Halm 1866, 119).
7 Sulpicius Severus, Dialogi I 26,3 (Halm 1866, 178).
8 Sulpicius Severus, Vita sancti Martini 9,4 (Halm 1866, 119).
9 Hieronymus, Vita Malchi 1 (Migne 1883, 55 B).
10 Sulpicius Severus, Dialogi II (III) 11,6 (Halm 1866, 209).
11 Sulpicius Severus, Dialogi II (III) 13,6 (Halm 1866, 211).
12 Sulpicius Severus, Dialogi I (II 5,5–9) (Halm 1866, 186 f.).
13 Gregor von Tours, Historiae I,39 (Buchner 1970, 42 f.).
14 Gregor von Tours, Historiae I,48 (Buchner 1970, 50 f.).

15 Gregor von Tours, De virtutibus sancti Martini episcopi (Krusch 1969, 134–211).
16 Ewig 1979, 376–384, betont wohl etwas zu einseitig die Rolle Martins als „merowingischer Reichspatron"; andrerseits schießt Van Dam 1993, 13–28, übers Ziel hinaus in seinem Bestreben, Martins Rolle für die Zeit vor 670 zu minimalisieren. Wenn Chlodwig, wie Gregor von Tours, Historiae II,37 (Buchner 1970, 130 f.) schildert, für den Kampf mit Alarich sich der Unterstützung des Heiligen zu versichern suchte, zeigt dies doch, dass Martin (neben Hilarius von Poitiers) die Funktion des Kampfhelfers und Siegbringers übernommen hatte, die ehemals den Asen zugesprochen worden war.
17 Vgl. Ewig 1979, 384–391.
18 Vgl. Brunhölzl 1975, 132, und Bernhard 1995, 830.
19 Vgl. Kimpel 1990, 576.
20 Vgl. Kaiser 1989, 1587–1592.
21 Zitiert aus Fleckenstein 1995, 869.
22 Vgl. Erdmann 1935, 10–16, 253–257.
23 Vgl. Baus & Ewig 1973, 310.
24 Sulpicius Severus, Dialogi II (III) 15,4 (Halm 1866, 214).
25 Sulpicius Severus, Vita sancti Martini 2,5–8 (Halm 1866, 112).
26 Gregor von Tours, Historiae I, 36 (Buchner 1970, 40 f.)
27 Venantius Fortunatus, De vita sancti Martini I, 50–67 (Leo 1881, 297).

Quellen

Buchner, Rudolf 1970: Gregor von Tours, Zehn Bücher Geschichten. Erster Band: Buch 1–5, Darmstadt (Ausgewählte Quellen zur deutschen Geschichte des Mittelalters, Bd. II).

Halm, Karl 1866: Sulpicii Severi libri qui supersunt, Wien (Corpus scriptorum ecclesiasticorum latinorum, Bd. I).

Krusch, Bruno 1969: Gregorii episcopi Turonensis Miracula et opera minora, editio nova, Hannover (Scriptores rerum Merovingicarum, Bd. I,2).

Leo, Friedrich 1881: Venantii [...] Fortunati [...] opera poetica, Berlin (Monumenta Germaniae historica. Auctores antiquissimi, Bd. IV,1).

Migne, Jacques Paul 1883: Sancti Eusebii Hieronymi opera omnia, Bd. II, in: Patrologiae cursus completus. Series latina, Bd. XXIII, Paris.

Literaturhinweise

Baus, Karl und Eugen Ewig 1975: Die Reichskirche nach Konstantin dem Großen. 1. Halbband: Die Kirche von Nikaia bis Chalkedon, Freiburg/Basel/Wien (Handbuch der Kirchengeschichte, hg. von Hubert Jedin, Bd. II,1).

Bernhard, Michael 1995: Richer von Metz, in: Lexikon des Mittelalters, Bd. VII, München, Sp. 830.

Brunhölzl, Franz 1975: Geschichte der lateinischen Literatur des Mittelalters, Bd. I, München.

Erdmann, Carl 1935: Die Entstehung des Kreuzzugsgedankens, Stuttgart (Forschungen zur Kirchen- und Geistesgeschichte, Bd. VI).

Ewig, Eugen 1979: Der Martinskult im Frühmittelalter, in: Spätantikes und fränkisches Gallien, Bd. II, München (Beihefte der Francia, Bd. III,2), S. 371–392.
Fleckenstein, Josef 1995: Ritter, -tum, -stand, in: Lexikon des Mittelalters, Bd. VII, München, Sp. 865–873.
Fontaine, Jacques 1963: Une clé littéraire de la Vita Martini de Sulpice Sévère: La typologie prophétique, in: Mélanges Christine Mohrmann, Utrecht/Antwerpen, S. 84–95.
Kaiser, Reinhold 1989: Gottesfrieden, in: Lexikon des Mittelalters, Bd. IV, München/Zürich, Sp. 1587–1592.
Kimpel, Sabine 1990: Martin von Tours, in: Lexikon der christlichen Ikonographie, Bd. VII, Sonderausgabe, Rom u. a., Sp. 572–579.
Nahmer, Dieter von der 1993: Martin von Tours, in: Lexikon des Mittelalters, Bd. VI, München/Zürich, Sp. 344 f. (weiterführende Literatur).
Pietri, Luce 1992: Martin von Tours, in: Theologische Realenzyklopädie, Bd. XXII, Berlin/New York, S. 194–196 (weiterführende Literatur).
Stancliffe, Clare 1983: St. Martin and His Hagiographer. History and Miracle in Sulpicius Severus, Oxford.
Van Dam, Raymond 1993: Saints and their miracles in late antique Gaul, Princeton.
Vogüé, Albert de und Paul Antin 1979: Grégoire le Grand, Dialogues, Bd. II, Paris (Sources chrétiennes, Bd. 260).

König Artus
Bronzeskulptur am Grabmal Kaiser Maximilians I., Innsbruck, Hofkirche;
Entw. Albrecht Dürer, Guss Peter Vischer d. Ä.

Walter Haug

KÖNIG ARTUS

Geschichte, Mythos, Fiktion

König Heinrich II. von England soll in den achtziger Jahren des 12. Jahrhunderts die Mönche des Klosters Glastonbury in Somerset angewiesen haben, in ihrem Friedhof nachzugraben, denn er habe von einem Waliser erfahren, dass Artus, das heißt Arthurus/Arthur (die uns gewohnte Namensform ‚Artus' ist die französische Schreibweise) da bestattet liege. Und tatsächlich stieß man auf ungewöhnlich große Knochen eines Mannes, daneben auf das Skelett einer Frau, und dabei lag ein Bleikreuz mit einer Inschrift, die besagte, dass es sich um die Überreste von Arthur und seiner Gemahlin handle. Und Heinrich veranlasste daraufhin, dass die Gebeine in ein prächtiges Marmorgrab überführt wurden. – Dies berichtet Giraldus Cambrensis. [1]

Welche Absicht stand hinter dieser spektakulären Aktion? Nach dem Volksglauben, dem vor allem die keltische Bevölkerung anhing, war König Arthur nicht gestorben, sondern seinerzeit, im Kampf gegen die eindringenden Sachsen schwer verwundet, auf die Jenseitsinsel Avalon gebracht worden, von wo er einmal zurückkehren und die Herrschaft über England wieder antreten werde.[2] Es liegt nahe anzunehmen, es sei das Ziel des Grabungsauftrags an die Mönche von Glastonbury gewesen, diesen Glauben zunichte zu machen. Denn wenn es gelingen sollte, nachzuweisen, dass Arthur gar nicht nach Avalon entführt worden war, sondern in Glastonbury begraben lag, konnte man die Hoffnung auf seine Wiederkehr zerstören.[3]

Doch das ist nur der eine und wohl nicht der entscheidende Aspekt. Das Kloster Glastonbury stand in besonders enger Beziehung zum anglonormannischen Königshaus.[4] Von ihm gefördert, entwickelte es sich im 12. Jahrhundert zu einem herausragenden kulturellen Zentrum. Man nannte es gar *Roma secunda*. Als es 1184 durch einen Brand zerstört wurde, ließ Heinrich II. es prachtvoll wieder aufbauen. Dieses Königskloster zur Grabstätte von Arthur und Guennuvar/Ginover zu erklären, erlaubte es den Plantagenets, nicht nur den keltischen Rückkehrmythos zu zerstören, sondern Arthur für sich zu usurpieren. Heinrichs Nachfolger machten ihn denn auch programmatisch zum Ahnherrn der eigenen Dynastie. Einige nannten sich geradezu *arturus redivivus* und deuteten damit das Wiederkehrmotiv metaphorisch um. Und so konnte das Grab in Glastonbury zu einer memorialen Kultstätte werden.[5] Edward I. ließ die Gebeine nochmals exhumieren und vor dem Hochaltar beisetzen. Er war ein „Arthur-Enthusiast", er veranstaltete Turniere, die er Tafelrunden nannte, ebenso Edward III., der 1344 eine konkrete Tafelrunde als Rittergemeinschaft einführte und 1348 den Hosenbandorden gründete.[6] Noch der erste Tudorkönig, Heinrich VII., bindet sich in diese Tradition ein, indem er das arthurische Drachenbanner übernimmt und seinem erstgeborenen Sohn den Namen Arthur gibt.[7]

Doch wie kommt man auf den Gedanken, ausgerechnet Glastonbury als Begräbnisstätte von König Arthur ins Spiel zu bringen? Im Hintergrund steht eine Gleichsetzung von Ortsnamen, die einige Rätsel aufgibt.[8] Der keltische Name für Glastonbury war *Ynis Gutrin*, das heißt ‚Glasinsel'. Ist dies die ursprüngliche Bezeichnung, die man ungenau ins Angelsächsische übersetzt hat? Vielleicht, weil das Wasser, in dem der Ort einst lag, verlandete und nur noch Sümpfe übrig geblieben waren, so dass man nicht mehr von einer Insel sprechen konnte? Oder steckt in Glastonbury – wohl eher – ein Eigenname, aus dem man ‚Glas' herausgehört und dies dann mit *Gutrin* übersetzt hat? Die Glasinsel (oder vielleicht besser: Bernsteininsel) aber war in keltischer wie auch in nordischer Tradition eine Bezeichnung für das paradiesische Jenseitsland im westlichen Meer, wo es keine Winter gab und wo einen wunderschöne Frauen erwarteten.[9] Das heißt: ‚Glasinsel' war ein anderer Name für die Jenseitsinsel Avalon, walisisch *Ynis Avallach*, was (nach Galfred von Monmouth u. a.) von keltisch *aval:* ‚Apfel' abgeleitet sein soll; doch steht möglicherweise der Name eines Totengottes, Avalloc, dahinter. Wenn also Avalon und die Glasinsel identisch waren, so lag es nahe, zu folgern, dass mit der Entführung des sterbenden Arthur nach Avalon seine Überführung nach Glastonbury gemeint sei. Diese Identifizierung wird von Giraldus explizit vorgenommen.[10] Und so lautet denn die Inschrift auf dem Grabkreuz bei ihm: „Hier auf der Insel Avallon liegt der ruhmreiche König Arthur begraben zusammen mit seiner zweiten Frau Guennuvar".[11]

Die Verbindung von Glastonbury mit Jenseitsvorstellungen ist im Übrigen nicht ad hoc erfunden worden, sondern sie besaß Tradition. So erzählt Caradoc von Llancarvan in seiner *Vita Gildae*, Melvas, der König der aestiva regio = Somerset, habe die Frau König Arthurs, Guennuvar, nach Glastonia entführt, was walisisch *Ynisgutrin* heiße und was von den Sachsen dann mit *Glastiberia* übersetzt worden sei; und das bedeute *Vitrea Civitas*. Arthur belagert daraufhin die Stadtfestung des Melvas, der schließlich die Königin auf Vermittlung des Abtes von Glastonbury herausgibt.[12] Das ist nichts anderes als eine klerikale Adaptation jener Entführungsgeschichte, die Chrétien de Troyes später in seinem Lancelot-Roman erzählen wird: der Raub der Königin durch Meleagant, der sie in sein Jenseitsreich entführt.[13]

Man hat also Glastonbury in den Sümpfen von Somerset schon vor Giraldus mit der Jenseits-Glasinsel und ihrem ewigen Sommer identifiziert. Vor dem Hintergrund solcher Überlieferungen wird denn auch der Auftrag Heinrichs an die Mönche von Glastonbury verständlich, im dortigen Friedhof nach Arthurs Grab zu suchen. Dass diese mitgespielt haben, ist, da dies nur zum Ruhm des Klosters beitragen konnte, ebenso wenig verwunderlich, wie dass man programmgemäß auch fündig wurde.

Aber das Volk ließ sich den Glauben an die Wiederkehr des Königs nicht nehmen. Auf eine Reihe von meist kritischen Bedenken bei Schriftstellern des 12. Jahrhunderts zu diesem keltischen Aberglauben folgen immer neue Hinweise auf ihn aus dem 13. und den folgenden Jahrhunderten:[14] in der Chronik Roberts von Gloucester, bei Lydgate, bei Malory usw. Und sie sind keineswegs auf England beschränkt, sondern es gibt auch Zeugnisse aus Italien und Spanien: Julian del Castillo berichtet noch 1582, es werde behauptet, dass Philipp II. von Spanien zur Zeit seiner Heirat mit Maria der Katholischen geschworen habe, er werde auf seinen Thron verzichten, wenn König Arthur zurückkehre.[15] Es kommt im Übrigen auch zu Kontaminationen mit der Sage vom König im Berg: Gervasius von Tilbury will, als er um 1190 in Sizilien war, den britischen König in einem unterirdischen Palast im Ätna gesehen haben, und Caesarius von Heisterbach berichtet Ähnliches.[16] Die Vorstellung taucht auch im Wartburgkrieg auf, einer mittelhochdeutschen Dichtung aus dem 13. Jahrhundert.[17] Ja, noch im 19. Jahrhundert glaubte man in Nordengland an das Weiterleben des Königs in einer Höhle.[18] Und selbst in Somerset wurden seinerzeit Archäologen, die Cadbury Castle besichtigten, von einem alten Mann gefragt, ob sie gekommen seien, König Arthur auszugraben[19] – dies also in unmittelbarer Nähe von Glastonbury, wo man 700 Jahre zuvor die Gebeine des Königs gefunden haben will! Der Mythos vom Weiterleben des Königs und seine Toterklärung in Verbindung mit der politischen Usurpation durch das anglo-normannische Herrscherhaus haben also nebeneinander über die Jahrhunderte hin weitergewirkt.

Wer war dieser König Arthur, den man in so widersprüchlicher Weise in

Anspruch nahm? Ob man an seine Wiederkehr oder an die Grablege in Glastonbury glaubte, beides setzt ja voraus, dass Arthur tatsächlich gelebt hat. Worauf beruhte und beruht noch die Plausibilität einer historischen Person namens Arthurus?

Die früheste Erwähnung findet sich in der, einem Nennius zugeschriebenen, *Historia Brittonum* aus dem 9. Jahrhundert.[20] Hier ist die Rede von einem Arturus, der sich als Heerführer, im Kampf gegen die Sachsen ausgezeichnet habe, und es werden zwölf Schlachten genannt, aus denen er als Sieger hervorgegangen sei. Die letzte und entscheidende Schlacht wurde am Mons Badonicus geschlagen, in der Arthur 960 Gegner eigenhändig getötet habe. Bemerkenswert ist im Weiteren, dass er in der Schlacht beim Castellum Guinnion ein Bild Marias auf den Schultern getragen haben soll, was ihm zum Sieg verhalf. Es gibt eine zweite Quelle, die *Annales Cambriae*, aus dem 10. Jahrhundert,[21] aber auf das 9. Jahrhundert zurückgehend, die, abweichend von Nennius, berichten, Arthur habe in der Schlacht am Badon ein Kreuz auf den Schultern getragen. Ferner wird hier hinzugefügt, dass Arthur in der Schlacht von Camlann zusammen mit Medraut gefallen sei. Medraut dürfte identisch sein mit Modred/Mordred, der in den späteren Überlieferungen vom Tod des Königs eine entscheidende Rolle spielen wird. Die *Annales Cambriae* bieten offenkundig Materialien, die von Nennius unabhängig gewesen sind. Es muss also alte, wohl mündliche Traditionen von einem Helden namens Arthur zur Zeit der Sachsenkriege gegeben haben. Die Schlacht am Mons Badonicus wird übrigens schon von Gildas, ca. 540,[22] erwähnt, aber ohne dass der Name des Siegers genannt würde – vielleicht weil er selbstverständlich bekannt war. Damit kommt man zeitlich recht nahe an den historischen Vorstoß der Sachsen heran, der um 500 in Wessex aufgehalten worden ist.

Von der lateinischen Historiographie unabhängige Arthur-Traditionen gibt es in walisischen Dichtungen, die freilich erst relativ spät das Pergament erreicht haben, etwa im *Schwarzen Buch von Carmarthen* um 1200 oder im *Buch von Taliensin*. Hier erscheint Arthur als Kämpfer gegen Ungeheuer und hier ist auch von einer Fahrt des Königs mit seinen Kriegern zur Jenseitsinsel die Rede, wo man einen Wunderkessel gewinnt.[23]

Mit der Figur des Königs sind also, wenn sie greifbar wird, schon sehr unterschiedliche, teils mehr geschichtliche und teils mehr fabulöse Überlieferungen verbunden. Es ist nicht auszuschließen, dass es einen historisch-faktischen Kern gab. Aber wirklich beweisen lässt sich dies nicht. Die gelehrte Diskussion geht unentwegt weiter.[24] Auffällig ist, dass die frühen Daten zu Arthurus/Arthur so disparat sind, dass sich keine geschlossene Kontur ergibt.

Um jenes Bild des Königs zu schaffen, das die Jahrhunderte überdauern sollte, bedurfte es eines souveränen Neuzugriffs. Er erfolgte durch Galfred von Monmouth in seiner *Historia Regum Britanniae*.[25] Monmouth, wohl Galfreds Geburtsort, liegt in Wales; er stammte aber aus einer britischen Familie und stand in enger Verbindung zur normannischen Herrscherschicht. Er ist urkundlich zwischen 1129 und 1151 in Oxford bezeugt, vermutlich war er dort auch Magister. 1152 wird er zum Priester geweiht, im selben Jahr wird er Bischof von St. Asalph – ein Amt, das er vermutlich nie wahrgenommen hat. Er war kein kirchlicher Mann. Die *Historia* hat er aller Wahrscheinlichkeit nach 1136 vollendet.[26] Zwei weitere Werke sind von ihm überliefert, die *Prophetiae Merlini*, die er in die *Historia* eingebaut hat, und die *Vita Merlini*. Wir kennen sein Todesjahr: 1155.

Mit der *Historia Regum Britanniae* hat Galfred eine Vor- und Frühgeschichte der britischen Herrscher verfasst, was es bislang nicht gegeben hatte. Er will sie zwar aus dem Britannischen übersetzt haben, was ‚bretonisch' oder ‚walisisch' heißen kann, doch handelt es sich wohl um eine Quellenfiktion, womit nicht gesagt sein soll, dass er nicht aus mündlichen Überlieferungen geschöpft hätte.[27] Aber er nützt auch die älteren lateinischen Chroniken: Gildas, Beda, Nennius, sowie zeitgenössische Werke, etwa William von Malmesbury.[28] Was er von andern bezieht, steht freilich in keinem Verhältnis zu dem, was das Werk seiner eigenen, unglaublich blühenden Fantasie verdankt. Doch hat dies zu seiner Zeit kaum jemand durchschaut oder durchschauen wollen. Immerhin gab es zwei Kritiker: William von Newburgh sagt in seiner *Historia regum Anglicarum* von ca. 1198, Galfred habe den Finger von Artus dicker gemacht als die Lenden von Alexander dem Großen.[29] Und Giraldus Cambrensis berichtet in seinem *Itinerarium Kambriae* von einem gewissen Meilerius, der von Teufeln besessen war, so dass man mit ihm einen Wahrheitstest machen konnte: Wenn man das Johannesevangelium auf ihn legte, so verschwanden die Teufel, wenn man es jedoch gegen die Historia Galfreds austauschte, kamen sie massenweise zurück.[30]

Galfreds Geschichtsklitterung wurde ein überwältigender literarischer Erfolg. Es sind noch über 200 Handschriften erhalten. 1155 vollendete Wace, ein normannischer Kleriker aus Jersey, der in Frankreich studiert hat, seine französische Übersetzung des Werkes,[31] die Layamon (Lawman) dann um 1190 ins Mittelenglische übertrug.[32] Es gibt mehrere walisische Versionen.[33] So wirkte es über den Kreis der lateinisch Gebildeten hinaus in die Breite. Das Werk hat das britische Geschichtsbewusstsein über vier Jahrhunderte hin geprägt, und dies so gut wie unangefochten, ja man hat sich bei Gebietsansprüchen darauf als auf ein historisches Dokument berufen.

Das größte Gewicht in der über 1800 Jahre sich erstreckenden Geschichte der britischen Könige hat auf der einen Seite die Abstammungssage, die – nach Nennius – der auf dem Kontinent vorgeprägten Anbindung an antike Helden folgt,[34] und haben auf der andern Seite die Taten Arthurs.

Der Ahnherr und Heros eponymus der Briten ist der Römer Brutus, der, aus seiner Vaterstadt vertrieben, in Griechenland versprengte Trojaner um sich versammelt und mit ihnen über Gallien nach England zieht. Er gibt dem Land seinen Namen: Britannia. Es folgen über tausend Jahre mit der Schilderung von blutigen inneren Fehden, dann 500 Jahre Kämpfe mit den einbrechenden Römern und mit Schotten, Pikten, Dänen, Norwegern, ja Hunnen. Dieses politische Chaos bereitet den Boden für den glorreichen Auftritt Arthurs. Er erscheint schon in jungen Jahren als großer Kämpfer. Schritt für Schritt unterwirft er sich Britannien und die umliegenden Inseln, auch Island, Norwegen und Dänemark und schließlich Gallien. Am Ende steht dann die große Auseinandersetzung mit dem römischen Kaiser Lucius. Da Arthur sich weigert, die Zinsforderungen der Römer anzuerkennen, bricht Lucius mit einem gewaltigen Heer gegen Britannien auf. Als Arthur davon erfährt, überlässt er die Herrschaft seinem Neffen Modred und fährt mit seinen Kriegern über den Kanal. Als er in Frankreich landet, trifft er am Mont Saint-Michel auf einen fürchterlichen Riesen, der gerade die Nichte eines seiner Getreuen vergewaltigt und dabei zu Tode gedrückt hat. Er besiegt ihn in einem wilden Kampf, indem es ihm gelingt, dem Riesen eine so schwere Wunde auf dem Kopf beizubringen, dass das Blut ihm in die Augen läuft und er nichts mehr sehen kann. Dabei wird noch an einen früheren Kampf des Königs gegen einen andern Riesen erinnert, der sich aus den Bärten der von ihm getöteten Könige einen Pelzrock machte.[35] Dass er auch den Bart Arthurs forderte, kostete ihn das Leben. Diese Riesenkämpfe nehmen sich inmitten der politischen Auseinandersetzungen, die bei aller Hyperbolik in menschlichem Rahmen bleiben, sehr seltsam aus. Und doch wird gerade die Mont Saint-Michel-Episode, wie zu zeigen sein wird, einen besonderen Erfolg haben.

Der Kampf mit dem Riesen auf dem Mont Saint-Michel ist der Auftakt zu langen wechselvollen, blutigen und überaus verlustreichen Kämpfen mit den Römern in Gallien, bis Arthur schließlich Lucius tötet. Er will nun gegen Rom ziehen. Doch da kommt Nachricht, dass sein Neffe Modred ihn verraten und sich nicht nur die Krone aufs Haupt gesetzt, sondern sich auch die Königin Guinevere ins Bett geholt hat. Zornentbrannt kehrt Arthur nach England zurück. Bei Winchester kommt es zur Schlacht, Modred flieht, Arthur verfolgt ihn, stellt ihn erneut zum Kampf, bei dem auf beiden Seiten so gut wie alle fallen. Der König tötet seinen Neffen; er selbst wird schwer verwundet, man bringt ihn nach Avalon, damit er dort Heilung finde. – Galfred nimmt also, wenn auch nur in knappster Form, die Entführung des sterbenden Königs auf die Jenseitsinsel in seine Chronik auf und trägt damit zur Verfestigung des Wiederkehrmythos bei.

Der arthurische Teil der *Historia* war offenkundig als der Höhepunkt dieser Vorgeschichte des normannischen Königtums gedacht. Und er besaß zweifellos politische Brisanz, denn er zielte kaum verhüllt darauf, die Eigenständigkeit, ja die Überlegenheit Britanniens gegenüber Frankreich herauszustellen, zugleich sollte wohl mit Arthur ein Gegenbild zu Karl dem Großen entworfen werden.[36] Das Werk insgesamt war aber auch innenpolitisch ausgerichtet, es war angesichts der Wirren nach dem Tod Heinrichs I. als Mahnung zu Versöhnung und Einigkeit gedacht.[37]

So bedeutsam dieser Aspekt aber auch war und wie sehr die politische Konstruktion auf die nachfolgende Geschichtsschreibung einwirkte, im gesamteuropäischen Bewusstsein lebte die Gestalt des Königs Artus weitgehend abgelöst von den großen politischen Zusammenhängen und selbstverständlich auch abgelöst von der politischen Aktualität weiter. Sie wurde vielmehr geprägt durch jene Episoden, die ein mythisches Potenzial in sich trugen. Und das waren zunächst einmal zwei: der Riesenkampf und sein Verschwinden am Lebensende.

Der Mythos vom Weiterleben des Königs in einem Jenseitsland und seiner künftigen Wiederkehr war, wie gesagt, über die Jahrhunderte hin und über die Kulturgrenzen hinweg präsent. Nachzutragen ist dazu noch, dass zur Verwundung im Kampf mit Modred und der anschließenden Jenseitsfahrt eine eigentümliche Variante im Umlauf war.[38]

Sie ist in unterschiedlichen Versionen überliefert. Es handelt sich um Artus' Kampf mit einer dämonischen Katze. Nach der Version des *Livre d'Artus*, einem Gauvain-Roman des 13. Jahrhunderts, erfährt Artus, dass ein Katzenungeheuer die Gegend am Genfer See heimsuche. Er zieht mit einigen seiner Ritter aus – auch Merlin ist dabei –, um das Tier unschädlich zu machen. Als sie sich seiner Höhle nähern, schickt der König seine Leute zurück, Merlin beginnt zu pfeifen, die Katze stürzt heraus, und es kommt zu einem blutigen Kampf, aus dem der König schließlich als Sieger hervorgeht.

Es gibt demgegenüber aber auch Versionen mit einem tragischen Ende, so in dem mittelhochdeutschen Roman *Manuel und Amande*, ebenfalls aus dem 13. Jahrhundert. Laut dem *Romanz des Franceis* eines gewissen André, datiert auf 1204, erzählte man, dass die Katze den König getötet habe. Und André nennt ihren Namen: Capalu. Um 1193 schreibt Henricus Septimellensis eine lateinische Elegie, in der erwähnt wird, dass Artus mit einem Untier gekämpft habe; er habe das Tier besiegt, sei aber nicht nach Hause zurückgekehrt und deshalb warteten die Bretonen noch immer auf seine Rückkehr. Dass Artus von der Katze entführt worden sei, erwähnt auch der provenzalische Troubadour Peire Cardenal. Der Ursprung der Sage könnte wohl walisisch sein, denn in mittelkymrischen Texten ist mehrfach von einem Katzenungeheuer mit Namen Cath Paluc die Rede, wenngleich nicht in Verbindung mit Arthur.

Die Belege zu dieser Sage sind also weit verstreut, und das Ende erscheint merkwürdig variabel. Aber sie muss eine große Faszination ausgeübt haben. Dies auch unter den Normannen Süditaliens, denn sie haben den Katzenkampf des Königs auf dem Fußbodenmosaik der Kathedrale von Otranto bildlich festgehalten, und zwar an exponierter Stelle: an der Spitze des Mittelschiff-Mosaiks.

Etwas links von der Mitte ist hier ein Reiter mit einer Keule auf einem seltsamen bockähnlichen Tier dargestellt. Er ist durch die Inschrift rechts über dem Tier unzweifelhaft zu identifizieren: *Rex Arturus.* Vor ihm springt eine gefleckte Katze hoch. Darunter eine zweite Szene: Hier wirft sich die Katze über den auf dem Rücken liegenden König. Es wird damit offensichtlich die tragische Variante festgehalten.

Rätsel gibt der Bildzusammenhang auf. Links von den Artusszenen findet sich oben eine Darstellung der Vertreibung Adams und Evas aus dem Paradies. Darunter das Gegenbild, der Antitypus: der Gute Schächer vor dem Himmelstor. Rechts von den Artusszenen Kain und Abel: zunächst das Opfer, wobei deutlich gemacht ist, dass nur Abels Opfer von Gott angenommen wird, daneben die Ermordung Abels durch Kain.

Die Vertreibung aus dem Paradies als Folge des Sündenfalls und die Rettung des Guten Schächers als Folge der Erlösungstat Christi markieren den Anfang und den Endpunkt der Heilsgeschichte. Die Tötung Abels weist in kirchlicher Exegese präfigurierend voraus auf die Tötung Christi.

Was hat König Artus hier zu suchen? Ist er in Parallele zum Tod Abels zu sehen, als ein Repräsentant des Guten, der sich im Kampf mit dem Bösen opfert? Artus als normannischer Abel? Das mag einem allzu abenteuerlich vorkommen. Aber es gibt im *Livre d'Artus* eine Vorgeschichte zum Katzenkampf, die sich in eigentümlicher Weise mit dem Opferthema der Kain-Abel-Geschichte berührt. Es wird berichtet, dass an einem Himmelfahrtstag ein Fischer auf den Genfer See hinausfuhr. Dabei gelobt er, Gott den ersten Fang darzubringen. Doch er tut einen so guten Fang, dass er sein Gelöbnis bereut und Gott den zweiten Fang verspricht. Doch da die Beute diesmal noch größer ist, vertröstet er Gott auf den dritten Fischzug. Beim dritten Mal geht ihm eine kleine schwarze Katze ins Netz. Er nimmt sie nach Hause, wo sie schnell zu einem gefräßigen Untier heranwächst und schließlich den Fischer und seine Familie verschlingt. Dann zieht sie in eine Höhle am Genfer See, wo sie alles tötet, was in ihre Nähe kommt.

In der Bibel wird kein Grund dafür angegeben, weshalb Gott Kains Opfer nicht annimmt. Aber die christlichen Exegeten haben ihn nachgeliefert: Da es nur bei Abel heißt, er habe die Erstlinge seiner Herde Gott dargebracht, bei Kain aber nicht, hat man unterstellt, Kain habe das Beste seiner Ernte für sich behalten. In der Katzengeschichte wie bei Kain erscheint also die Selbstsucht als Wurzel allen Übels, die Guten unterliegen ihr, bis mit dem letzten Opfer, mit dem Tod Christi, das Böse besiegt wird.

Wenn diese Interpretation richtig ist, wäre damit die britische Frühgeschichte über König Artus in kühner Weise einbezogen worden in die christliche Heilsgeschichte. Das ginge noch einen bedeutenden Schritt über das hinaus, was Galfred an fantastischen weltgeschichtlichen Konstruktionen geboten hat. Jedenfalls: der Wiederkehrmythos ist auch an einen Kampf mit einem Ungeheuer angeschlossen worden – und damit komme ich zum zweiten Motiv mit mythischem Potential: zu Artus' Riesenkampf auf dem Mont Saint-Michel.

Merkwürdigerweise haben nicht in erster Linie die Feldzüge und Schlachten das gesamteuropäische Bild von Artus als kriegerischem Helden geprägt, sondern sein Kampf mit den Riesen. Propagiert wurde es durch einen Heldenkatalog, den Jacques de Longuyon erfunden hat, und zwar in seinem pseudohistorischen Roman *Les Voeux du Paon* von 1312/13.[39] Artus erscheint hier in einer Reihe von neun Helden: drei heidnischen, drei jüdischen und drei christlichen. Die drei Heiden sind: Hektor, Alexander und Julius Cäsar; die drei Juden: Josua, David und Judas Makkabäus; die drei Christen: König Artus, Karl der Große und Gottfried von Bouillon. Dieser Roman, den heute nur noch die Fachleute kennen, war *der* große literarische Erfolg des 14. Jahrhunderts. Er ist in fast alle europäischen Sprachen und ins Lateinische übersetzt worden. Dieser Erfolg wurde noch überboten von der Ausstrahlung des hier eingebauten Schemas der Neun Helden, das unabhängig vom Roman weitergegeben worden ist und in Literatur und bildender Kunst über mehr als fünfhundert Jahre kanonisch nachgewirkt hat. Am bekanntesten ist es wohl heute noch durch die Wandmalereien in der Galerie des Sommerhauses auf der Burg Runkelstein bei Bozen.[40]

Jacques de Longuyon hat also Artus neben Kriegshelden wie Hektor, Alexander und Julius Cäsar gestellt. Man würde denken, dass seine Feldzüge und nicht zuletzt der Kampf mit Rom dies ausreichend hätten rechtfertigen können. Davon gibt es in der Charakterisierung durch Jacques aber nur eine Andeutung, das Hauptgewicht liegt vielmehr auf dem Kampf mit dem Riesen von Mont Saint-Michel, wobei er die beiden Riesen der *Historia* zusammenzieht. Es ist nun der Riese von Saint-Michel, der den Königen die Bärte abschneidet.[41] Artus wird also als Riesenkämpfer in den Kanon der Neun Helden aufgenommen. Als Figur mit mythischen Konnotationen führt er die christliche Triade an. Über Karl den Großen geht die Linie zu Gottfried von Bouillon, das heißt sie endet in der jüngsten mittelalterlichen Vergangenheit. Artus erhält damit eine Position in einem weltgeschichtlichen Konzept. Es steht wohl hinter Jacques' Schema die Dreiteilung der Geschichte nach Augustinus, freilich in eigentümlicher Abwandlung.[42] Zunächst die Geschichte *ante legem*, für die hier die Heiden eintreten, dann die Geschichte *sub lege*, die jüdische Geschichte von Josua bis Judas Makkabäus, und schließlich die Geschichte *post legem*, also die christliche Zeit, eingeleitet durch König Artus im Blick auf seinen Ungeheuerkampf, möglicherweise zu verstehen als symbolischer Sieg über das Böse, wodurch Artus einmal mehr in eine heilsgeschichtliche Perspektive gerückt würde.[43] Jedenfalls wird sein herausragender heroischer Rang durch eine mythische Tat dokumentiert.

Verfolgt man die 500-jährige Tradition des Neun-Helden-Kanons, so wird zwar das Bild, das Jacques de Longuyon von Artus zeichnet, vielfach übernommen, aber meist vermischt mit anderen Zügen.[44] So taucht auch das Mythologem vom Weiterleben im Jenseitsland auf; am häufigsten aber wird Artus zusätzlich als Gründer der Tafelrunde herausgestellt.

Damit kommt ein Motiv ins Spiel, das bis heute wohl in erster Linie, jedenfalls auf dem Kontinent, mit der Figur des Königs verbunden ist: der Runde Tisch, an dem die arthurischen Ritter sich gleichrangig zum Mahl versammeln.[45] Es findet sich jedoch noch nicht bei Galfred, sondern die Installation der Tafelrunde taucht erstmals bei seinem Übersetzer Wace auf, der sich dafür auf mündliche Überlieferung beruft. Doch was die Tafelrunde ins Bild bringt, die festlich-harmonische Gemeinschaft aller Edlen – sie ist bei Galfred schon vorgeprägt.

In der *Historia* veranstaltet Arthur nach seinen Siegen und der Konsolidierung seiner Herrschaft ein glanzvolles höfisches Fest, zu dem Könige und Fürsten aus ganz Europa sich einfinden – es gibt eine ebenso lange wie fantastische Gästeliste. Galfred sagt: [46]

> *Britannien hatte damals einen solch hohen Stand edler Gesittung erreicht, daß es alle übrigen Königreiche an Reichtum, an glänzender Ausstattung und höfischer Haltung übertraf. Jeder Ritter, der sich Ruhm durch seine Tapferkeit erworben hatte, trug Kleidung und Waffen von einer bestimmten Farbe. Die reizvollen Damen erschienen in aufeinander abgestimmten Kleidern und hielten es für ehrenvoll, ihre Liebe keinem Mann zu schenken, der sich nicht dreimal im Ritterdienst bewährt hatte. So wurden die Frauen züchtig und immer tugendhafter und die Ritter infolge ihrer Liebe immer mutiger.*
>
> *Erquickt durch das Mahl, gingen sie schließlich auf die Wiesen außerhalb der Stadt, um sich – der eine an diesem und der andere an jenem Spiel zu beteiligen. Die Ritter planten eine Scheinschlacht und begannen ein Spiel zu Pferd. Die Damen aber schauten oben auf den Mauern zu und entflammten sie, wie dieses Spiel es forderte, zu heftigstem Eifer. Einige Ritter maßen sich im Stabhochspringen, andere im Speerwerfen, wieder andere mit dem Werfen schwerer Steine, jene mit Schach oder mit Würfelspielen und all den übrigen Spielen, und so vertrieben sie sich den Rest des Tages, wobei alle Streitigkeiten vermieden wurden. Wer immer den Sieg in einem Spiel errang, den belohnte Arthur mit reichen Gaben. Als die ersten drei Tage auf diese Weise vergangen waren, wurden zu Beginn des vierten Tages all jene herbeigerufen, die Arthur in einem bestimmten Amt gedient hatten, und jeder von ihnen wurde mit Besitztümern beschenkt, mit Burgen und Städten, mit Erzbistümern und Bistümern, mit Abteien und andern Ehrentiteln.*

Damit ist ein Bild höfischer Idealität entworfen, dessen kulturgeschichtliche Folgen kaum überschätzt werden können. Wace hat dieses Bild nicht nur übernommen, sondern es breit ausgeschmückt, und er hat, wie gesagt, die Tafelrunde eingefügt.[47] Von ihm angeregt, hat Chrétien de Troyes dann dieser ‚Sozialutopie' – wenn ich so sagen darf – in dem von ihm geschaffenen Artusroman eine entscheidende Position eingeräumt. Über den epochalen Erfolg dieses Romans konnte sie ihre gesamteuropäische Wirkung entfalten, die keineswegs nur literarisch war. Es klingt geradezu prophetisch, wenn Galfred von Arthur sagt: [48]

Er führte solch edle Sitten an seinem Hof ein, daß er weit entfernte Völker zur Nacheiferung antrieb. So wurden die Edelsten allenthalben angespornt, und sie schätzten es, sich im Kleiden und Waffentragen wie die Arthurritter zu verhalten. Schließlich verbreitete sich der Ruf von Arthurs Freigebigkeit und Tapferkeit bis zu den äußersten Grenzen der Erde.

Diese „Nacheiferung" fand auch auf dem Kontinent ihren Niederschlag in der Bildung von Artusgesellschaften, die Artusfeste mit Turnieren veranstalteten. Das wurde geradezu zu einer Obsession, die dann in Flandern und in den Hansestädten auch das städtische Patriziat ergriffen hat.[49] Diese teilweise geradezu groteske Umsetzung eines literarischen Entwurfs in die Wirklichkeit hat die arthurische Utopie gesellschaftspolitisch instrumentalisiert und dabei das preisgegeben, worum es im Roman wesentlich ging, nämlich die Problematik, die im Übergang von der Chronik zum Roman aufbrach und die dessen raison d'être war.

Man muss sich vergegenwärtigen, was bei diesem Übergang mit dem Artusstoff und seinem Protagonisten geschehen ist. Es ist wohl das Verblüffendste in dieser so wechselvollen Geschichte des britischen Königs: Artus der große Eroberer, der Kämpfer gegen Riesen, der Held, der, von den eigenen Leuten verraten, heroisch untergeht und auf den man als Retter wartet – dieser Action-Held par excellence wird im Übergang von der Chronik zum Roman zu einer gänzlich passiven Figur. Er versammelt die besten Ritter in seiner Tafelrunde, aber die Aufgaben, der sie sich stellen muss, übernimmt nicht er selbst, sondern es sind seine Ritter – Erec, Yvain, Lancelot, Perceval usw. –, die vom Hof ausziehen, die auf Aventürenfahrt gehen, während Artus an seinem Hof bleibt, höchstens mit ihm umherzieht. Er bleibt am Hof und wartet darauf, dass seine Ritter zurückkommen und von ihren Taten berichten. Selbst Aventüren, die man früher von Artus selbst erzählt hat, wie die Rückgewinnung der geraubten Königin, werden nun auf andere Helden übertragen.

Wie ist es dazu gekommen? Wie ist es möglich geworden, dass man eine Figur in ihrem Charakter so radikal umgestülpt und ihre Funktion ganz neu definiert hat?

Verstehen lässt sich dies nur, wenn man sich klar macht, was der Gattungswechsel von der Geschichtsschreibung zum Roman, und das heißt: zur Fiktion, bedeutet – Fiktion verstanden als freie literarische Erfindung und dies in der Erwartung, dass auch das Publikum sich dessen bewusst ist. Nicht auf das, was geschieht, kommt es an, denn vieles, was da erzählt wird, ist allzu fantastisch, als dass man es hätte wörtlich nehmen können, vielmehr ist der Blick auf das zu richten, was es bedeutet. Je klarer der fiktionale Charakter der Handlung heraustritt, desto nachdrücklicher wird man auf den Sinn gestoßen, den sie vermitteln soll. Und die Dichter versäumen es denn auch nicht, immer wieder augenzwinkernd darauf aufmerksam zu machen, dass nicht Wahrheit an sich geboten wird, sondern dass die Wahrheit in der Fiktion liegt. Artus mag zwar auch noch im Roman als historische Figur gelten, aber darauf liegt kein Gewicht, vielmehr erfolgt die Absage an die Geschichte geradezu programmatisch. Hartmann von Aue, der Übersetzer von Chrétiens *Erec* und *Yvain* sagt: „Die Briten glauben, dass Artus noch lebe, und damit haben sie durchaus recht, denn obschon er gestorben ist, lebt er doch in den Erzählungen über ihn weiter." Damit ist der Avalon-Mythos literaturtheoretisch umformuliert.[50]

Mit dem Gattungswechsel verändert sich die Funktion. Die mittelalterliche Geschichtsschreibung ist politisch orientiert, sie verfolgt konkrete Zwecke, sie schafft Legitimationen, liefert ideologische Absicherungen, propagiert Grundsätze zu Macht und Herrschaft, entwirft möglicherweise ideale Gesellschaftsvorstellungen bis hin zu ethischen Konzepten, die auch die Herrschenden einbinden. Der Roman hingegen, so beispielhaft er sich gelegentlich auch geben mag, ist nicht pragmatisch ausgerichtet, sondern er ist problemorientiert. Das, was die Historiographie positiv lehrhaft vertritt, wird im Roman zur Diskussion gestellt.

Wenn Arthur bei Galfred den Heldenweg geht, bis er in einer Friedenspause die ideale ritterliche Gesellschaft verwirklichen kann, so setzt der Roman bei diesem Zielpunkt an: Er verbindet die Figur des Königs mit dem Status, den er optimal zu erreichen vermochte, und fragt nun, unter welchen Bedingungen er nicht nur zu verwirklichen, sondern auch zu erhalten wäre. So steht denn in dem von Chrétien kreierten Romantypus bezeichnenderweise das höfische Fest, der ideale Status der Gesellschaft, immer schon am Beginn der Handlung. Er wird beschrieben als Balance aller menschlichen Kräfte, als ein Leben in maßvoll-spielerischer Harmonie: Es tauchen alle jene Motive auf, die Galfred und Wace zur Charakterisierung des arthurischen Hoffestes verwendet haben, und es kommen neue hinzu. Zu Beginn des Yvain- Romans wird es so beschrieben: Man übt sich in Turnierkämpfen, man treibt Sport, man macht Musik, man tanzt, man unterhält sich, man dient den Damen, man erzählt sich Geschichten. Aber – und dies ist die entscheidende, neue Frage – ist diese Balance zu halten, ja gibt es diese soziale Harmonie überhaupt unangefochten? Man kann dieses spielerische Leben zwar in dem ausgegrenzten Bezirk des Hofes als festlichen Moment in Szene setzen, aber man kann die Welt außerhalb letztlich nicht ignorieren, und so meldet diese denn im Gegenzug als Teil der Wirklichkeit ihr Recht an. Das Problem, das sich damit stellt, ist also dies, ob sich das Negative jetzt und immer wieder in der Weise bewältigen lässt, dass die Idealgesellschaft stets neu aus der Auseinandersetzung hervorgehen kann. Narrativ konkret heißt das: Der Artushof wird provoziert; man brüskiert den König, man beleidigt die Königin, ja man entführt sie. Ein Ritter muss ausziehen, in die Disharmonie der Gegenwelt eintreten. Sie zeigt sich ihm als ein Bereich von Gewalt und Begierde, verkörpert in Riesen, Räubern, Entführern, Vergewaltigern. Die Artusritter gehen am Ende als Sieger aus der Auseinandersetzung mit ihnen hervor, sie kehren an den Hof zurück, und das utopische Fest kann erneuert werden, wobei zu diesem Fest nun das Erzählen der Aventüren gehört, die bestanden worden sind: Die Gegenwelt wird ins Bewusstsein hereingenommen, so dass sie potentiell immer mit da ist. Das Fest, das Spiel, das Glück lebt vor dem Hintergrund der überwundenen Gegenwelt, es lebt im Bewusstsein der Gefährdung und im Blick auf den nächsten Einbruch von außen.

Ins Bild gebracht wird diese latente Schattenseite durch einen ganz anderen Artus: durch den versonnenen Artus, den gedankenverlorenen König; auch das Motiv, dass er nicht essen will, bevor man ihm nicht von einer Aventüre berichtet hat,[51] das heißt bevor nicht das Konfliktträchtige mit präsent ist, gehört hierher. Der Artus des Romans: tatenlos, mit melancholischer Geste, die übrigens leicht ins Komische abrutschen kann, dieser Artus ist geradezu als Gegenbild zum rabiaten Helden der Geschichtsschreibung stilisiert. Als der junge wilde Perceval in Chrétiens Gralsroman in den Artushof einreitet und den König grüßt, ist der so tief in Gedanken versunken, dass er nichts hört und sieht. Ungeduldig, weil der König nicht reagiert, reißt der Junge sein Pferd herum und wirft ihm dabei die Mütze vom Kopf. Erst jetzt wacht Artus aus seiner Nachdenklichkeit auf.

Doch das problematische Gegenüber von arthurischer Idealität und brutaler Aventürenwelt, das sich in der Melancholie des Königs spiegelt, fasst nur die halbe Wahrheit des neuen Romans.[52] Denn es geht Chrétien und den Nachfolgern, solange sie auf seinem Niveau bleiben, nicht einfach nur darum, dass Artusritter ausziehen und die Bedrohung des Hofes und seiner sozialen Utopie abwenden: Das Gute besiegt das Böse – das wäre trivial. Die arthurische Idealität beruht auf dem Prinzip der *mesure*, der *maze*, der maßvollen Mitte zwischen den Extremen, einem Prinzip, auf dem schon die Antike ihre Ethik aufgebaut hat. Dem steht nun jedoch nicht nur die Unbeherrschtheit entgegen, die die anti-arthurische Welt kennzeichnet, sondern auch das, was im positiven Sinn das Maß überschreitet. Und da sich hier ein zweites Problem zeigt, folgt im Chrétienschen Roman auf den ersten Auszug ein zweiter, und dieser wird nun nicht mehr von außen provoziert, sondern er wird durch eine innere Krise angestoßen.

In Chrétiens Erstling, seinem Erec-Roman, wird die Königin von einem vorbeiziehenden Ritter grob beleidigt, und der Held, Erec, verfolgt den Übeltäter. Es ergibt sich eine Gelegenheit zum Kampf, in dem der Beleidiger besiegt wird. Damit ist die Untat an der Königin gerächt. Doch Erec hat nicht nur seine Aventürenfahrt erfolgreich zu Ende gebracht, sondern er hat dabei auch eine Frau gewonnen, Enide, die er mit an den Hof bringt und heiratet. Seine Liebe zu ihr erweist sich aber als so übermächtig, dass er nur noch mit ihr im Bett liegt, so dass das gesellschaftliche Leben erlahmt. Als Enide ihn darauf aufmerksam macht, zieht er ein zweites Mal aus, mit ihr zusammen, und er besteht eine Reihe von Aventüren, die ihn an den Rand des Todes bringen; es ist Enide, die ihm letztlich das Leben rettet. Diese zweite Krise ergibt sich also daraus, dass die ideale gesellschaftliche Balance nun nicht mehr durch Brutalität und Gemeinheit herausgefordert wird, sondern durch eine ‚positive' Maßlosigkeit, durch den absoluten Anspruch der Liebe. Sie kann sich in der antihöfischen Welt bewähren, sich rechtfertigen bis hin zur Selbstpreisgabe für den geliebten Partner. In einer Welt des Maßes aber hat sie keinen Platz. Und doch hat sie ihr Recht.

Dasselbe gilt auch für den religiösen Anspruch in seiner Absolutheit, auch er steht quer zur höfischen Welt. Perceval versäumt es, auf der Gralsburg die Frage zu stellen, die Anfortas heilen würde. Seine Zurückhaltung wird durch die höfische Regel, nicht durch vieles Fragen lästig zu werden, diktiert. Hier hätte eine andere Norm Geltung gehabt, eine Norm, die die höfischen Verhaltensformen bricht. Und so wird der vom Artushof dann gefeierte und in die Tafelrunde aufgenommene Perceval von einer Botin aus dem Gralsreich verflucht. Das zwingt auch ihn zu einem zweiten Auszug, auf dem er mit dem konfrontiert wird, was nicht machbar ist, was quer steht zu allen gelernten Regeln. Es geht um die Erfahrung der göttlichen Gnade – unter diesem Aspekt jedenfalls hat Wolfram von Eschenbach den Fragment gebliebenen Gralsroman Chrétiens zu Ende geführt.

Chrétien demonstriert also in seinen Artusromanen, dass die gesellschaftliche Harmonie auf dem maßvollen Ausgleich der menschlichen Bestrebungen beruht. Sie kann gewonnen und bewahrt werden, indem man die Gegenkräfte besiegt. Zugleich aber macht man die Erfahrung, dass es quer dazu absolute Forderungen gibt, die erotische Forderung durch das Du und die religiöse Forderung, die beide ohne Maß sind. Eine Versöhnung ist nicht denkbar. Es bleibt nichts, als den Widerspruch auszuhalten.

Doch es gibt dabei Grenzen, man kann den Bogen überspannen. Zum kritischen Fall ist ein altes, ursprünglich mythisches Thema geworden: die Entführung der Königin.[53] Chrétien hat es in seinem Lancelot-Roman aufgegriffen. Die Königin Guenievre wird von Meleagant in ein schwer zugängliches Land gebracht, in dem andeutungsweise noch das ehemalige Jenseits erkennbar ist; es heißt: ‚Das Land, von welchem niemand wiederkehrt'. Lancelot macht sich auf, die Geraubte zurückzuholen. Aber er ist kein uneigennütziger Retter im Dienste des Königs, denn er liebt die Königin leidenschaftlich, und sie begegnet ihm dementsprechend mit der absoluten Forderung. Sie manifestiert sich in einer berühmten Szene: Lancelot hat bei der Verfolgung des Entführers sein Pferd eingebüßt. Will er weiterkommen, muss er einen Schandkarren besteigen, einen Karren, auf dem man Verbrecher zur Hinrichtung führt. Er zögert nur einen kleinen Augenblick. Aber als er dann nach unendlichen Mühen und blutend nach dem Gang über eine Schwertbrücke das Land Meleagants erreicht und diesen im Zweikampf besiegt hat, zeigt ihm die Königin wegen dieses kleinen Zögerns nur Verachtung. Er hat die absolute Forderung verletzt. Erst nach längerem Hin und Her, bei dem beide beinahe zu Tode kommen, erfolgt die Versöhnung und Lancelot kann eine Nacht mit der Geliebten verbringen.

Das ist eine Aventüre, die selbstverständlich nicht mehr hinterher am Hof erzählt werden darf; die ehebrecherische Liebe muss ausgegrenzt und sie muss einmalig bleiben in einer andern, quasi-jenseitigen Welt. Der Aventürenweg des Helden dient nur noch äußerlich der Abwehr einer Bedrohung des arthurischen Hofes. Das Schema: höfische Idealität, Herausforderung, Auszug eines Artusritters und Bewältigung des Angriffs aus der Gegenwelt bleibt zwar formal erhalten, aber es hat seinen Sinn verloren, es geht nur noch um die quer dazu stehende absolute Liebe Lancelots.

Diese künstlich-kunstreiche Konstruktion Chrétiens, mit der er ein Äußerstes gewagt hat in der Konfrontation zwischen der höfischen Idealität des Maßes und der Maßlosigkeit des Eros, diese Konstruktion hat der voluminöse Lancelot-Prosaroman des 13. Jahrhunderts dann rückhaltlos über Bord geworfen. Hier sind die zahllosen Aventüren, auf die der Held sich einlässt, überhaupt nicht mehr in ein Schema gebunden, das der Bewährung und Erneuerung einer höfischen Idealität dient. Sie sind vielmehr nur noch Demonstration von Lancelots Liebe zur Königin: Diese erprobt immer wieder seine totale Ergebenheit, indem sie ihn z. B. veranlasst, in einem Kampf die Seiten zu wechseln. Die Parteinahme des Artushelden für das Recht und gegen das Unrecht spielt keine Rolle mehr. Dabei wird Lancelot in seiner Liebesverfallenheit geradezu zu einer grotesken Figur, so etwa wenn er, in den Anblick Guenievres versunken, in einen Fluss reitet und nicht merkt, dass er zu ertrinken droht. Die Königin muss jemanden hinschicken, ihn herauszuholen.

Der Bezug der Aventüren auf den Hof und seine Idealität weicht ihrer Funktionalisierung durch eine verabsolutierte Beziehung. Damit muss sich auch die Figur des Königs noch einmal wandeln. Er ist nicht mehr der ruhende Pol des Geschehens, sondern er wird in Mitleidenschaft gezogen, es entgleitet ihm die Regie. Er wird fragwürdig als betrogener Ehemann, denn die Liebe zwischen Lancelot und der Königin kann auf die Dauer nicht geheim bleiben, es kommt zum Eklat. Artus will die Königin verbrennen lassen. Lancelot rettet sie im letzten Augenblick vor dem Scheiterhaufen. Doch bei dieser Rettungsaktion tötet er einen Bruder Gauvains, seines besten Freundes. Daran zerbricht die arthurische Gemeinschaft, es kommt zum unerbittlichen Kampf zwischen den Rittern der Tafelrunde. Und dabei öffnet sich das Geschehen nun wieder jener historischen Perspektive, unter der die Artus-Tradition einst angetreten war und die durch die Wende zum Roman verdrängt worden ist: Der König gewinnt bei den Querelen um den Ehebruch Guenievres etwas von seiner ursprünglichen kämpferischen Natur zurück. Der gallische Feldzug wird hereingeholt, und schließlich auch der Verrat durch Modred und der Tod mit der Entführung nach Avalon.

Aber Artus verwandelt sich dabei nicht einfach in den großen Helden des Anfangs mit seinen mythischen, ja heilsgeschichtlichen Aspekten zurück. Denn die Schatten lasten schwer auf ihm, und dies von Anfang an. Das Unheil, das über ihm schwebt, wird ihm in einem dreiteiligen Traum offenbart. In einer ersten Nacht träumt er, dass ihm alle Haare auf dem Haupt und im Bart ausfallen; in der zweiten Nacht, dass ihm alle Finger außer dem Daumen abfallen; und in der dritten Nacht verliert er im Traum alle Zehen außer den großen. Er ruft die Gelehrten des Landes zusammen und zwingt sie unter Todesdrohung, die Träume zu deuten. Sie sagen, dass er seine Ehre verlieren und von den Getreuesten verlassen werden würde. Trotz seiner Versuche, durch Buße und Selbstpeinigung Gottes Segen zurückzugewinnen, und trotz seines ehrlichen Willens, das Unrecht, das in seinem Land geschehen ist, wieder gutzumachen, treibt sein Geschick unaufhaltsam dem Abgrund zu. Der Untergang ist dann nicht mehr wie bei Galfred ein heroisch-tragisches Ende nach einem ruhmvollen Leben, sondern er ist von Anfang an als düsteres Verhängnis vorgezeichnet. Die Geschichte steht unter dem Gesetz der Fortuna: Auf die Erhöhung folgt zwangsläufig der Absturz.[54]

Wer und was also war König Artus für das Mittelalter und noch weit in die Neuzeit hinein? Er war zunächst, aus dunkler Herkunft ans Licht geholt, die Glanzfigur in Galfreds britischer Königsgeschichte. Er war dann im arthurischen Roman der Repräsentant einer ritterlich-sozialen Utopie, der ruhende Pol in einem fiktiven Geschehen, bei dem es um die Frage nach der Realisierbarkeit dieser Utopie ging. Und als dieses Konstrukt bei der Erprobung seiner Grenzen zusammenbrach, da ging mit der arthurischen Welt auch ihr König unter, wobei man sich unter neuen, verschärften Prämissen der alten historischen Fabel von Verrat und Untergang bediente. Aber wohlgemerkt: diese so unterschiedlichen Artus-Bilder sind zwar in eine literaturgeschichtliche Abfolge zu bringen: Der Roman erwächst aus der Historiographie, und die historische Tradition holt den Roman am Ende wieder ein, aber die drei Bilder leben über die Jahrhunderte hin nebeneinander weiter: der heroische Kämpfer Artus in der Chronistik und insbesondere im Kanon der Neun Helden, der Repräsentant der höfischen Idealität in den auf Chrétien aufbauenden zahllosen weiteren Artusromanen so gut wie aller abendländischen Literaturen, der gedemütigte und verratene König schließlich in der weiten Ausstrahlung des Lancelot-Prosaromans, wobei es zugleich zu immer neuen Verflechtungen zwischen den historiographischen und den romanhaften Überlieferungen kommt.

Anmerkungen

1 Chambers 1927, 269–274 [ich verweise auf diese Textsammlung, da die Materialien hier am bequemsten zugänglich sind; der Darstellungsteil ist überholt; siehe die Supplementary Bibliography im Neudruck von 1964]; Loomis, The Legend, 1961, 66 f. [auch Loomis 1961 ist ergänzungsbedürftig, kann aber immer noch als erste Einführung dienen]; Göller 1973, 179 ff.; Chauou 2001, 214 ff.
2 Scanlan 1950; Loomis: The Legend, 1961.
3 Lit. zu dieser These bei Ostmann 1975, 20; ferner: Chauou 2001, 228 f.
4 Slover 1935.
5 Johanek 1987, 379 ff.
6 Ebd., 363 ff. bzw. 362 f.; Carley ^{2}2001, 50 ff.; Vale ^{2}2001, 185 ff.; Chauou 2001, 261, 264 f., 275 ff.
7 Lofmark 1976, 438 f.; Johanek 1987, 361 f.
8 Slover 148 ff.
9 Materialien und viel Spekulatives bei Krappe 1943.
10 Siehe dazu Göller 1973, 174 f.
11 Ebd., 185.
12 Chambers 1927, 262–264; Cross/Nitze 1930, 21 ff.; Frappier 1961, 178; Haug 1978, 6 f.; Padel 2000, 44 ff., 67 ff.
13 Unnötig skeptisch gegenüber einem mythischen Ansatz: Tatlock 1970, 189 ff.
14 Loomis: The Legend, 1961.

15 Ebd., 65.
16 Chambers 1927, 276 f., bzw. 277 f.; Loomis: The Legend, 1961, 68 f.
17 Ebd., 69.
18 Snowden 2001.
19 Robinson 1926, 53.
20 Fletcher [2]1966, 8 ff.; Chambers 1917, 238–240; Tatlock 1950, 180 ff.; Charles-Edwards 1991, 15 ff.
21 Fletcher [2]1966, 31 ff.; Chambers 1917, 240 f.; Tatlock 1950, 183; Charl.-Edw. 1991, 25 ff.
22 Fletcher [2]1966, 3 ff.; Chambers 1917, 234–237.
23 Bromwich/Jarman/Roberts 1991, hier insbes. Sims-Williams; Padel 2000.
24 Einen Überblick über die Diskussion bietet: Parins 1996. Die Geschichtswissenschaft bleibt äußerst zurückhaltend: Snyder 1998, 253–255.
25 Fletcher [2]1966, 43 ff.; Tatlock 1950; Schirmer 1958, 7–40; Parry/Caldwell 1961; Barron: Geoffrey, [2]2001; Chauou 2001, 35 ff.
26 Zur Biographie: Tatlock 1950, 438 ff.; Parry/Caldwell 1961, 72 ff. Zur Datierung: Tatlock 1950, 433 ff.; Parry/Caldwell 1961, 80 f.
27 Zur Frage schriftlicher walisischer Quellen: Chauou 2001, 35 f.
28 Fletcher [2]1966, 49 ff.; Chambers 1927, 53–99.
29 Ebd., 274–276; weitere Kritikpunkte: Johanek 1987, 377.
30 Chambers 1927, 268 f.
31 Fletcher [2]1966, 127 ff.; Tatlock 1950, 463 ff.; Schirmer 1958, 41–53; Foulon 1961; Le Saux: Wace's *Roman de Brut,* [2]2001.
32 Fletcher [2]1966, 147 ff.; Tatlock 1950; Schirmer 1958, 54–82; Loomis: Layamon's *Brut*, 1961; Le Saux: Layamon's *Brut,* [2]2001.
33 Roberts 1991, 111 ff.
34 Chauou 2001, 174 ff.
35 Vgl. Tatlock 1950, 388 f.; ferner: Chauou 2001, 150 ff.
36 Köhler 1963, 29; siehe hingegen die Diskussion: 32, sowie Tatlock 1950, 311 mit Anm. 23; Johanek 1987, 351, 375; Chauou 2001, Introduction und 39 ff.
37 Schirmer 1958, 25–28.
38 Haug 1989, 410 f., 425 ff. Materialien: Freymond 1899.
39 Schroeder 1971; Ders. 1981; Haug, 1982, 27 ff.
40 Ebd., 24, 95 f. (Abb. 1–3).
41 Schroeder 1971, 47.
42 Ebd., 49 f., 54.
43 Weitere Belege z. Tendenz, Artus in eine christl.-rel. Perspektive zu rücken: Göller 1984.
44 Schroeder 1971, 104 ff.
45 Zur Geschichte dieses Motivs: Eberlein-Westhues 1979.
46 Übersetzung: Langosch 1980, 38.
47 Ebd., 94 ff., 104 ff.
48 Ebd., 31.
49 Haug 1995, 320 f.; Vale [2]2001, 185 ff.
50 Haug 1992, 119 ff.
51 Ertzdorff 1989 meint, Wolfram könnte das Motiv erfunden haben, s. hingegen Smelik 2001.
52 Vgl. zum Folgenden: Haug 2003.
53 Haug 1978.
54 Höltgen 1957.

Barron, W. R. J. 2001 (Hg.): The Arthur of the English. The Arthurian Legend in Medieval English Life and Literature, Cardiff.

Ders.: Geoffrey of Monmouth's *Historia Regum Britanniae*, in: Barron ^{2}2001, S. 11–18.

Bromwich, Rachel/Jarman, A. O. H./Roberts, Brynley F. (Hg.) 1991: The Arthur of the Welsh. The Arthurian legend in medieval Welsh literature, Cardiff.

Carley, James P.: Arthur in English History, in: Barron ^{2}2001, S. 47–57.

Chambers, E. K. 1927: Arthur of Britain, London.

Charles-Edwards, Thomas: The Arthur of history, in Bromwich/Jarman/Roberts 1991, S. 15–32.

Chauou, Amaury 2001: L'idéologie Plantagenêt. Royauté arthurienne et monachie politique dans l'espace Plantagenêt (XIIe–XIIIe siècles), Rennes.

Cross, Tom Peete/Nitze, William A. 1930: Lancelot and Guenevere, Chicago.

Eberlein-Westhues, Hildegard 1979: König Arthurs „Table Ronde". Studien zur Geschichte eines literarischen Herrschaftszeichens, in: Der altfranzösische Prosaroman, hg. v. Ernstpeter Ruhe u. Richard Schwaderer, München, S. 184–269.

Ertzdorff, Xenja von 1989: König Artus' site: „Nehein rîter vor im az / des tages swenn aventiure vergaz / daz si sînen hof vermeit" (Parz. 309,6 ff.), in: Ist zwîvel herzen nâchgebûr, Festschrift für Günther Schweikle, Stuttgart, S. 193–201.

Fletcher, Robert Huntington, (Hanover, N. H. 1905) ^{2}1966: The Arthurian Material in the Chronicles, New York.

Foulon, Charles: Wace, in: Loomis 1961, S. 94–103.

Frappier, Jean: Chrétien de Troyes, in: Loomis 1961. S. 157–191.

Freymond, E. 1899: Artus' Kampf mit dem Katzenungetüm. Eine Episode der Vulgata des Livre d'Artus, die Sage und ihre Lokalisierung in Savoyen, in: Beiträge zur romanischen Philologie, Festgabe für Gustav Gröber, Halle, S. 311–396.

Göller, Karl Heinz 1973: Giraldus Cambrensis und der Tod Arthurs, in: Anglia 91, S. 170–193.

Ders. 1984: Arthurs Aufstieg zum Heiligen. Eine weniger beachtete Entwicklungslinie des Herrscherbildes, in: Artusrittertum im späten Mittelalter. Ethos und Ideologie, hg. v. Friedrich Wolfzettel, S. 87–103.

Haug, Walter 1978: „Das Land, von welchem niemand wiederkehrt". Mythos, Fiktion und Wahrheit in Chrétiens *Chevalier de la Charrete*, im *Lanzelet* Ulrichs von Zatzikhoven und im *Lancelot*-Prosaroman, Tübingen.

Ders. 1982: Das Bildprogramm im Sommerhaus von Runkelstein, in: Ders., Joachim Heinzle, Dietrich Huschenbett u. Norbert H. Ott (Hg.): Runkelstein. Die Wandmalereien des Sommerhauses, S. 15–62.

Ders. 1989: Artussage und Heilsgeschichte. Zum Programm des Fußbodenmosaiks von Otranto, in: Ders.: Strukturen als Schlüssel zur Welt. Kleine Schriften zur Erzählliteratur des Mittelalters, Tübingen, S. 409–446.

Ders. ^{2}1992: Literaturtheorie im deutschen Mittelalter von den Anfängen bis zum Ende des 13. Jahrhunderts, Darmstadt.

Ders. 1995: Von der Idealität des arthurischen Festes zur apokalyptischen Orgie in Wittenwilers ‚Ring', in: Ders.: Brechungen auf dem Weg zur Individualität. Kleine Schriften zur Literatur des Mittelalters, Tübingen, S. 312–331.

Ders. 2003: Für eine Ästhetik des Widerspruchs, in: Ders.: Die Wahrheit der Fiktion. Studien zur weltlichen und geistlichen Literatur des Mittelalters und der frühen Neuzeit, Tübingen, S. 172–184.

Höltgen, Karl Josef 1957: König Arthur und Fortuna, in: Anglia 75, S. 35–54.
Johanek, Peter 1987: König Artus und die Plantagenets. Über den Zusammenhang von Historiographie und höfischer Epik in mittelalterlicher Propaganda, in: Frühmittelalterliche Studien 21, S. 346–389.
Köhler, Erich 1963: Quelques observations d'ordre historico-sociologique sur les rapports entre la chanson de geste et le roman courtois, in: Chanson de geste und höfischer Roman. Actes du colloque de Heidelberg, Heidelberg, S. 21–35.
Krappe, Alexander H. 1943: Avallon, in: Speculum 18, S. 303–322.
Langosch, Karl (Hg.) 1980: König Artus und seine Tafelrunde. Europäische Dichtung des Mittelalters, Stuttgart.
Le Saux, Françoise: Wace's *Roman de Brut*, in: Barron ^{2}2001, S. 18–22.
Dies.: Layamon's *Brut*, in: Barron ^{2}2001, S. 22–32.
Lofmark, Carl 1976: Der Rote Drache der Waliser, in: Festgabe für Otto Höfler, hg. v. Helmut Birkhan, Wien, S. 429–448.
Loomis, Roger Sherman (Hg.) 1961: Arthurian Literature in the Middle Ages, Oxford.
Ders.: The Legend of Arthur's Survival, in: Loomis 1961, S. 64–71.
Ders.: Layamon's *Brut*, in: Loomis 1961, S. 104–111.
Ostmann, Alexander 1975: Die Bedeutung der Arthurtradition für die englische Gesellschaft des 12. und 13. Jahrhunderts, Berlin.
Padel, O. J. 2000: Arthur in Medieval Welsh Literature, Cardiff.
Parins, Marylyn Jackson 1996: Looking for Arthur, in: Edward D. Kennedy (Hg.): King Arthur. A Casebook, New York, S. 3–28.
Parry, John Jay, u. Robert A. Caldwell: Geoffrey of Monmouth, in: Loomis 1961, S. 72–93.
Roberts, Brynley F.: Geoffrey of Monmouth, *Historia Regum Britanniae* and *Brut y Brenhinedd*, in: Bromwich/Jarman/Roberts 1991, S. 97–116.
Robinson, J. Armitage 1926: Two Glastonbury Legends: King Arthur and St. Joseph of Arimathea, Cambridge.
Scanlan, Mary Honora 1950: The Legend of Arthur's Survival, Diss. Columbia University, New York.
Schroeder, Horst 1971: Der Topos der Nine Worthies in Literatur und bildender Kunst, Göttingen.
Ders. 1981: The Nine Worthies. A Supplement, in: Archiv für das Studium der neueren Sprachen und Literaturen 218, S. 330–340.
Slover, Clark H. 1935: Glastonbury Abbey and the Fusing of English Literary Culture, in: Speculum 10, S. 147–160.
Schirmer, Walter F. 1958: Die frühen Darstellungen des Arthurstoffes (Arbeitsgemeinschaft der Forschung des Landes Nordrhein-Westfalen H. 73), Köln, Opladen.
Sims-Williams, Patrick, The Early Welsh Arthurian Poems, in Bromwich/Jarman/Roberts 1991, S. 33–71.
Smelik, Bernadette 2001, Koning Arthur wil niet eten, Madoc 15, S. 19–27.
Snowden, Keith, King Arthur in the North, Pickering: Castleden Publications 2001
Snyder, Christopher A. 1998: An Age of Tyrants, Philadelphia.
Tatlock, J. S. P. 1950: The Legendary History of Britain. Geoffrey of Monmouth's Historia Regum Britanniae and Its Early Vernacular Versions, University of California Press (Nachdruck New York 1974).
Vale, Juliet: Arthur in English Society, in: Barron ^{2}2001 S. 185–196.

Gottfried von Bouillon
Federzeichnung von Hans Polhaimer d. Ä. als Entwurf zur Bronzeskulptur am Grabmal Kaiser Maximilians I., Innsbruck, Hofkirche; um 1530/32

Friedrich Wolfzettel

GOTTFRIED VON BOUILLON

Führer des ersten Kreuzzugs und König von Jerusalem

Ist Gottfried von Bouillon eine „Schlüsselfigur der Imagination", in der sich – wie etwa bei Karl dem Großen, Roland, Tristan, Lancelot – epochale Vorstellungen, Ängste und Sehnsüchte bildhaft verdichten? Jedenfalls bildet er ein Musterbeispiel ideologisch und politisch gewollter Verklärung und Rangerhöhung – so sehr, dass sein Bild in der Geschichtsüberlieferung und Geschichtswissenschaft immer wieder von mythischen Zügen überdeckt wurde und erst jüngere Arbeiten eine realistischere Einschätzung vorweisen. „Groß, wohlgestalt und von heller Hautfarbe, mit flachsgelbem Haupthaar und Bart" ist Gottfried, wie auch der große englische Kreuzzugshistoriker Steven Runciman zugibt, „das Idealbild des höfischen Ritters".[1] Schon im Lauf des 12. Jahrhunderts wurde er mit den Zügen eines Heiligen versehen, im 14. und 15. Jahrhundert als mythischer Stammvater der Fürsten von Brabant zu einem Ahnherrn auch des burgundischen Königshauses und damit – in der nationalistischen Geschichtsschreibung des 19. und frühen 20. Jahrhunderts – zugleich zum Ahnherrn des belgischen Staats.

„Neun gute Helden"

Im Spätmittelalter, mithin im Zeichen der Krise des ritterlich-feudalen Weltbilds, partizipiert er an einer eigenen exemplarisch-ikonographischen Tradition. Innerhalb des dreiteiligen Geschichtsmodells (heidnische, jüdische und christliche Geschichte) und seines typologischen Denkschemas gehört Gottfried nämlich zusammen mit König Artus und Karl dem Großen zu der christlichen Triade der sog. „Neun guten Helden“[2], zu denen auf heidnischer Seite Hector, Alexander und Julius Cäsar, auf jüdischer Seite Joshua, David und Judas Makkabäus zählen. Belege für diese nicht unbeträchtliche Rangerhöhung begegnen uns in einer ganzen Reihe heute weitgehend vergessener Texte des 14. und 15. Jahrhunderts – wohl auch vor dem Hintergrund der erstaunlichen Lebendigkeit des Kreuzzugsgedankens bis weit ins 15. Jahrhundert hinein. In einem um 1470 entstandenen Preisgedicht des Grand Rhétoriqueur Jean Molinet auf Philipp von Burgund, *Le Thrône d'Honneur*, das dem beliebten Schema der allegorischen Reise folgt, wird der Herrscher auf seinem Weg durch die neun Himmelssphären in jeder Sphäre von einem dieser großen Helden begrüßt; als letzter Vertreter nimmt auf diese Weise Gottfried von Bouillon eine markante Stellung ein. Andere erzählende Gedichte wie die *Histoire des Neuf Preux* oder auch der *Triomphe des Neuf Preux,* Karl VIII. von Frankreich gewidmet, scheinen so populär gewesen zu sein, dass sie noch im 16. Jahrhundert übersetzt wurden und in der spanischen und portugiesischen Literatur Verbreitung fanden. In Italien ist einer der prominentesten Belege der auf 1395 datierte *Livre du chevalier errant* des Tommaso di Saluzzo; in diesem spätmittelalterlich enzyklopädischen Artusroman gesellen sich zu den Neun Tapferen im Himmlischen Palast der Erwählten übrigens auch neun edle Vertreterinnen des weiblichen Geschlechts, *Neuf Preuses.*

Durch solche Texte, vor allem aber auch ein breit gefächertes europäisches Bildprogramm, das in der Buch- und Freskomalerei, in Skulptur, Wappenbildern und Heraldik, in Teppichen und Tischgeräten, Wandschmuck und Spielkarten Verwendung fand, wurde Gottfried als letzter der Neun Edlen selbstverständlicher Teil des kollektiven spätmittelalterlichen und frühneuzeitlichen ‚Imaginaire‘ und konnte eine exemplarische, ja emblematische Funktion beanspruchen. Der Begriffs- und Konnotationsbereich der *Nine Worthies* blieb ja bis in die Shakespeare-Zeit selbstverständlicher Bildungshintergrund. Entscheidend ist, dass der mittelalterliche Kreuzzugsheld so zugleich in die frühe Renaissance-Ikonographie und die humanistische Topik einrücken konnte. Zahlreiche, zum Teil auch volkstümliche Bildzeugnisse belegen die Vertrautheit mit dieser Motivik, die nun nicht mehr mit den mittelalterlichen Kernbegriffen *prouesse* (Tapferkeit) und *valour* (Mut) verbunden wird, sondern mit den typischen Renaissancetugenden *probitas* (Rechtschaffenheit) und *virtus* (Tugend) und so in die Fürstenkultur des Frühabsolutismus Eingang findet. Wie fürstliche Repräsentationskultur, humanistische Tugendlehre und heilsgeschichtliche Vorstellungen gerade in einer Gestalt wie Gottfried von Bouillon problemlos vereint sein konnten, zeigt noch das große, im nachtridentinischen Geist verfasste Kreuzzugsepos *La Gerusalemme liberata* von Torquato Tasso.[3] In diesem 1575 beendeten Werk, das die strikte Gegenposition zu der verfremdenden italienischen Tradition der Heldenepik von Pulci und Boiardo bis Ariost bezieht, wird der mittelalterliche Heerführer des ersten Kreuzzugs 1099 zum gottgesandten Tugendhelden, der inmitten der Irrungen und Wirrungen seiner Mitstreiter Rinaldo oder Tancredi, von jeder Versuchung unangefochten und unbeirrbar den göttlichen Auftrag zur Eroberung von Jerusalem erfüllt. Der letzte der Neun Edlen ist hier zur Inkarnation heilsgeschichtlich gewollter Vollkommenheit geworden.

Er repräsentiert zugleich eine Form des Mythischen, die sich von mittelalterlicher Mythenbildung grundlegend unterscheidet. Im Interesse meiner späteren These also zunächst ein paar Worte zu der Hauptgestalt des Tassoschen Epos. Der neuzeitliche Mythos, behaupte ich nämlich, ist künstlich und monolithisch. So durchläuft der Führer des Kreuzzugs bei Tasso im Gegensatz zu den anderen Hauptfiguren keine psychologische Entwicklung. Mit den Epitheta *pio* (fromm), *magnanimo* (großherzig), *saggio* (klug), *buono* (gut), *pietoso* (voll Erbarmen), *forte* (stark) und *glorioso* (ruhmreich) versehen, erscheint Gottfried/Goffredo zugleich als ein zweiter Aeneas, der – analog zu dessen Rolle als Begründer des römischen Weltreichs – die Weltherrschaft des Christentums begründet. Als heiligmäßiger Krieger mit beinahe priesterlichen Zügen stellt er die wahrscheinlich konsequenteste Projektion idealer Vorstellungen und christlicher Führungskraft dar. Er übt eine gottgewollte, uneingeschränkte Autorität aus, der sich die übrigen Ritter unterzuordnen haben. Vom Erzengel Gabriel angeleitet und durch unmittelbare göttliche Wunderzeichen unterstützt, verkörpert der „pio Buglion“[4] mithin das neue zentralistisch absolutistische Ideal von Kirche und Staat, wo nur ein einziger, „un solo“[5], herrscht. In der Auseinandersetzung zwischen den Mächten des Lichts und dem Trug der Finsternis wird der von Gott direkt berufene Herrscher zum Instrument des göttlichen Heilsplans. In einem visionären Traum (am Anfang des 14. Gesangs), in dem Gott selbst dem Helden seine Mission und zukünftige Errettung offenbart, kommt der übermenschliche, exemplarische Status des Helden noch einmal zum Ausdruck. Wie Alexander der Große im heidnischen Kontext wird Gottfried/Goffredo hier zum „höchsten Führer“ („sommo duce“) der Christenheit, der die größte *probitas* mit der größten *virtù* verbindet. In gewisser Weise vollendet so erst Tasso – im Zeichen der „Ecclesia triumphans“ des beginnenden Barockzeitalters nach dem Konzil von Trient – die mittelalterliche Legendenbildung. Erst vermittelt durch den Heroenkult des Spätmittelalters und die exemplarisch heilsgeschichtliche Stilisierung zwischen Spätrenaissance und Frühbarock gewinnt die Gestalt Gottfrieds von Bouillon – so scheint es – ihre mythische Statur.

Geschichte und Legende

Es ist freilich eine mythische Qualität eigener Art und dies ist auch der Grund meines über das Hochmittelalter weit hinausgehenden Umwegs. In Wirklichkeit bestehen, wie wir noch sehen werden, wesentliche Unterschiede zwischen der gleichsam apodiktischen, der humanistischen Tradition geschuldeten Mythenbildung des Barockzeitalters, die freilich in der klerikalen Mythenbildung des Hochmittelalters schon angelegt ist, und der merkwürdig kompositen, beinahe zufälligen und kollektiven Mythenbildung im Mittelalter. Wenig oder nichts scheint nämlich den späteren Helden der Gegenreformation ursprünglich zu einer mythischen Figur zu bestimmen. Zwar kennt das Mittelalter die Figur des von Gott Erwählten, merkwürdigerweise sind aber gerade solche heiligmäßigen Helden selten zu mythischen Gestalten aufgestiegen. Jedenfalls spricht nach neueren Forschungen wenig für eine solche Rangerhöhung.

Gottfried von Bouillon oder auch Gottfried von Brabant, durch Adoption durch einen Onkel späterer Herzog von Niederlothringen, wurde als ältester Sohn des Grafen von Boulogne um 1060 eben in Boulogne geboren. Durch seine Mutter Ide konnte er sein Geschlecht auf Karl den Großen zurückführen. Von Kaiser Heinrich IV. lediglich mit der Mitgift Antwerpen belehnt, konnte er das Herzogtum Niederlothringen erst 1087 in Besitz nehmen und war danach mit der Abwehr der Expansionsgelüste der Grafen zu Namur und von Löwen beschäftigt. Er behauptete sich gegen die Machtpolitik des Fürstbischofs von Lüttich, und seine Hand lastete schwer auf den Klöstern St. Hubert und St. Trond, die er allerdings auch gegen fremde Übergriffe schützte. Ähnlich profilierte er sich 1096, während der grausamen Judenpogrome im Mittelrheingebiet, zugleich als Beschützer und Ausbeuter der Verfolgten, mit deren Kapital er nicht zuletzt sein ungewöhnlich stattliches Kreuzzugskontingent ausrüstete. Dazu kamen freilich die von der Mutter erpressten Summen. Der belgische Forscher Georges Despy, der gerade die Legende des angeblichen Beschützers von Kirche und Klöstern untersucht hat, urteilt denn auch eindeutig: Gottfried war nicht nur – entgegen früheren Vorstellungen – ein selbstbewusster und kraftvoller Landesherr, er war auch „geldgierig, verschlagen" und auf seinen Vorteil bedacht – weit entfernt von exemplarischer Frömmigkeit.[6]

Dies war aber zunächst wohl kein Nachteil, denn der Herzog besaß wohl auch die Gabe des Taktierens, politisches Fingerspitzengefühl und Sinn für eine Selbstinszenierung, bei der sich die Verfolgung eigener Interessen nicht selten hinter scheinbarer Hilfeleistung verbarg. Sein starkes Heer – auch sein jüngerer Bruder Balduin begleitete ihn – und seine guten Beziehungen zum Reich unter Heinrich IV. trugen jedenfalls zu seiner geachteten Stellung bei den Kreuzfahrern bei. „Die Zahl seiner Truppe und ein vormaliges hohes Amt", urteilt Runciman,[7] „verliehen Gottfried ein Ansehen, das durch seine angenehmen Umgangsformen und seine stattliche Erscheinung noch erhöht wurde." Aber, er war nach Runciman nicht nur ein mittelmäßiger Krieger, er zeichnete sich auf dem Weg über Konstantinopel auch keineswegs durch besondere Klugheit und Charakterfestigkeit aus. Die wirklich dominierende Stellung im Heer nahm Raimund von St. Gilles ein, der denn auch 1099 zum König von Jerusalem gewählt werden sollte, die Krone aber ausschlug, weil er sich dem Diktat des päpstlichen Legaten Daimbert, Erzbischof von Pisa, nicht beugen wollte. In dem anstehenden päpstlichen Machtpoker, in dem es Urban II. darum ging, den möglichen Einfluss von Byzanz durch die Errichtung einer römisch lateinischen, dem Heiligen Stuhl unmittelbar unterstellten Herrschaft zu verhindern, reduzierte sich die Würde eines Königs von Jerusalem nämlich auf die Funktion eines „avoué", eines päpstlichen Statthalters. Gottfried zögerte nicht, die eben erst zu Byzanz hergestellten Vasallitätsbeziehungen durch die betonte Unterordnung unter die päpstliche Politik preiszugeben und sich formell durch Daimbert, den neuen Patriarchen von Jerusalem, belehnen zu lassen. Er kam auch sonst kirchlichen Ansprüchen entgegen, scheint allerdings andererseits bis zu seinem plötzlichen Tod im Jahr 1100 – ähnlich wie schon im heimatlichen Brabant – ein kluger Organisator des Landes gewesen zu sein. Für Runciman war er dennoch „ein schwacher und unkluger Herrscher gewesen; aber Männer aller Nationen hatten ihn um seines Mutes, seiner Bescheidenheit und seines festen Glaubens willen geachtet."[8] Despy urteilt weniger verhalten. Für ihn war Gottfried von Bouillon ein charakterloser Karrierist, dessen Frömmigkeit freilich nicht nur gespielt gewesen sein dürfte.

Belohnt wurde er für seine kirchenfreundliche Haltung durch die alsbald einsetzende systematische Legendenbildung, durch die von den Umständen des Kreuzzugs selbst, etwa dem blutigen Massaker in Jerusalem ebenso wie von internen Misshelligkeiten und Rivalitäten abgelenkt werden konnte. Dies gilt für die frühe Chronik, etwa die *Historia Hierosolymitana* von Albert d'Aix, ebenso wie für die ersten Heldenlieder oder Chansons de geste in lateinischer und in altfranzösischer Sprache, wobei uns die umstrittene

Frage der wechselseitigen Abhängigkeit dieser Texte hier nicht zu interessieren braucht. Das Wesen eines Mythos besteht ja gerade in seiner relativen Textunabhängigkeit. Das Leben des frommen Kreuzfahrers, der sich immer politisch zurückgehalten und in seiner Selbstlosigkeit sogar die Königskrone abgelehnt habe, weil Jesus an diesem Ort die Dornenkrone trug, konnte so zum exemplarischen Vorbild des neuen Ideals des „miles christianus" werden, das im Umkreis des Ersten Kreuzzugs eben im Entstehen begriffen war und in der einflussreichen Schrift Bernhards von Clairvaux, *De laude nove militie,* wenig später kodifiziert werden sollte. Der im Nachhinein zum eigentlichen Führer des Kreuzzugs aufgewertete Held mit dem scheinbaren Ehrentitel eines „Advocatus Sancti Sepulcri" verkörpert demnach den weltlichen Kämpfer und Herrscher, der seine ganze Kraft in den Dienst der Kirche und der Beförderung christlicher Gerechtigkeit stellt. Die genannte Schrift des heiligen Bernhard bildet nicht zufällig die Grundlage der Regel des 1118 gegründeten Templerordens. Wilhelm von Tyrus beschreibt den Herzog und König in seiner 1183 abgebrochenen *Chronik* – also vor dem Hintergrund des Dritten Kreuzzugs – als „religiös, mildtätig, fromm und gottesfürchtig", als „gerecht und frei von jedem Laster", und er vergisst nicht hinzuzufügen, dass Gottfried „die Eitelkeiten der Welt verachtet habe, was", wie er vermerkt, „in dieser Zeit und besonders im Ritterstand recht selten" gewesen sei.[9] Ein eigenes Kapitel der Chronik ist sodann den freigiebigen Schenkungen an die Kirche und der Demut dessen gewidmet, der – wie schon erwähnt – die Krönung und die Königswürde verschmähte, um stattdessen eine symbolische Dornenkrone zu tragen. Für Wilhelm von Tyrus ist Gottfried tatsächlich bereits „der beste der Könige, Licht und Spiegel aller anderen".[10]

Die im Zusammenhang mit der Krönung erwähnte Begebenheit hat zentrale Bedeutung, dokumentiert sie doch den gleichsam christologischen Charakter des Königs, der zugleich alle Züge eines Heiligen trägt und sich dadurch – sieht man von Ludwig dem Heiligen im 13. Jahrhundert ab – wesentlich von den meisten Herrschergestalten abhebt. Vielleicht kann man darin sogar den ursprünglichen Kern der Mythenbildung sehen. Gewisse Parallelen zu Herrscher-Heiligen vor allem im anglo-normannischen Bereich und zur Heracliuslegende um 1160 drängen sich auf. Wie in zahlreichen Heiligenviten und -legenden lehnt der Betroffene die ihm angetragene Würde zunächst ab und kann nur durch höheres Eingreifen zur Annahme bewegt werden. Die epische Fassung der *Eroberung Jerusalems, La Conquête de Jérusalem*, die aus der zweiten Hälfte des 12. Jahrhunderts stammt, aber wahrscheinlich auf ein älteres Lied im Umkreis der Ereignisse selbst zurückgeht, widmet der genannten Episode denn auch einen umfangreichen Teil des 5. Gesangs, der die politischen Hintergründe konsequent ausblendet bzw. umdeutet. Die Wahl Gottfrieds, heißt es da, ging zunächst vom Volk aus, dessen Stimme in einem nachfolgenden Kerzenwunder von Gott beglaubigt wurde. Da nach der ersten ablehnenden Reaktion Gottfrieds kein anderer Adliger die Krone von Jerusalem anzunehmen wagte, beschloss man, eine Eucharistiefeier abzuhalten und diese danach durch eine Nacht des Fastens und des Gebets ausklingen zu lassen. Um Mitternacht erhob sich nun in der Kirche ein großer Sturm, der das ewige Licht auslöschte, und Blitz und Donner versetzten alle Anwesenden in Schrecken; gleichzeitig entzündete sich die Kerze des „duc major", des großen Herzogs, „Qui Dex voloit doner le roiaume et l'onor / De terre de Syrie, por tenir en valor" (dem Gott das Königreich und die Ehre schenken wollte, das Land Syrien in Tapferkeit zu regieren.)[11] Effektvoll wird das kirchliche, entfernt an das päpstliche Konklave erinnernde Zeremoniell mit folkloristischen Elementen des Wunderbaren unterlegt (Mitternacht, Sturm, Blitz und Donner). Vielleicht ist es überdies kein Zufall, dass Gottfried von Bouillon, dergestalt als der von Gott Erwählte gekennzeichnet, die angebotene Krone nicht von seinesgleichen, also den Baronen entgegennehmen wollte. Volkes Stimme und Gottes Stimme, vermittelt durch die Kirche, sollten genügen, und am Ende wird sich Gottfried mit einer Dornenkrone ausgerechnet von dem Außenseiter und Lumpenkönig Tafur krönen lassen, der mit seinen Mannen eine pittoreske Außenseiterrolle spielt und den folkloristischen Anstrich dieser Chanson de geste unterstreicht. Das Kerzenwunder wird sich gegen Ende wiederholen, um die neue Rolle Gottfrieds als neuer Christkönig zu unterstreichen. Die pfingstliche Symbolik – die Feuerzungen der Kerzen und die Tatsache, dass eine weiße Taube ein gefaltetes Pergament überbringt, also eine Variante des Motivs des sog. Himmelsbriefes, – krönt den feierlichen Besuch des Heiligen Grabes, mit dem eine vorläufige Leidensgeschichte zu Ende geht. Hatte die Eroberung der Heiligen Stadt in eben der Nachmittagsstunde stattgefunden, in der sich das Erlösungsgeschehen durch den Tod Jesu am Kreuz ereignete, so weinte und betete Gottfried vor der Krönung wie Jesus am Ölberg.[12] Die Heilsgeschichte vollendet sich mithin, und das zur Heilsgeschichte stilisierte epische Lied ist an sein erbauliches Ende gelangt. Der Autor/Sänger selbst hatte am Anfang von Gesang II von einer noch nie gehörten „chanson édifiante", einem erbaulichen Lied, gesprochen.

Genealogische Mythenbildung

Ich werde auf die möglichen Dimensionen der eben angesprochenen sozialen Symbolik noch zurückkommen. Doch zuvor einige Überlegungen zur strukturellen Rolle des Herzogs in den beiden unmittelbar auf die Ereignisse bezogenen Liedern des sog. Ersten Kreuzzugszyklus. *La Conquête de Jérusalem* (*Die Eroberung Jerusalems*) hat nämlich eine Vorgeschichte in der *Chanson d'Antioche* (*Lied um Antiochia*), das die erste große Etappe des Kreuzzugs beschreibt. Beide sind von dem nämlichen Jongleur Graindor de Douai bearbeitet worden, der sich einleitend selbst nennt und der, wie gesagt, wahrscheinlich älteres Liedgut aufgearbeitet hat. Dabei bezieht er sich nicht zufällig auf das archetypische Vorbild des *Rolandslieds* und der Karlsepen, und vergisst nicht zu betonen, dass Gottfried von Karl dem Großen abstamme. Die literarischen Ausdrucksmittel, etwa auch was die Rolle des christlichen Wunderbaren angeht, sind so in etwa dieselben in beiden Epen. Umso auffälliger ist, dass Gottfried erst im zweiten Lied in seine neue Rolle als heiligmäßiger Krieger hineinwächst. Die *Chanson d'Antioche,* eine „Chronik zwischen Epos und Hagiographie",[13] besingt nämlich ein kollektives Abenteuer, in dem abwechselnd verschiedene Helden und natürlich auch Gottfried in den Vordergrund treten. Göttliche Wunder wie die Erscheinung des himmlischen Heeres, das Wunder der Auffindung der Lanze, die Jesus in die Seite gebohrt wurde, ein Marienmirakel oder auch der bedeutungsvolle Sperberflug über der Stadt gelten für alle und haben keinen direkten Bezug zu Gottfried von Bouillon.

Nur einmal, als dieser in einem Zweikampf – ich hatte es schon erwähnt – als mit Karl dem Großen verwandt[14] bezeichnet wird, möchte man von einem, vielleicht nachträglich eingefügten Hinweis auf das Folgende sprechen. Ähnlich auch im Gespräch mit den Türken, wo es heißt: „Man nennt ihn Gottfried. Nie hat ein besserer Ritter die Sporen angeschnallt. Er zieht es vor zu kämpfen, statt Gold und Dukaten anzuhäufen, mit jungen Mädchen zu tändeln oder auf Beizjagd zu gehen."[15] Wird hier noch beinahe ein wenig ungeschickt versucht, den Helden in ein besonderes Licht zu rücken, und suggeriert, dass sein Ruhm bereits zu seinen Feinden gedrungen sei, so hat der Sänger offenbar in der Folge eine konsequentere Strategie gewählt. Grundsätzlich ändert sich zwar die genannte kollektive Liedstruktur auch in der unmittelbar anschließenden *Conquête de Jerusalem* nicht, doch läuft jetzt alles sichtbar auf die Apotheose um Gottfried zu. Es wäre interessant zu verfolgen, wie der Autor hier dessen Rolle im Zusammenhang mit der oben genannten christlichen Symbolik sehr allmählich, aber immer deutlicher herausarbeitet. Im Grunde ist dies aber nicht vor der Erstürmung der

Stadt im fünften Gesang der Fall. Erst in dieser „glorieuse chanson“[16] beginnt die eigentliche Verherrlichung des Helden, die zugleich den Charakter des Liedes verändert.

Ganz offensichtlich ist nämlich die legendarische Überhöhung des jetzt zum Protagonisten des Liedes avancierten Helden nicht problemlos vereinbar mit der Konzeption einer Epik, die statt lange vergangener, an sich mythenträchtiger Ereignisse erstmals jüngst vergangene, historisch überprüfbare Ereignisse schildert und so die Tradition der Chanson de geste mit einer frommen Chronik zu verbinden trachtet. Gottfried, dessen Bravour gelegentlich hervorgehoben wird, kann demnach kein neuer Roland sein, der sterbend auf dem Schlachtfeld von Roncesvaux Gott seinen Handschuh entgegenstreckte. An die Stelle der mythischen Gesten treten die beglaubigenden Wunder, die jedoch nirgends den Gang der Ereignisse entscheidend überhöhen. Keine Engelsbotschaften, Anweisungen und spektakulären Wunder Gottes wie im zweiten Teil des *Rolandsliedes*, wo er sogar den Gang der Sonne anhält, um den Sieg der Christen über die Sarazenen zu ermöglichen. Ungeachtet der christologischen Anspielungen bleibt unser Held im Grunde ein „primus inter pares“ in dem jüngsten kollektiven Abenteuer der Christenheit. Die heilsgeschichtliche, wundergestützte Überhöhung des historischen Geschehens allein dürfte mithin keinen hinreichenden Grund für eine Mythisierung des Protagonisten bieten, und es bedarf noch eines weiteren Elements.

Gottfried ist nämlich nicht nur Teil einer Gruppe – das ist Roland ja auch –; er ist auch Teil einer Familie, die z. B. in dem *Bastard von Bouillon*, der Geschichte eines unehelichen Sohnes von Balduin, dem Bruder und Nachfolger Gottfrieds auf dem Königsthron von Jerusalem, eine Fortsetzung findet. Fragt man also nach den Mythisierungsstrategien, so wird man in der klerikalen, erbaulich gewendeten Epik nur *eine* Seite sehen müssen, die schwerlich genügt, um den unbekannten Grafen und späteren Herzog aus den Ardennen neben Karl dem Großen oder Alexander dem Großen zu platzieren. Mittelalterliche Mythenbildung ist aber in den meisten Fällen auch genealogische Mythenbildung, ist die Mythisierung eines ganzen Geschlechts. Erst die genealogische Konstruktion stellt die Taten eines Einzelnen in ein Netz sinnhafter Bezüge und projiziert das heilsgeschichtliche Denken auf die Entstehung und Apotheose eines Geschlechts.

Die genealogische Legendenbildung um Gottfried an der Wende vom 12. zum 13. Jahrhundert fällt nun genau in die Hoch-Zeit solcher adliger Bestrebungen in ganz Europa, sich eines mehr oder weniger mythisierenden Stammbaums zu versichern. In gewisser Weise könnte man sagen, dass der Feudaladel, der in den entstehenden modernen Staaten gegenüber

König und Bürgertum, aber auch gegenüber den Ansprüchen eines abhängigen Rittertums, längst in die Defensive geraten ist, sich auf eine mythische Genealogie zur Selbstlegitimierung besinnt; Funktionsverlust wird durch Herkunft wettgemacht. Gottfrieds Rolle beim Ersten Kreuzzug allein kann einem solchen Anspruch also kaum Genüge tun; nur eine lange Vorgeschichte erweist die von Anfang an von Gott gegebene Verheißung, die sich in dem letzten und berühmtesten Spross vollenden und bewahrheiten wird. Die erwähnte Vorstellung, von Karl dem Großen abzustammen, hat Gottfried wahrscheinlich bereits selbst verbreitet; und Runciman nimmt sogar an, dass der Herzog auch deshalb die Ostroute über Ungarn und Konstantinopel gewählt habe, um sich damit in die legendarische Tradition einer angeblichen Pilgerfahrt Karls nach Jerusalem einzureihen.[17] Eine solche genealogische Konstruktion aber ist – mag sie auch weiter in ‚altmodisch' epischer Laissentechnik gehalten sein – im Grunde ein Roman, dessen Kern nicht mehr ein kriegerisches Ereignis, sondern eine Biographie und die Verkettung dieser Biographie mit anderen biographischen Vorgeschichten ausmacht.

Der Schwanenritter

Dies ist hier die Geschichte des Schwanenritters, dessen Enkel Gottfried von Bouillon sein wird. Analog zu der im 12. Jahrhundert grassierenden Mode, den großen epischen Helden eine Kindheits- und Jugendgeschichte, die sog. *enfances,* anzuhängen, entstehen so auch nachträglich die *Enfances Godefroy,* in denen die ersten Heldentaten die große Zukunft erahnen lassen. Die pittoreske Geschichte des Emirs Cornumarant, der durch einen Weissagungstraum seiner Mutter vor dem späteren Eroberer von Jerusalem gewarnt wurde und nach Bouillon aufbricht, um den Rivalen herauszufordern, nimmt nicht nur die Kreuzzugsreise des zukünftigen Helden seitenverkehrt vorweg, sie unterstreicht auch die heilsgeschichtliche Notwendigkeit des zukünftigen Geschehens. Eine ganze Reihe von Epen aber bilden zusammen den sog. *Roman du Chevalier au Cygne,* an dessen Ende dann die Eroberung Jerusalems steht. Der genealogische Mythos wird der Heilsgeschichte unterlegt, oder umgekehrt: Die heilsgeschichtliche Krönung adelt das feudale Geschlecht.

Dass in dieser Geschichte auch die von Gottfried von Bouillon zugleich geförderte und unterdrückte Abtei von St. Trond eine Rolle spielt, ist wohl kein Zufall und zeigt den Versuch, diese zum Stammkloster der sagenhaften

Überlieferung zu machen. Am Ende der *Chanson du Chevalier au Cygne et de Godefroid de Bouillon* wird berichtet, wie der Abt des Klosters bei der Rückkehr aus Jerusalem Elyas, den Großvater Gottfrieds trifft und von diesem großzügige Schenkungen für sein Kloster erhält. In den Ardennen ist denn auch die Schwanenrittersage beheimatet, durch die dem Geschlecht der Bouillon ein feenhafter Ursprung angedichtet wird. Elyas, der Schwanenritter, ist nämlich eines der ursprünglich in Schwäne verwandelten Schwanenkinder; er heiratet die Herzogin von Bouillon, die er jedoch nach dem Bruch des Fragetabus verlässt und hier erst auf dem Sterbebett wiederfindet. Die Söhne der gemeinsamen Tochter sind die drei Brüder Gottfried, Eustachius und Balduin. Es ist also mehr als wahrscheinlich, dass hier ein klerikaler Verfasser bewusst die einheimische Folklore in den Dienst der Aufwertung der Herzöge von Brabant stellte. Wann dies genau geschah, wissen wir nicht. Die sagenhafte Abstammung Gottfrieds ist schon Wilhelm von Tyrus bekannt und wird einmal kurz auch im *Antiochia*-Lied[18] zusammengefasst, was im Übrigen unnötig wäre, wenn dieses Lied von Anfang als Teil eines Schwanenritterzyklus geplant worden wäre. So aber wird eine folkloristisch grundierte Geschlechtersage mit der Rolle des Helden im ersten Kreuzzug verbunden und dem Lied gleichsam aufgepfropft. Die Folklore dient zur Stärkung klerikaler Geschichtsinterpretation, aber letztere steht auch im Dienste der feudalen Genealogie, und die mythisch-folkloristische, nicht die heilsgeschichtliche Dimension sollte sich im Laufe der Jahrhunderte so verselbständigen, dass sie etwa im *Lohengrin* Richard Wagners den Kreuzzugsgedanken und damit auch die Gestalt Gottfrieds von Bouillon fast völlig verdrängt hat.

Erinnern wir uns noch einmal an die Umstände der Krönung in *La Conquête de Jérusalem;* der Akklamation des Volkes folgt da, wie wir gesehen haben, die mirakulöse Bestätigung des Helden durch Gott selbst. Das heißt, Heilsgeschichte wird gleichsam von unten legitimiert, das märchenhafte, an sich aus dem klerikalen Weltbild ausgegrenzte Wunderbare heidnischen Ursprungs kommt dem christlichen Wunderbaren zu Hilfe. Letzteres, ein exemplarisch und notwendig eindeutiges Wunderbares, das – wie ich eingangs gezeigt habe – noch bei Tasso eine wichtige Funktion hat, wird paradoxerweise ergänzt durch ein mythisches, notwendig ambivalentes Wunderbares, das erst die geheimnisvolle Aura des erwählten Helden schafft.

Die Schwanenrittersage wurde in Deutschland vor allem durch die romanhafte Erzählung Konrads von Würzburg[19] und natürlich durch Richard Wagner bekannt, die freilich beide die ursprünglichen verwandtschaftlichen Gegebenheiten verändern und den Sinn der genealogischen Konstruktion in gewisser Weise verfälschen. Lohengrin, der Schwanenritter, ist – der Umdeutung des Chrétienschen Gralsromans durch Wolfram von Eschenbach folgend – der Sohn Parzivals, während Gottfried von Bouillon nur als Schwiegervater des Schwanenritters in Erscheinung tritt. In jedem Fall hat die Sage jedoch die Aufgabe, den Herrschaftsanspruch des Herzogs von Brabant nach dessen Weggang gegen Rivalen und Prätendenten auf die Hand seiner Frau zu verteidigen und die brabantinische Geschichte durch das wunderbare Eingreifen des fremden Helfers mit der Schwanensage zu verknüpfen. Das in den deutschen Zitatenschatz eingegangene „Nie sollst du mich befragen",[20] das Fragetabu, welches das segensreiche Wirken des Helden hier umgibt, verweist aber ursprünglich auf den unnennbaren, weil skandalösen Ursprung der Schwanenkinder, die aus der Ehe des Vaters mit einer Wasserfee, eigentlich – wie das Motiv der Schwanenkinder zeigt – einer Schwanenfrau, hervorgegangen sind. Die in der Folkloreforschung so genannte Mahrtenehe, die Verbindung eines Irdischen mit einem übernatürlichen Wesen, ist zugleich eine Variante des Tierbräutigams- oder Tierbrautmotivs. So gesehen aber ist die Schwanenrittersage eigentlich sekundär. Der helfende Ritter, der von seinem nicht erlösten Bruder begleitet wird und seinerseits den Schwan als mythischen Tierhelfer einsetzt, verkörpert in gewisser Weise lediglich das Öffentlichwerden der skandalösen Seiten des Mythos, der Abhängigkeit der historischen Sendung des adligen Geschlechts von den unteren chthonischen Kräften, denen die Wasserfee und Tierfrau zuzurechnen ist. Oder anders gesagt: die Schwanensage steht selbst schon wieder emblematisch für das Unnennbare des Ursprungs und die ambivalente Natur der Herrschaft. Gerade dies aber fungiert zugleich als Zeichen der Auserwählung und verleiht der Gestalt des späteren Helden den schillernden mythischen Glanz, den Tapferkeit und Seelengröße allein nicht hervorbringen und von dem die lange Rezeptionsgeschichte im Spätmittelalter und in der Neuzeit zeugt.

Aufstieg der heidnischen Folklore

Mehr als die Renaissance, der gemeinhin die Wiederentdeckung des Mythos zugesprochen wird, hat nämlich das Hochmittelalter Teil an der Schaffung eines mythischen Bewusstseins, das aus der Tiefe der nur halb vergessenen und verdrängten heidnisch-folkloristischen Überlieferungen schöpft. Während die Renaissance mit ihrem eingangs erwähnten emblematischen Zugang zum Mythos eigentlich nur das immense Bildreservoir der antiken Mythologie wiederbelebt und buchstäblich instrumentalisiert, legt das Mittelalter seit der großen Erneuerung der Folklore im 12. Jahrhundert nicht selten die unheimliche und schicksalhafte Seite des Verdrängten frei. Die Faszination dieser Art mythischer Qualität ist die Faszination des eigentlich mit dem christlichen Weltbild Unvereinbaren, das sich dennoch mit diesem in vielfacher Weise verbindet. Die christliche, gottgläubige Fee ist nach den Jahren der Abwehr und Verteufelung des heidnischen Aberglaubens der Inbegriff des damit erzielten kulturellen Kompromisses. Die Gestalt der Fee erinnert den mittelalterlichen Helden an das doppelte Koordinatennetz, in dem er steht: die in Chanson de geste und Roman geschilderte höfisch feudale Wirklichkeit christlicher Couleur und jenes Andere, das mit übernatürlicher Helferfunktion die gesellschaftliche Stellung des Helden erst ermöglicht.

Denn die mittelalterliche Fee, eine Kompositfigur aus antikem Fatum-Glauben und keltischen Fruchtbarkeitsinstanzen, verbürgt nicht nur erotisches Glück, sie steht auch für Fruchtbarkeit und Segen, ist Gabenfee ähnlich wie die germanische Frau Holle. Es ist daher kein Zufall, dass die französischen Fassungen des Schwanenkindermärchens, wie wir sie aus dem Mittelalter kennen, nichts mit dem deutschen Motiv der überflüssigen Kinder – etwa in dem Grimmschen Märchen der *Zwölf Raben* oder in dem Andersen-Märchen *Die wilden Schwäne* – zu tun haben, sondern ihren Ausgang von dem geläufigen Motiv der erotischen Begegnung an der Quelle und dem Segen nehmen, der dem adligen Haus aus dieser Begegnung mit der Fee erwächst. In allen Fassungen der Geschichte prophezeit die sternenkundige Fee ihrem Gatten noch in der ersten Hochzeitsnacht die hehre Zukunft des neuen Geschlechts. Und nicht um Nesselhemdchen, wie bei den Brüdern Grimm, geht es bei den durch den Neid der Schwiegermutter verzauberten Schwanenkindern, sondern um goldene Halsringe, in denen adliger Status und übernatürlicher Reichtum zum Ausdruck kommen. Dem ältesten der sieben Kinder, sechs Knaben und einem Mädchen, wird der Enkel geboren werden, der zum Befreier Jerusalems bestimmt ist. Damit übernimmt das folkloristisch-mythische Muster des Schwanenritterzyklus im Prinzip genau jene Aufgabe, die auch der berühmten Melusinengeschichte in Poitou im 14. Jahrhundert entspricht. Die Schwanenkindergeschichte ist in der Tat, wie die Forschung festgestellt hat, eine – wenn auch wesentlich komplexere – Variante der Melusinensage, derzufolge eine Fee den Ruhm, den Reichtum und die militärische Macht des Geschlechts der Lusignan begründet. In beiden Fällen bildet die ökonomische Krise des mittleren Feudaladels im 12. Jahrhundert bzw. im Spätmittelalter den Anlass für das Eingreifen der Fee. Die Erfolgsgeschichte des Grafen von Bouillon ist so zunächst – mythisch überhöht – die Geschichte der Konsolidierung von Adelsherrschaft, welche wiederum die Grundlage für den späteren kometenhaften Aufstieg zweier Söhne zu Königen von Jerusalem bildet.

Der Preis für diese ‚Hilfeleistung von unten' ist die Aufwertung und Rehabilitierung mythisch folkloristischer Vorstellungen, die allenthalben in die geschichtlichen Stoffe eindringen. In unserem Fall ist mit Händen zu greifen, dass es eben nicht um eine ursprünglich mythische Vorgeschichte geht, sondern um einen Vorgang nachträglicher ‚Anlagerung', um eine Form der Symbiose, aus der alle Seiten ihren Nutzen ziehen. Denn wenn Adelsherrschaft im Dienste heilsgeschichtlicher Interessen ‚folklorisiert' und ‚mythisiert' wird, so bedeutet umgekehrt auch die Integration des Märchen- und Sagenstoffes in den heilsgeschichtlichen Bereich einen Verlust an Authentizität. Nur in seiner klerikalisierten Form ist dieser Stoffbereich überhaupt tragbar und instrumentalisierbar. Ich habe oben schon von der Kompromissgestalt der christlichen Fee gesprochen. Während wir in Erzählungen des 11. und 12. Jahrhunderts, die erstmals folkloristische Traditionen gleichsam als Kuriosum thematisieren, noch deutliche Bedenken der klerikalen Erzähler gegenüber jenem Anderen des Christentums feststellen können, wird etwa Melusine, die Gabenfee, die allwöchentlich am Samstag, d. h. dem Tag des Saturn, im Bade einen Drachenschwanz zeigt, zur eher erbaulichen Hauptfigur eines rührenden Familiendramas aufgewertet werden. Das gilt auch für die Fee der verschiedenen Fassungen der Schwanenkindergeschichte. Sie ist nicht nur orthodoxe Helferin des Adelsgeschlechts, mit dem sie sich durch Heirat verbindet. Sie wird darüber hinaus auch selbst zur beinahe christologischen Opfergestalt einer von Anfang an heilsgeschichtlich und christlich uminterpretierten Familiengeschichte, in der Kleriker und fromme Eremiten eine Art Deutungshoheit übernehmen, die der Fee nur noch eine dienende Funktion belässt. Von der eifersüchtigen Schwiegermutter verleumdet und geächtet, erträgt die Fee eine lange Phase der Demütigung und Ächtung, bevor die aus der Tiergestalt zurückverwandelten Schwanenkinder ihre menschliche Gestalt und damit ihre providentielle geschichtliche Rolle übernehmen können. Der letzte, der nicht mehr verwandelt werden konnte, weil seine Halskette bereits auf Geheiß der Schwiegermutter zerstört war, und der dann als Begleiter und Tierhelfer des sog. Schwanenritters auftritt, erscheint als Inkarnation und Restbestand jenes unerlösbaren und unassimilierbaren Anderen des mythischen Bereichs. Dessenungeachtet trägt aber gerade auch er zur Erfüllung der brabantinischen Familiengeschichte und zur Geburt des späteren Helden Gottfried von Bouillon bei.

An der Schwelle zum Hochmittelalter, im Übergang von der volkstümlichen Chanson de geste zum ritterlichen Roman und zu einer entwickelten Geschichtsschreibung, bedeutet die Mythisierung einer Gestalt mithin, dass mehrere Kräfte eine Art kultureller Koalition eingehen, in der jeder Bereich zugleich auch Abstriche und Einschränkungen hinnehmen muss. In der insgesamt klerikal geprägten mittelalterlichen Kultur repräsentiert die Verbindung der Schwanenrittersage einschließlich der Vorgeschichte des Schwanenrittermärchens mit der heilsgeschichtlichen Sendung Gottfrieds von Bouillon eine exemplarische, in dieser Form einmalige Kompromissbildung, deren kulturgeschichtliche Tragweite über den Einzelfall einer interessanten Geschlechtersage hinausweist. Insofern ist Gottfried vielleicht zu Recht die letzte der drei großen Vorbildgestalten, von denen ich eingangs gesprochen habe. Nach den beiden Herrscherfiguren aus grauer Vorzeit, Artus und Karl dem Großen, steht er nämlich – und nur er – für die genannte kulturgeschichtliche Wende des 12. Jahrhunderts, die Koalition von heidnischer Volkskultur und klerikaler Heilsgeschichte, und kann so als der eigentliche Repräsentant des Hochmittelalters angesehen werden. Das ist mehr als die herausgehoben moralische Stellung, die ihm Tasso später zubilligen wird, und genug, um seine Stellung in der Ikonographie der „Neun guten Helden" zu rechtfertigen.

Anmerkungen

1 Runciman 1978, S. 141.
2 Siehe Artikel „Neun gute Helden", Lexikon des Mittelalters, Bd. VI, Sp. 1104–1106.
3 La Gerusalemme liberata, I, 35.
4 La Gerusalemme liberata, I, 31.
5 La Gerusalemme liberata, XX, 144.
6 Despy 1985, S. 262 f.
7 Runciman 1978, S. 141.
8 Runciman 1978, S. 301.
9 Régnier-Bohler 1997, S. 514.
10 Régnier-Bohler 1997, S. 515.
11 La Conquête 1969, S. 190 (Laisse XXVI)
12 La Conquête 1969, S. 295.
13 Bender 1977.
14 Régnier-Bohler 1977, S. 139.
15 Régnier-Bohler 1977, S. 147.
16 La Conquête 1969, S. 264.
17 Runciman 1978, S. 142.
18 Régnier-Bohler 1997, S. 139.
19 Verwiesen sei auf die zweisprachige Fassung von Hans-Joachim Gernentz, 1979, S. 110–200.
20 Lohengrin I, 3.

Quellen

Ciampai, Attila/Holland, Dietmar (Hg.) 1989: Richard Wagner: Lohengrin, Reinbek.
Gernentz, Hans-Joachim (Hg.) 1979[2]: Der Schwanenritter. Deutsche Verserzählungen des 13. und 14. Jahrhunderts, Berlin.
Hippeau, Célestin (Hg.) 1969: La Conquête de Jérusalem faisant suite à la Chanson d'Antioche composée par le Pèlerin Richard et renouvelée par Graindor de Douai au XIIIe siècle, Genève (Slatkine Reprints. Collection des Poètes français du Moyen Age, VII).
Hippeau, Célestin (Hg.) 1969: La Chanson du Chevalier au Cygne et de Godefroid de Bouillon, 2 Bde., Genève (Slatkine Reprints).
Régnier-Bohler, Danielle (Hg.) 1997: Croisades et pèlerinages. Récits, chroniques et voyages en Terre Sainte, XIIe–XVIe siècles, Paris (Collection „Bouquins").
Tasso, Torquato, La Gerusalemme liberata, hg. von Marziano Guglielminetti, 1987, 2 Bde., Milano.

Literaturhinweise

Andressohn, J. 1947: The Ancestry and Life of Godfrey of Bouillon, Bloomington.
Aube, P., 1985: Godefroy de Bouillon, Paris.
Bender, Karl-Heinz 1981: Les premières épopées de la croisade et leur réinterprétation dans la tradition épique, in: VIII Congreso de la Société Rencesvals, Pamplona, S. 43–47.
Bender, Karl-Heinz 1977: Die Chanson d'Antioche. Eine Chronik zwischen Epos und Hagiographie, in: Olifant V, S. 89–104.
Buschinger, Danielle (Hg.) 1989: La croisade. Réalité et fictions, Göppingen (Göppinger Arbeiten zur Germanistik).
Depsy, Georges 1985: Godefroid de Bouillon. Mythes et réalités, in: Bulletin de la Classe des Lettres et des Sciences Morales et Politiques de l'Académie Royale de Belgique 71, S. 249–275.
Duparc-Quioc, Susanne (Hg.) 1977–78: La Chanson d'Antioche, 2 Bde., Paris.
Duparc-Quioc, Susanne (Hg.) 1955: Le Cycle de la Croisade, Paris.
Genicot, Louis: Les Généalogies, Turnhout („Typologie des sources du moyen âge occicental", 15).
Hatem, A. 1932: Les poèmes épiques des Croisades, Paris.
Krüger, A. G. 1936: Die Quellen der Schwanritterdichtungen, Gifhorn (Hannover).
Lexikon des Mittelalters, Bd. I–IX, Studienausgabe Stuttgart/Weimar 1999.
Parisse, M. 1982: Godefroy de Bouillon, le croisé exemplaire, in: L'Histoire 47, S. 18–25.
Runciman, Steven 1978: Geschichte der Kreuzzüge, München (Original: A History of the Crusades, Cambridge 1950–1954).
Schroeder, Horst 1971: Der Topos der Nine Worthies in Literatur und bildender Kunst, Göttingen.
Trotter, David A. 1985: L'ascendance mythique de Godefroy de Bouillon et le cycle de la Croisade, in: Métamorphose et bestiaire fantastique au Moyen Age, hg. von Laurence Harf-Lancner, Paris, S. 107–135.
Waeger, G. 1969: Gottfried von Bouillon in der Historiographie, Zürich.
Wolfzettel, Friedrich 2002: Der Körper der Fee. Melusine und der Trifunktionalismus, in: Körperinszenierungen in mittelalterlicher Literatur, hg. von Klaus Ridder u. Otto Langer, Berlin, S. 353–383.

Troubadour und Minnedame
Miniatur des Gottfried von Neifen; Große Heidelberger Liederhandschrift (Codex Manesse), Zürich um 1305–1340

Ingrid Kasten

TROUBADOUR UND MINNEDAME

Volkssprachliche Dichtungen mit weltlichen Themen wurden im Mittelalter lange Zeit nur mündlich tradiert; aus dem frühen Mittelalter sind Zeugnisse einer volkssprachlichen Poesie daher kaum überliefert. Das Pergament, das als Material für schriftliche Aufzeichnungen diente, war teuer und blieb lateinischen Texten mit religiösem oder theologischem Inhalt vorbehalten. Bis auf wenige Reste ist die volkssprachliche Dichtung vor 1100 so der kollektiven Vergessenheit anheim gefallen. Erst im Laufe des 12. Jahrhunderts begann man in größerem Umfang, volkssprachliche Texte aufzuschreiben und sie nun auch mit Blick auf die schriftliche Überlieferung zu konzipieren. Die ältesten volkssprachlichen Lieder, die erhalten sind, stammen aus der Zeit um 1100. Es waren adlige Herren und gebildete Kleriker, die zunächst an den Höfen im französischen Südwesten als Liederdichter und Sänger in Erscheinung traten. Im Wettstreit miteinander entwickelten sie, in Auseinandersetzung mit antiker und christlicher Tradition, neuartige Thesen über die Liebe und stellten sie in Liedern zur Diskussion. Bei allen Unterschieden in den Positionen zeichnete sich bald eine eigentümliche Stilisierung des Geschlechterverhältnisses ab, die in Frankreich und darüber hinaus in Europa eine prägende kulturelle Wirkung entfalten sollte.

Die Grundkonstellation

Die Beziehung zwischen Mann und Frau ist dabei als ‚Dienstverhältnis' gekennzeichnet. Das traditionelle hierarchische Verhältnis der Geschlechter, das die Frau dem Mann unterordnete, wird jedoch umgekehrt. So erscheint die Frau, zum Inbegriff aller höfischen Werte erhoben, in der Position einer hoch stehenden ‚Herrin' oder ‚Minnedame', der Mann aber in der Rolle eines ‚Dieners', der ihr mit Verehrung – und ‚Liebe' – begegnet. Als Modell für diese Stilisierung der Geschlechterbeziehung diente das soziale Interaktionsmuster der Vasallität, wobei die Dame die Position des Lehnsherrn, der Mann die des Vasallen einnahm.

Ein weiteres wichtiges Strukturelement in dieser Konfiguration bildet der Umstand, dass die Liebe als gesellschaftlich nicht legitimiert vorgestellt wird. Dadurch erhält das Verhältnis zwischen Mann und Frau ein spezifisches Spannungsmoment; gelegentlich wird sogar ausdrücklich gesagt, dass die umworbene Dame verheiratet sei. Der Paarbeziehung ist damit ein fundamentaler Widerspruch, ja, eine Paradoxie eingeschrieben: Schönheit, Liebenswürdigkeit, Bildung, Tugend und weitere Qualitäten konstituieren den Wert der Dame, sie sind Grund und Anlass für die Liebe des Mannes, aber wenn die Dame auf die Werbung eingeht, büßt sie diesen Wert ein. Die Diskussion über die Liebe bewegt sich also auf einem schmalen Grat zwischen Erlaubtem und Unerlaubtem, zwischen gesellschaftlicher Ordnung und einer ‚freien' Liebe. Beides wird gegeneinander ausgespielt und so neutralisiert. Die skizzierte Grundsituation erklärt, warum der Mann – von wenigen Ausnahmen abgesehen – als alleiniger Träger der Liebeserfahrung erscheint und die Liebeslieder weitgehend Werbecharakter haben. Ein Set wiederkehrender Versatzstücke wird in ihnen in vielschichtiger Weise je neu variiert und konfiguriert. Das Lob der Dame, Klagen über den Kummer aus unerwiderter Liebe, Reflexionen über die zwischen Hoffnung und Verzweiflung wechselnde Befindlichkeit des männlichen Ichs sowie Liebes- und Ergebenheitsbekundungen stehen dabei im Mittelpunkt.

Die Liederdichter, die dieses Konzept entwickelten, nannten sich *trobador*; das Wort ist aus dem altokzitanischen Verb *trobar* „finden" abgeleitet und korrespondiert inhaltlich mit dem aus der Rhetorik stammenden Begriff der *inventio*. Das Konzept der *fin'amor* (‚feine Liebe'), wie die Troubadours die Liebe zu einer hoch stehenden und verehrten ‚Dame' *(domna)* bezeichnen – sie sprechen auch von ‚Frauendienst' *(domnei)* –, strahlte als zentrales Modell der neuen höfischen Kultur, der Courtoisie, nach Nordfrankreich aus, wo die Trouvères es aufgriffen. Es wurde in Spanien, Italien, England und andernorts adaptiert, so auch im deutschsprachigen Raum, wo die Liederdichter sich, nach dem alten Wort ‚Minne' für Liebe, *minnesinger* nannten. Über die Rezeption in der Renaissance-Lyrik *(dolce stil nuovo)* und die Aufnahme in narrativen Zusammenhängen – beispielsweise im Lancelot-Stoff, in dem von der unbedingten Liebe des Ritters Lancelot zu Ginover, der Gemahlin von König Artus, erzählt wird – entfaltete es eine nachhaltige produktive Kraft in der europäischen Kultur. Als zentrales Kulturmuster hat der Frauendienst bis in das bürgerliche Zeitalter hinein Spuren in der Regelung der Umgangsformen zwischen den Geschlechtern hinterlassen.

Man kann die Konstellation zwischen Troubadour und Minnedame, zwischen Minnesänger und *frouwe*, daher in der Tat, wenn nicht als Mythos, so doch als Schlüsselfigur bezeichnen, als Schlüsselfigur der Imagination *und* einer – historisch gewordenen – kulturellen Praxis.

Es ist viel darüber spekuliert worden, wie es zur Entstehung des Frauendienst-Konzepts – es wird in der Forschung häufig unter dem weiter gefassten Begriff der ‚Höfischen Liebe' subsumiert[1] – in der Zeit um 1100 kam und warum es eine so breite und lang andauernde Wirkung an den Höfen Europas entfalten konnte. Die ältere Forschung beschäftigte sich zunächst eingehend mit der Frage nach der ‚Genese' des Konzepts; es wurde nach Einflüssen aus der klassisch-lateinischen, der mittellateinischen und der arabischen Literatur gesucht sowie die Möglichkeit in Betracht gezogen, dass es sich auf der Basis der zuvor nur mündlich überlieferten volkssprachlichen Lieddichtung entwickelt haben könnte. Dann aber trat zunehmend die Frage nach der Funktion des Liebeskonzepts ins Zentrum, eine Frage, die man im Rekurs nicht nur auf historische Zeugnisse, sondern auch auf moderne psychologische und soziologische Theoriebildungen zu beantworten versuchte. So ist beispielsweise die These vertreten worden, dass die Liederdichter, einem im mittelalterlichen Adel bezeugten Brauch folgend, noch im Kindesalter zur Erziehung an fremde Höfe geschickt worden seien, dass sie als pubertierende Knaben für die Herrin des Hofes geschwärmt hätten und die Lieder als Zeugnisse solcher Schwärmereien aufzufassen seien. Andere Interpreten sahen im Frauendienst sogar eine krankhafte Erscheinung, eine Neurose. Oder es wurde behauptet, dass es in den Liedern gar nicht um die Liebe zu einer ‚Minnedame' gegangen sei. In der Liebeswerbung hätten sich vielmehr Aufstiegsbestrebungen des niederen Rittertums in verklausulierter Form artikuliert, wobei die Frau lediglich als Chiffre für die angestrebte höhere soziale Stellung fungiert habe. In der poststrukturalistischen Debatte schließlich wird die Minnedame nur mehr als Zeichen in einem Diskurs gedeutet, der dazu diente, Beziehungen unter Männern zu regeln.[2]

Der Erfolg und die lang anhaltende Wirkung der komplexen Konfiguration ‚Troubadour – Minnedame' lassen sich nur erklären, wenn eine Vielfalt von Faktoren berücksichtigt wird. Um dies deutlich zu machen, konzentrieren sich die folgenden Überlegungen auf die Anfänge der Troubadourlyrik, auf damals relevante historische Kontexte, auf die Konstitutionsbedingungen und die Funktionen des Frauendienstes. Ich knüpfe dabei an Überlegungen an, die ich andernorts ausführlicher dargelegt habe.[3]

Der historische Kontext

Die Zeit um 1100 ist eine höchst bewegte, von einem grundlegenden gesellschaftlichen Strukturwandel geprägte Zeit des Umbruchs, deren Dynamik im Wesentlichen durch drei Faktoren bestimmt wird. Prägend ist erstens der politische Konflikt zwischen geistlicher und weltlicher Gewalt. Zweitens ist die Zeit von machtvollen religiösen Bewegungen erfüllt und drittens findet ein unerhörter Aufschwung der gelehrten Kultur, ein zuvor nicht bekanntes Streben nach Bildung, statt. Zentrum dieses kulturellen Umbruchs war Frankreich. Von Frankreich aus hatte im 10. Jahrhundert mit der cluniazensischen Reform eine folgenreiche kirchliche Bewegung ihren Ausgang genommen. Ihr Ziel war es, nicht nur die Kirche im Inneren zu erneuern, sondern auch verstärkt auf den Laienadel einzuwirken und ihn für christliche Ideale zu gewinnen. Es ging den Vertretern der Kirche dabei außerdem, in Kooperation mit weltlichen Fürsten, um die Durchsetzung einer neuen politischen Ordnung und um die Friedenssicherung, die das Fehderecht des Adels einschränkte. Damit wurde ein gesellschaftlicher Strukturwandel eingeleitet, der – auf längere Sicht – die Position des Königs und der Fürsten, ungeachtet der Instabilität dieser Konfiguration, zu Lasten des niederen Adels stärkte. Im Interesse dieser Ordnung wurden neue, an asketischen Normen orientierte Leitbilder für den Adel entworfen. Dabei entstand ein neues Männerbild, das Bild des *miles Dei*, eines der christlichen Ethik verpflichteten ‚Ritters'.

Um 1100 herum erreichte die damit in Gang gesetzte Entwicklung einen ersten Höhepunkt. Die erstarkte machtpolitische Position der Kirche wird besonders sinnfällig in der kriegerischen Unternehmung des um die Wende zum 12. Jahrhundert stattfindenden ersten Kreuzzugs, der religiösen Zielen diente, aber auch die aggressiven Kräfte des herrschenden Adels nach außen lenkte. Wie stark die religiöse Bewegung in der Zeit um 1100 war, zeigt sich auch in neuen Ordensgründungen. Vielfach schlossen sich Frauen – vor allem Frauen des Adels – den neu entstehenden religiösen Gemeinschaften an.

Von weit reichender Bedeutung waren die gleichzeitigen Bestrebungen der Kirche, auf die Moral des (männlichen) Laienadels einzuwirken und die feudale Heiratspraxis zu verändern. Im Adel wurden Ehen aus dynastischen, politischen und ökonomischen Gründen geschlossen; Liebe spielte – wie übrigens auch lange später noch – als Heiratsmotiv in aller Regel keine Rolle. Nicht selten wurden Eheverbindungen in der mehr oder minder weitläufigen Verwandtschaft eingegangen. Dem gegenüber stellte die Kirche die persönliche Entscheidung der Partner bei der Eheschließung – den

Konsens – in den Vordergrund und versuchte, die Gültigkeit der Ehe davon abhängig zu machen: *consensus, non copula facit matrimonium* lautete der kirchenrechtliche Standpunkt, „der Konsens, nicht die Vereinigung konstituiert die Ehe".[4] Außerdem erklärte die Kirche Ehen unter Partnern, die nach ihren strengen Regeln zu nahe miteinander verwandt waren, für unzulässig oder, sofern sie schon geschlossen waren, für ungültig. Mit ihrer traditionellen Sündenlehre verurteilte die Kirche zudem die sexuelle Lust und trat für eine strikt monogame Eheform ein. Außereheliche Liebesverhältnisse wurden scharf verurteilt und, wo irgend möglich, auch sanktioniert. Die bestehenden Spannungen zwischen weltlicher und geistlicher Macht erhielten dadurch neuen Auftrieb.

Früher und nachhaltiger als andernorts war in Frankreich auch das Interesse an gelehrter Bildung und Literatur gewachsen. Nachdem hier zahlreiche neue Schulen entstanden waren und Studierende aus vielen anderen Ländern Europas angezogen hatten, kam es schon im Laufe des 12. Jahrhunderts in Paris zur ersten Gründung einer Universität, während beispielsweise die erste deutsche Universität erst 1348 von Karl IV. in Prag gegründet wurde. Die an den Schulen und Universitäten übliche Praxis der scholastischen Disputation, in der Argumente für und gegen eine These nach dem Prinzip des Pro und Contra ausgetauscht wurden, schulte das logische Denken und förderte die Lust am Wortwettstreit. Auch die Höfe des weltlichen Adels partizipierten auf ihre Weise an der gelehrten Bildung und Kultur. Während die Theologen und Studenten sich mit spitzfindigen theologischen und philosophischen Fragen befassten, entwickelten die – in der Regel klerikal gebildeten – Troubadours eine literarische Streitkultur. Im Zentrum stand dabei die Tenzone, eine Form des Streitgedichts. Nicht weniger spitzfindig als in der Scholastik wurde hier debattiert, jedoch nicht über theologische, sondern über weltliche Fragen, vor allem über Fragen der Beziehung zwischen Mann und Frau.

Besonders beliebt war die Diskussion über zum Dilemma zugespitzte Fragen *(joc partit, jeu parti, geteiltez spil),* an der zwei Troubadours beteiligt waren. Einer stellte den anderen in der ersten Strophe vor die Wahl zwischen zwei Möglichkeiten. Der andere musste in der zweiten Strophe dann die Wahl treffen und sie argumentativ verteidigen. In der dritten Strophe war wieder der erste dran, der für die verbliebene Alternative stritt und so fort. Diskutiert wurden zum Beispiel die Fragen: „Zieht Ihr vor, mit Eurer Geliebten alles machen zu dürfen, jedoch ohne sie sprechen noch sehen zu dürfen und ohne Gegenliebe, oder, sie sprechen und sehen zu können und sonst nichts?" „Nehmt Ihr eher das Fehlen der Manneskraft oder das der Sprache in Kauf?" „Soll die Ehefrau eines Adligen den Todfeind oder den

Busenfreund ihres Mannes zum Geliebten wählen?“.[5] Manchmal wurden solche Fragen in der Literatur auch wie ein Rechtsstreit inszeniert, so dass die ältere Forschung annahm, es habe tatsächlich ‚Liebeshöfe‘ oder ‚Liebesgerichte‘ gegeben. Davon geht man heute nicht mehr aus, sondern betont den Spielcharakter der minnekasuistischen Streitkultur der Troubadours.

Theorie der Lust

Nicht wenige weltliche Herrscher gerieten im Zuge der Reformbewegung, wie schon angedeutet, in Konflikt mit der Kirche, vor allem mit den kirchlichen Regelungen, welche die Ehe und Eheschließungsvoraussetzungen betrafen. Besonders spektakulär war der Fall des französischen Königs Philipp I. Er wurde um 1100 exkommuniziert, weil er seine Ehefrau verlassen und sich mit der Frau eines seiner Lehnsmänner liiert hatte. Involviert in diesen Fall war unter anderem Guillaume, siebter Graf von Poitou und neunter Herzog von Aquitanien (1071–1126), bei dem es sich zugleich um den ersten nachweisbaren Troubadour handelt. Weil er einer der mächtigsten Herrscher Frankreichs war, sind wir über sein Leben glücklicherweise verhältnismäßig gut unterrichtet. Guillaume war Lehnsmann des französischen Königs und versuchte vergeblich, den kirchlichen Urteilsspruch zu verhindern. Wenig später fiel er selbst unter das Verdikt der Kirche, weil er eine außereheliche Beziehung mit der Frau eines seiner Vasallen, einer Vizegräfin, unterhielt. Ein mittelalterlicher Chronist charakterisiert Guillaume d'Aquitaine als Frauenheld und Possenreißer, der selbst kirchlichen Würdenträgern mit respektlosem Wortwitz begegnete. So berichtet er, dass der Bischof, der Guillaume mit dem Bannstrahl der Kirche belegte, kahl gewesen sei, und dass Guillaume ihm, bevor dieser die Exkommunikationsformel aussprach, zugerufen habe: „Eher wird ein Kamm deine rebellischen Haare glätten, bevor ich die Vizegräfin aufgebe“.[6]

Die Lyrik der Troubadours war Teil eines neuen höfischen Regelsystems und Verhaltenscodes, der auch andere Formen adliger Selbstinszenierung umfasste und der sich in der höfischen Festkultur, im Kult der Freude, in besonderen Umgangsformen, in der Sprache und in der Kleidung manifestierte. Die ältere Forschung hat die historischen Lebensumstände Guillaumes d'Aquitaine rekonstruiert und seine Lieder biographisch gedeutet. Aus methodischen Gründen ist dies allerdings nicht unproblematisch. Die Funktion der Lieder Guillaumes als Medium adliger Repräsentation tritt jedoch deutlich zutage. Indem sie die Lust und die Freude am Diesseits preisen, artikulieren sie Geltungs- und Wertansprüche des Laienadels, die sich nicht zuletzt gegen die Verurteilung weltlicher Freude durch die Kirche richten. Zeichenhaft für diese Freude steht die ‚Dame'.

Einige Lieder, die Guillaume zugeschrieben werden, weisen bereits im Kern auf das erst später voll ausgebildete Konzept der *fin'amor* voraus. Besonders aufschlussreich ist darin das erkennbare Bestreben, die Lusterfahrung durch kunstvolle Regeln zu optimieren und zu verstetigen. Dies zeigt sich exemplarisch in dem Lied *Pos vezem de novel florir* (Pasero, Nr. VIII; „Wenn wir wieder blühen sehen"). Wie es in der mittelalterlichen Lyrik meist der Fall ist, erscheint das Subjekt der Liebeserfahrung als ein männliches Ich. In der ersten Strophe vergegenwärtigt der Sprecher das Wiedererwachen der Natur im Frühling, die dazu aufruft, das Glück in der Liebe zu suchen. Der Sprecher aber fühlt sich von der allgemein herrschenden Freude ausgeschlossen und fragt nach dem Grund dafür. Vielleicht, so räsoniert er, hat er die Regeln der Liebe nicht beachtet. Er verneint dies aber und kommt zu dem Schluss, dass die Unfähigkeit, Freude und Lust zu empfinden, ihre Ursache in etwas anderem habe, in der Erfahrung der Vergänglichkeit und Flüchtigkeit von Glück überhaupt (V. 13ff.):

A totz jorns m'es pres enaisi	*c'az essiens*
c'anc d'aquo c'amiei no.m jauzi,	*fauc, maintas ves que.l cor me ditz:*
ni o farai, ni anc non o fi;	*„Tot es niens".*

Immer ist es meine Bestimmung gewesen, keinen Genuss zu erlangen von dem, was ich liebte; so war es immer, und so wird es bleiben, denn ich weiß, dass beim Tun das Herz mir stets sagt: „Alles ist eitel, alles ist nichts".

Wenn die Freude sich dem Sprecher entzieht, so also nicht deshalb, weil sich ihm eine Frau verweigert, die er liebt, oder weil äußere Hindernisse der Erfüllung seines Verlangens entgegenstehen. Der Mangel resultiert vielmehr aus der biblischen Vorstellung von der Nichtigkeit irdischer – weil flüchtiger – Glückserfahrung, die der Sprecher im letzten Vers mit Anspielung auf den *vanitas*-Topos *Tot es niens* pointiert auf den Begriff bringt: *vanitatum vanitas* – alles ist nichtig, alles ist nichts. Bei diesem *Tot es niens* bleibt er aber nicht stehen, sondern er kehrt das biblische Wort von der Eitelkeit alles Irdischen um, der Logik folgend, dass, wenn der Satz „Alles ist nichts" richtig ist, auch der Umkehrschluss gilt: Nichts ist alles.

So hält der Sprecher gegen die Vorstellung von der Nichtigkeit des Irdischen am Streben nach Genuss und Vergnügen fest. Mit Mut und Ausdauer, erklärt er, könne man der Lust Dauer abgewinnen. Wenn man nämlich die Liebe an bestimmte Regeln bindet, erlangt man mehr von ihr als nur flüchtigen Genuss. Deshalb soll ein Mann, der in der Liebe Erfolg haben will, sich der Frau unterordnen und sich durch besondere Umgangsformen auszeichnen. Fremden wie ihren Nachbarn gegenüber soll er sich freundlich und ergeben zeigen (V. 31 ff.):

Obediensa deu portar	*faitz avinens*
a maintas gens, qui vol amar;	*e que.s gart en cort de parlar*
e cove li que sapcha far	*vilanamens.*

Ergebenheit (Dienstbereitschaft, Gehorsam) muss, wer lieben will, vielen Leuten gegenüber zeigen, und er muss es verstehen, liebenswürdig in seinem Handeln zu sein, und er muss sich hüten, am Hof grobe Worte zu gebrauchen (am Hof wie ein Bauer zu sprechen).

Die Bindung der Liebe an Regeln hat also die Funktion, den flüchtigen Genuss zu verstetigen, indem das Vergnügen am physischen Genuss verschoben wird auf das Vergnügen an dem Weg dorthin. Indem der Mann bereits aus der Werbung selbst Genuss zieht, kann die Frustration kompensiert werden, die aus unerfülltem Begehren entsteht. Durch die Regelgebundenheit erlangt die Liebe zudem den Charakter einer Kunst, einer *ars amandi*, und diese Kunst manifestiert sich in souveränen gesellschaftlichen Umgangsformen ebenso wie in der Komposition von Liedern, die dem Mann die Möglichkeit eröffnen, seine ‚artistische' Kompetenz unter Beweis zu stellen. Der literarische Diskurs über die Liebe hat dabei auch einen beträchtlichen Unterhaltungswert. Gerade aus heutiger Sicht, in der die Liebe im Allgemeinen als etwas Privates gilt, ist es bemerkenswert, dass die Liebe in den Liedern Guillaumes auf die Gesellschaft bezogen wird. Guillaume zufolge muss der Liebende, wenn er um eine Frau wirbt, in Wort und Tat nicht allein ihre, sondern auch – und vielleicht mehr noch – die Gunst der Gesellschaft erlangen, die sie umgibt. Die Liebe erscheint also als Kunst und Gesellschaftsspiel in einem.

Mit Blick auf den skizzierten machtpolitischen Konflikt zwischen weltlicher und geistlicher Macht ist es von Bedeutung, dass Guillaume in dem zitierten Lied den Terminus *obediensa* als programmatischen Leitbegriff verwendet. Mit diesem Wort werden zum einen die Treue und die Dienstpflicht des Vasallen bezeichnet, und insofern partizipiert es an einer politischen Bedeutungsdimension. Wichtiger aber noch ist, dass dieses Wort im religiösen Diskurs der Zeit einen zentralen Platz innehat. In seiner lateinischen Entsprechung, *oboedientia*, bezeichnete es das christliche Demuts- und Gehorsamsgebot, das in der Regel des Benediktinerordens als Kardinaltugend festgeschrieben war. Um 1100, zur Zeit des ersten Kreuzzugs, wurde die *oboedientia* von kirchlicher Seite zur Haupttugend eines Christen allgemein erklärt. Wenn Guillaume dieses Wort aufgreift und ihm programmatische Bedeutung in einem weltlichen Liebeskonzept zuschreibt, zeigt dies exemplarisch, wie die Troubadours religiös bestimmte Denkmuster aufnehmen, ihnen neue Inhalte zuschreiben und sie somit für die Definition und Aufwertung profaner Liebeskonzepte nutzbar machen.[7]

Mehrdeutigkeit: ‚minne' und ‚amor'

Für subtile Sprachspiele eignete sich vor allem das zentrale Leitwort der mittelalterlichen Lyrik, im Altokzitanischen das Wort *amor*, im Mittelhochdeutschen das Wort *minne*, weil es mehrere Bedeutungen hatte. So bezeichnete es nicht nur die ganze Skala möglicher erotischer und sexueller Beziehungen zwischen Mann und Frau, sondern, im religiösen Diskurs, auch die Liebe zwischen Gott und den Menschen, oder, im politisch-rechtlichen Diskurs, die friedliche Beziehung zwischen dem Lehnsherrn und seinem Vasallen. Die mittelalterlichen Liederdichter nutzen die Mehrdeutigkeit von *amor/minne*, indem sie – mitunter in verwirrender Weise – die verschiedenen Bedeutungsebenen überblenden.

So hat beispielsweise ein etwas jüngerer Zeitgenosse Guillaumes, der adlige Troubadour Jaufre Rudel, das Konzept der ‚Fernliebe' (*amor de lonh*) ins Zentrum seiner Lieder gestellt und damit die Distanz in kaum noch überbietbarer Weise gesteigert. Jaufre Rudel singt von der unstillbaren Sehnsucht nach einer Dame, die der Sänger noch nie gesehen hat und die er auch nie sehen wird; die später verfasste, fiktionale Lebensgeschichte des Troubadours, seine *Vida*, berichtet, er sei am Ende vor Sehnsucht in den Armen der Prinzessin gestorben, der seine ‚Fernliebe' gegolten habe. Die Interpreten haben wiederholt versucht, dieses eigentümliche Schillern zwischen einer säkularen und spirituellen Bedeutungsebene zu vereindeutigen. Eine Einigung wurde dabei nicht erzielt. Es scheint, als ob Jaufre Rudel das Changieren zwischen den Bedeutungsebenen bewusst arrangiert hat, um eben jenen irritierenden Reiz zu erzeugen, den seine Lieder auslösen. Ein ähnliches Schillern zwischen Sinnlichem und Spirituellem lässt sich, wenngleich in anderer Weise, in der zeitgenössischen, durch die Hohelied-Exegese angeregten Mystik beobachten.

Unter den Troubadours waren aber nicht nur adlige Herren wie Guillaume d'Aquitaine, Jaufre Rudel oder auch Richard Löwenherz. Weltzugewandte Kleriker, professionelle Liederdichter, die von ihrer Kunst lebten, Angehörige verschiedener sozialer Schichten wirkten mit ihnen zusammen. Einige von ihnen, wie beispielsweise der Troubadour Marcabru, versuchten keineswegs, die Differenz zwischen dem religiösen und dem weltlichen Diskurs über die Liebe zu überspielen, sondern vertraten eine dualistische Liebesauffassung, die von dem in christlicher Tradition verankerten Gegensatz *caritas* und *cupiditas* (Gottesliebe und sinnliches Begehren) geprägt war. So stellten sie einer spiritualisierten, religiös konnotierten ‚guten' Liebe *(fin'amor)* eine von sündhaftem Begehren geleitete ‚falsche' Liebe *(fals'amor)* gegenüber.

Zu den zentralen Thesen der Troubadours gehört die Annahme, dass die Liebe – die *fin'amor* – den Mann ‚besser' machen und zu seiner Vervollkommnung beitragen kann. Dieser ‚Erziehungsgedanke' dürfte zur kulturellen Wirkmächtigkeit das Frauendienst-Konzepts nicht unwesentlich beigetragen haben. Verbreitet ist zudem die Auffassung, dass die Liebe einen Wert an sich darstellt, unabhängig davon, ob das Begehren Erfüllung findet oder nicht. So heißt es in einem Lied des Troubadours Bernart de Ventadour:[8]

Ja Deus no.m don aquel poder
que d'amor no.m prenda talans.
si ja re no.n sabi'aver,
mas chascun jorn m'en vengues maus,
totz tems n'aurai bo cor sivaus ;
e n'ai mout mais de jauzimen,
car n'ai bo cor, e m'i aten.

Gott möge mir niemals die Fähigkeit schenken, dass mich kein Verlangen nach Liebe ergreife. Wenn ich auch wüsste, dass ich nie etwas davon besitzen würde, sondern mir jeden Tag davon Schlechtes zuteil würde, so werde ich doch wenigstens ein edles Herz dadurch haben, und ich habe weit größeren Genuss von ihr, weil ich ein edles Herz habe und dabei beharre.

Das Verlangen nach einer konkreten ‚Dame' tritt damit zurück hinter das Verlangen nach Liebe, oder anders gesagt: Das Verlangen selbst wird libidinös besetzt, es wird zum Selbstzweck. Indem der Mann mit seinem Begehren auf sich selbst zurückgeworfen wird, kommt es zu differenzierten Formen der Introspektion und Seelenanalyse. Von Bernart de Ventadour stammt auch das „Lerchenlied", das die Melancholie der Sehnsucht, den Aufschwung der Seele und den Selbstverlust im Verlangen nach Liebe in ein einprägsames Bild fasst:[9]

Can vei la lauzeta mover
De joi sas alas contra.l rai,
Que s'oblid'e.s laissa chazer
Per la doussor c'al cor li vai,
ai! tan grans enveya m'en ve
de cui qu'eu veya jauzion,
meravilhas ai, car desse
lo cor de deziron no.m fon.

Wenn ich sehe, wie die Lerche vor Lust ihre Flügel dem Sonnenstrahl entgegen schlägt, wie sie sich vergisst und sich fallen lässt wegen der Süße, die ihr ans Herz geht, ach, dann erfüllt mich so großer Neid auf wen immer ich fröhlich sehe, dass ich mich wundere, wieso mir mein Herz vor Sehnsucht nicht vergeht.

Historische Zeugnisse über das Leben Bernarts de Ventadour sind nicht überliefert. Aus seinen Liedern geht jedoch hervor, dass er im Dienst wechselnder Gönnerinnen und Gönner stand und mit der Kunst seinen Lebensunterhalt bestritt. Die innertextuelle Konfiguration Troubadour – Minnedame war für ihn, anders als etwa für Guillaume d'Aquitaine, nicht Fiktion oder bloßes Spiel, sondern korrespondierte mit der textexternen Konstellation zwischen dem Liederdichter und dem Gönner bzw. der Gönnerin. Hier war es nicht nötig, eine ‚künstliche' Distanz zur Dame herzustellen, wie G. d'Aquitaine es in dem zitierten Beispiel tut. Unter dieser Voraussetzung erhielt das Werbelied vielmehr den Charakter einer raffinierten Form der Huldigung, in der kunstvoll mit den Bedeutungsebenen von *amor* auf der erotischen, politischen und religiösen Ebene gespielt werden konnte.

Die ‚Minnedame'

Die Troubadours erfüllten nicht allein das Bedürfnis nach höfischer Repräsentation, nach gehobener Unterhaltung und ästhetischem Vergnügen, sie setzten sich je neu mit Normen des höfischen Verhaltenscodes auseinander, die auf die Regelung und Kontrolle der Affekte zielten, und sie spielten in ihren Liedern immer wieder modellhaft Möglichkeiten durch, wie Entbehrungs- und Frustrationserfahrungen bewältigt oder kompensiert werden können. Der Diskurs über die Liebe diente dabei als Medium der Auseinandersetzung über Grundsätze der sozialen Interaktion am Hof und erfüllte die Funktion eines Ordnungsmusters. Die Moral, die außereheliche Beziehungen verbot, und der Wunsch nach einer ‚freien', durch keine äußeren Zwänge gebundenen Liebe wurden in der paradoxen Grundsituation spielerisch in der Waage gehalten.

Wie die Relation zwischen dem Bild der ‚Dame' in den Minnekanzonen und der realen Situation adliger Frauen am Hof zu denken ist, lässt sich nicht leicht beantworten. Aus historischen Quellen geht hervor, dass im Wirkungsbereich der Troubadours adlige Frauen häufiger selbst Herrschaft ausgeübt haben als im deutschsprachigen Bereich. Frauen sind auch, wie die berühmte Eleonore von Aquitanien, die Enkelin Guillaumes, als Gönnerinnen der Troubadours bezeugt, die ihnen ihrerseits in ihren Liedern gehuldigt haben. Erotische oder gar sexuelle Freizügigkeit von Frauen widersprach strikt den offiziellen sozialen Normen; welche Spielräume Frauen dennoch hatten oder sich selbst nahmen, ist kaum zu ermitteln. Selbst spektakuläre Einzelfälle wie etwa der von Bertrade de Montfort, der Geliebten des französischen Königs Philipp, sind schwer zu beurteilen, weil über die Motive der Beteiligten nichts Genaueres bekannt ist. Soviel nur ist sicher:

Um 1100 verließ Bertrade de Montfort ihren Ehemann, um eine Beziehung mit Philipp einzugehen, der ebenfalls verheiratet war. Daran nahm die Kirche erheblichen Anstoß, nicht aber der Ehemann Bertrades.[10]

Auf der Ebene der symbolischen Bedeutungsproduktion aber ist das Bild der ‚Minnedame' von einem doppelten und zugleich gegenläufigen Anspruch geprägt. Als idolisiertes Objekt des männlichen Begehrens erscheint sie einerseits in einer Machtposition, in der sie scheinbar über den Mann verfügen kann, andererseits aber ist sie aus dem Liebesgeschehen ausgeschlossen und zur Passivität verurteilt. Die normative Funktion des Frauendienstes betrifft also auch die ‚Minnedame', indem sie das Begehren des Mannes wecken soll, aber nicht erfüllen darf. Im deutschen Minnesang lässt sich dies besonders an der Gattung der Frauenlieder ablesen, die hier, anders als in der Troubadourlyrik, einen festen Platz im Gattungssystem haben. In den Frauenliedern spricht zwar ein weibliches Ich, aber die Lieder sind von Männern verfasst; sie führen vor, dass die ‚Minnedame' zwar gern auf die Werbung des Mannes eingehen und seine Liebe erwidern würde, dieses aber nicht darf. Auf diese Weise bestätigen und konkretisieren die Frauenlieder das in den Männerliedern entworfene Frauenbild. Die ‚Minnedame' erscheint als Symbol für höfische Werte, über die sich Männer weitgehend unter sich allein verständigen.

Schluss

Bei der trobadoresken *fin'amor* (und der *hohen minne* im deutschen Kulturbereich) mit der charakteristischen Paarkonfiguration ‚hoch stehende Minnedame – dienender Sänger-Troubadour' handelt es sich, wie die vorliegende Skizze gezeigt hat, um ein komplexes und breit gefächertes Kulturmuster, in dem vielfältige Traditionen und Denkmodelle als generative Elemente wirken, von antiken Vorstellungen über religiöse Diskurse insbesondere der zeitgenössischen christlichen Spiritualität bis hin zu politischen Konzepten und ästhetisierten Unterhaltungspraktiken des Adels. Die Vielfalt der Vorstellungen, die im Frauendienst produktiv gemacht wurden, korrespondiert mit der Vielfalt seiner Funktionen. Sie bestanden in der Verstetigung des Begehrens, in der Regulierung der Affekte, in der Huldigung, in der Verständigung über die soziale Interaktion am Hof. Die trobadoreske Liedkunst fungierte als Gesellschaftsspiel, als Medium der Repräsentation, der Modellierung und der Legitimation einer neuen höfischen Adelskultur, die sich nicht der Sprache der Gelehrten bediente, sondern ihrer eigenen, der Volkssprache. In der Verschriftlichung der volkssprachlichen Zeugnisse artikulierte sich ein eigener Geltungsanspruch, der das herrschende christlich-klerikale Schrift- und Bildungsmonopol in Frage stellte.

Die lang anhaltende Wirkung des Frauendienstes dürfte sich durch diese funktionale Vielfalt und die ihn prägende Grundkonstellation zwischen Troubadour und ‚Minnedame', die ‚Ursituation' zwischen einem liebenden Mann und einer unerreichbaren Frau, erklären. Beides konnte auch unter sich wandelnden gesellschaftlichen Bedingungen produktiv bleiben. Der Frauendienst eröffnete einen Imaginationsraum, in dem ‚anarchisches' männliches Begehren sich artikulieren konnte, aber er bildete zugleich einen Code, in dem das Begehren neutralisiert wurde. Für den Umstand, dass dieses kulturelle Muster heute als Modell der Sozialisation und der kulturellen Sinnproduktion an Bindungskraft verloren hat, dürfte es vielfältige Gründe geben. Einer davon liegt sicher in der geschlechtsspezifisch festgeschriebenen Asymmetrie des Begehrens.

Anmerkungen

1 Kasten 1995.
2 Gaunt 1995.
3 Kasten 1986.
4 Weigand 1981.
5 Neumeister, 204 f. und 207.
6 William of Malmesbury, zitiert nach Kasten 1986, 32 f.
7 Warning 1979.
8 Appel, Nr. 15, V. 8 ff.
9 Appel, Nr. 43, V. 1 ff.
10 Duby 1981.

Quellen und Literaturhinweise

Appel, Carl 1915 (Hg.): Bernart von Ventadorn. Seine Lieder mit Einleitung und Glossar, Halle a. d. Saale.

Pasero, N. 1973 (Hg.): Guglielmo IX d'Aquitania. Poesie. Edizione critica, Modena.

Duby, Georges 1981: Le chevalier, la femme et le prêtre. Le mariage dans la France féodale, o. O.

Gaunt, Simon 1995: Gender and genre in medieval French literature. Cambridge University Press (Cambridge Studies in French 53) S. 122–179.

Kasten, Ingrid 1986: Frauendienst bei Trobadors und Minnesängern im 12. Jahrhundert. Zur Entwicklung und Adaption eines literarischen Konzepts, Heidelberg.

Kasten, Ingrid 1995: Der *amour courtois* als überregionales Kulturmuster. Skizze zum Problem einer Begriffsgeschichte, in: Interregionalität der mittelalterlichen Literatur im europäischen Mittelalter, hg. von Hartmut Kugler, Berlin/New York, S. 161–174.

Neumeister, Sebastian 1969: Das Spiel mit der höfischen Liebe, Das altprovenzalische Partimen, München.

Warning, Rainer 1979: Lyrisches Ich und Öffentlichkeit bei den Trobadors. In: Deutsche Literatur im Mittelalter. Kontakte und Perspektiven. Hugo Kuhn zum Gedenken, hg. von Christoph Cormeau, Stuttgart, S. 120–159.

Weigand, Rudolf 1981: Liebe und Ehe bei den Dekretisten des 12. Jahrhunderts. In: Love and Marriage in the Twelfth Century, hg. von Willy Horcke und Andries Welkenhuysen, Leuven.

Franziskus von Assisi mit Szenen seiner Legende
Tafelbild des Bonaventura Berlinghieri um 1235; S. Francesco, Pescia

Helmut Feld

FRANZISKUS VON ASSISI

Zwischen Inszenierung und Imagination

Herr, mache mich zu einem Werkzeug deines Friedens,
daß ich Liebe übe da, wo man sich haßt,
daß ich verzeihe da, wo man sich beleidigt,
daß ich verbinde da, wo Streit ist,
daß ich Hoffnung erwecke, wo Verzweiflung quält,
daß ich ein Licht anzünde, wo die Finsternis regiert,
daß ich Freude bringe, wo der Kummer wohnt …

Dieses so genannte „Friedensgebet des heiligen Franziskus" ist das bisher letzte unter den „sicherlich nicht authentischen Opuscula", die Kajetan Esser im Rahmen seiner kritischen Edition der Schriften des Franziskus zusammengestellt hat.[1] Es entstand im Vorfeld des Ersten Weltkriegs in Nordfrankreich; der ursprüngliche Text ist französisch. Es verdankt seine Beliebtheit und weite Verbreitung den Friedenssehnsüchten vieler Menschen während des 20. Jahrhunderts. Selbst wenn man das nicht wüsste, könnte ein Kenner der Quellen des frühen Franziskanertums leicht feststellen, dass der Text in keiner Weise den religiösen Vorstellungen und der Frömmigkeit des Franziskus entspricht.[2] Das „Friedensgebet", aber auch die Tatsache, dass Franziskus in unseren Tagen zum Patron und Guru von Pazifisten, Naturschützern, Vegetariern und „grün" gesinnten Zeitgenossen werden konnte, zeigen, wie herrschende geistige Strömungen oder kollektive Lebensgefühle auf Heilige und Religionsstifter übertragen, in ihr Lebenswerk hineingelesen werden können. Buddha, Jesus und Mohammed sind davon nicht verschont geblieben. Bei Franziskus kommt hinzu, dass er – vielleicht wie keine andere bedeutende Gestalt der Weltgeschichte –

schon zu seinen Lebzeiten begonnen hat, sich zu inszenieren. Die Imagination oder Mythenbildung über ihn hat also ihre Wurzeln bei seinem Verständnis von sich selbst, das er seinen Anhängern vermitteln wollte.

Es ist bekannt, dass Franziskus sich selbst und seine Gefährten als Schauspieler, Spielleute Gottes (ioculatores Domini) bezeichnet hat. Dem entspricht seine Vorliebe für szenische Darstellungen und Zeichenhandlungen, denen er gegenüber der Verkündigung mit Worten den Vorzug gab.[3] Darüber hinaus hat er sein ganzes Leben wie ein sprechendes Kunstwerk bewusst inszeniert. Das vor allem ist, neben vielen einzelnen Zügen, die Ursache dafür, daß das Leben des Heiligen von Assisi eine Wirkungsgeschichte in den Bereichen von Theologie, Dichtung und bildender Kunst entfalten konnte, der im westlichen Christentum nur die Wirkungsgeschichte des Lebens Jesu vergleichbar ist. Ich will versuchen, das in der gebotenen Kürze an drei Facetten des Franziskus-Bildes zu erläutern: dem „kleinen Armen", dem „seraphischen Heiligen" und dem „zweiten Christus". Die drei genannten Vorstellungen hatten in der christlichen Theologie- und Religionsgeschichte eine bedeutende Wirkung und sie gehen alle drei auf Franziskus selbst zurück.

Der „kleine Arme"

Als „kleiner Armer" (lat. pauperculus; ital. poverello) bezeichnet sich Franziskus an zwei Stellen am Ende seines geistlichen Vermächtnisses, des so genannten Testaments. Allerdings ist das Wort „pauperculus" nur in drei bzw. zwei der zahlreichen Handschriften überliefert; die übrigen Textzeugen haben statt dessen „parvulus".[4] In den neueren Textausgaben steht deshalb nur noch „parvulus" (der ganz kleine), während der Beiname „Poverello" für Franziskus immer noch sehr häufig in Predigten, Vorträgen, erbaulicher Literatur zu hören und zu lesen ist. Ob nun „parvulus" oder „pauperculus" die ältere Überlieferung widerspiegelt – vergessen oder beiseite gelassen wird in erbaulichen oder frömmelnden Auslassungen über Franziskus die *andere* Seite der Selbstverdemütigung des Heiligen: das ungeheuere (prophetische) Selbstbewusstsein, wie es zum Beispiel in den letzten Sätzen des Testaments ausgesprochen ist:

Und wer immer das hier Gesagte beobachtet, der soll im Himmel mit dem Segen des allerhöchsten Vaters erfüllt und auf Erden mit dem Segen seines vielgeliebten

Sohnes erfüllt werden, mit dem Heiligen Geist und allen himmlischen Mächten und allen Heiligen. Und ich, Bruder Franziskus, euer ganz kleiner (oder: ganz kleiner armer) Diener bekräftige Euch, so viel immer ich vermag, innerlich und äußerlich diesen allerheiligsten Segen.

Im Klartext bedeutet das: Wer das, was in der Ordensregel und im Testament gesagt wird, einhält, dem sagt der „kleine arme" Franziskus kraft göttlicher Offenbarung und Autorität das ewige Heil zu.

Vor allem von Gelehrten aus den franziskanischen Ordensgemeinschaften wird nicht selten ganz unkritisch die Meinung vertreten, Franziskus habe nichts anderes als ein am Vorbild Christi und seiner Jünger orientiertes Verständnis von Armut gehabt.[5] Dagegen hat der evangelische Kirchenhistoriker Karlmann Beyschlag schon 1955 die Unterschiede zwischen dem Ethos des Evangeliums, insbesondere dem der Bergpredigt, und den Grundlagen der franziskanischen Askese herausgearbeitet. Neuerdings vertritt der amerikanische Mediävist Kenneth Baxter Wolf die Auffassung, Franziskus sei zu keiner Zeit wirklich in die Kreise der unfreiwilligen Armen hineingelangt, sondern er sei immer in einer privilegierten Situation geblieben und habe jederzeit Zugang zu den prominenten politischen und kirchlichen Persönlichkeiten gehabt. Er pflegte vertrauten Umgang mit Kardinälen und Mitgliedern des Hochadels, die ihn in ihren Palästen empfingen und freigebige Wohltäter der Brüder wurden. Franziskus zeichnete sich nach Meinung von Wolf auch nicht dadurch aus, dass er den Armen seiner Zeit eine materielle Erleichterung ihres Daseins brachte. Viele seiner Anhänger übten bürgerliche Berufe aus und hatten wenig Kontakt zu ihren Not leidenden Nachbarn. Weder die Aussätzigen noch die Armen, so Wolf weiter, hatten einen Nutzen von ihrer Begegnung mit dem Heiligen.

Wolfs Ansichten sind insofern zutreffend, als das von Franziskus und seinen ersten Gefährten postulierte und praktizierte Armutsideal auf einer freiwilligen Entscheidung beruhte: dem, was der Heilige selbst als sein „Hinausgehen aus der Welt" bezeichnet hat. Das hat nicht viel mit dem Elend und der Not zu tun, unter denen die unfreiwilligen Armen zu leiden hatten. Franziskus war sich dieser Tatsache durchaus bewusst. Der Biograph Thomas von Celano berichtet in seiner zweiten Lebensbeschreibung, Franziskus habe Scham, ja sogar ein gewisses Gefühl des Neides empfunden, wenn er einem begegnete, der ärmer war als er selbst. Als er einmal einen solchen „kleinen Armen" (pauperculus) sah, der kaum noch Kleider am Leib hatte, sagte er bewegt zu seinem Gefährten: „Die Not von dem hier beschämt uns sehr und blamiert unsere Armut gewaltig." Und als der Gefährte ihn um eine Erklärung bittet, sagt er:[6]

Als meinen Reichtum, als meine Herrin habe ich die Armut gewählt. Und siehe, an diesem hier erglänzt sie mehr. Oder weißt du nicht, daß durch die ganze Welt laut herumerzählt wurde, wir seien um Christi willen die allerletzten Armen? Daß es sich aber anders verhält, beweist dieser Arme hier.

Indem Franziskus von sich und seinen Anhängern eine radikale und extreme Form der Armut verlangte, wie sie weder von Christus und seinen Jüngern noch von den älteren Ordensgemeinschaften der Katholischen Kirche praktiziert worden war, begab er sich jedoch nicht selbst in die Randgruppe der Ärmsten der Gesellschaft, ebenso wenig wie er sich bei seinem „Hinausgehen aus der Welt" unter die Aussätzigen begeben hat. Franziskus selbst hat zwar seine Bekehrung in engem Zusammenhang mit der von Gott bewirkten Überwindung des Abscheus vor den Aussätzigen gesehen, wenn er am Beginn seines *Testaments* sagt:[7]

Der Herr gab mir, Bruder Franziskus, auf folgende Weise mit dem Buße tun zu beginnen: Denn als ich noch in Sünden war, da schien mir der bloße Anblick von Aussätzigen überaus unangenehm. Und der Herr selbst führte mich unter sie, und ich übte an ihnen Barmherzigkeit aus. Und als ich wieder von ihnen wegging, da war das, was mir vorher unangenehm erschienen war, in seelisches und körperliches Wohlbehagen umgewandelt. Und danach verweilte ich noch ein wenig und ging dann aus der Welt hinaus.

Doch entspricht es nicht ganz der historischen Wahrheit, wenn Franziskus in seinem letzten Lebensjahr (1226) seiner ersten Begegnung mit den Aussätzigen eine so hervorragende Bedeutung beimisst. Es ist vielmehr auch ein Teil der *Legende* seines Lebens – im modernen Sinn des Wortes –, an der er, wie andere große Persönlichkeiten, selbst gestrickt hat. Mit anderen Worten: Das Testament des Heiligen kann nur mit großer Vorsicht und in einem sehr eingeschränkten Sinne als Geschichtsquelle benutzt werden. Am Ende seines Lebens erinnert sich Franziskus an ein Ideal aus der Frühzeit der Bewegung, dessen Realisierung von Anfang an, und erst recht in den späteren Jahren, auf Widerstände stieß, auch bei Franziskus selbst. Denn der Heilige hatte zeitlebens ein ambivalentes, um nicht zu sagen: gespaltenes, Verhältnis zu den Aussätzigen. Eine der zuverlässigsten Quellen, die so genannte *Legenda Perusina* oder *Compilatio Assisiensis*, berichtet eine Episode aus der Frühzeit des Ordens, als sich die Brüder noch häufig in den Lepro-sen-Hospitälern aufhielten. Der ein wenig einfältige Bruder Jakobus, dem Franziskus die Pflege der Aussätzigen in besonderer Weise anvertraut hatte und der beinahe die Rolle eines Arztes bei ihnen einnahm, brachte einmal einen mit Geschwüren bedeckten Kranken mit in das Heiligtum des Ordens, die Portiuncula-Kirche. Das war für Franziskus zu viel:[8]

Der heilige Franziskus sagte zu Bruder Jakob, um ihm gewissermaßen einen Tadel auszusprechen: „Du solltest die christlichen Brüder nicht in dieser Weise umherführen, weil sich das weder für dich noch für sie gehört." Der heilige Franziskus nannte die Leprosen „christliche Brüder".

Jahre später ging Franziskus gegen Bruder Johannes a Cappella, der den Versuch wagte, die „christlichen Brüder" aus der gesellschaftlichen Isolation herauszuführen und in die Christenheit wieder einzugliedern, mit den Mitteln des kanonischen Rechts und der kirchlichen Disziplin vor. Johannes hatte, während sich Franziskus im Orient aufhielt (1219/1220), einen Orden für die Aussätzigen gegründet und ihm eine Regel gegeben, für die er die Billigung des Apostolischen Stuhls zu erlangen suchte.[9] Nüchtern betrachtet war das ja kein unbilliges oder gar moralisch fragwürdiges Unterfangen und wurde auch von der Römischen Kurie nicht als solches angesehen. Franziskus allerdings war mit den Aktivitäten seines Gefährten nicht einverstanden; nach seiner Rückkehr aus dem Orient erreichte er mit Hilfe des inzwischen zum Protektor des Minoriten-Ordens berufenen Kardinals Hugolino von Ostia, dass Bruder Johannes und dessen Anhänger schimpflich von der Kurie weggejagt wurden. In späteren Legenden wurde Johannes a Cappella dann die Rolle des „Judas" unter den ersten Gefährten des Franziskus zugeteilt: er war ein Verräter und hängte sich wie sein Vorbild auf.[10]

Ähnliches wie für das Verhältnis des Franziskus zu den Leprosen gilt für seinen Kontakt mit den „richtigen" Armen: denen, die für ihr Überleben ausschließlich auf das Betteln angewiesen waren. Die so genannte *Drei-Gefährten-Legende* und Thomas von Celano in seiner zweiten Lebensbeschreibung berichten übereinstimmend von der Sehnsucht des jungen Franziskus, incognito ein Leben unter diesen Bettlern zu führen. Eines Tages verwirklichte er diesen Wunsch, indem er eine Wallfahrt nach Rom unternahm. In der St. Peterskirche ärgerte er sich über die geringen Gaben, die von den Pilgern am Grab des Apostelfürsten dargebracht wurden. Er griff in seine Geldbörse und warf unter großem Getöse eine Handvoll Silbermünzen durch das Gitter am Altar. Damit erregte er wohl die Verwunderung der Anwesenden, konnte sie aber nicht zur Nachahmung animieren. Danach mischte er sich unter die zahlreichen Bettler, die im „Paradies", dem Vorhof von St. Peter herumlungerten, und tauschte mit einem von ihnen die Kleider. Auf der Treppe der Kirche sitzend bettelte er die Pilger in französischer Sprache an. Er vergaß die vornehmen häuslichen Tischsitten und schlang die angebotenen Speisen gierig wie die Armen herunter.[11] Er scheint aber bald gemerkt zu haben, dass das Leben unter den Asozialen letztlich doch nicht seinen Vorstellungen entsprach, und er kehrte nach Assisi zurück. Seine eigentliche Bekehrung ist weniger durch die Begegnung mit Aussätzigen und Bettlern markiert, auch nicht durch die spektakuläre Trennung von seinem Vater vor dem Dom von Assisi – wenngleich das wichtige Etappen auf seinem „Gang aus der Welt hinaus“ sind –, als vielmehr durch die Vision des Crucifixus von San Damiano im Sommer des Jahres 1206. Nachdem der Crucifixus zu ihm die berühmten Worte gesprochen hatte: „Franziskus, geh und baue mein Haus wieder auf, das, wie du siehst, ganz und gar in Verfall gerät“, war Armut für ihn gleichbedeutend mit der Nachfolge und fortschreitenden Angleichung an den armen und leidenden Christus. Schon eine der ältesten Lebensbeschreibungen, die *Drei-Gefährten-Legende*, bemerkt, er habe „von da an“ die Wundmale des Herrn in seinem Herzen getragen, die dann später auch auf seinem Körper erneuert worden seien.[12] Indem Franziskus seinen Zeitgenossen mit seinem eigenen Leben und der Lebensform seiner Bruderschaft das lebendige Bild der Urkirche vorhielt, wollte er die Bekehrung der Kirche, der mittelalterlichen *Christianitas* erreichen – die *Bekehrung*, nicht bloß eine Reform.

Das Leben in absoluter Armut, das Franziskus seiner Bruderschaft vorschrieb, unterschied sich durch seine Radikalität von den Lebensformen aller früheren Ordensgemeinschaften der Katholischen Kirche, ja sogar von derjenigen der Christen zur Zeit der Apostel. Die Mitglieder des Minoriten-Ordens waren nicht nur gehalten, persönlich auf allen Besitz zu verzichten, sondern das Armutsgebot hatte darüber hinaus Geltung für die ganze Gemeinschaft. Der Orden durfte keinerlei mobilen und immobilen Besitz annehmen; es galt ein absolutes Geldverbot, ja das Verbot, Geld auch nur zu berühren. Schon die älteste Ordensregel, die so genannte *Regula non bullata*, enthält in den beiden ersten Kapiteln entsprechende Bestimmungen. Franziskus hat – schon damals gegen erheblichen Widerstand von innerhalb und außerhalb des Ordens – dafür gesorgt, dass sie, sogar mit schärferen Formulierungen, in die ab dem Jahr 1223 gültige *Regula bullata* übernommen wurden. Schließlich hat er die „heilige Armut“, also die absolute Besitzlosigkeit, dem gesamten Orden nochmals in seinem *Testament* eingeschärft.[13]

Schon vier Jahre nach dem Tode des Ordensgründers hatten die Auseinandersetzungen über dessen Willen und die Radikalität der zu beobachtenden Armut ein Maß erreicht, dass es Papst Gregor IX. (1227–1241) für geraten hielt, einzuschreiten: Unter Berufung auf sein langjähriges vertrautes Verhältnis zu dem Heiligen setzte er mit der Bulle „Quo elongati“ vom 28. September 1230 dessen *Testament* und die radikale Armutsbestimmung der Regel außer Kraft. Bei notwendigen Geldgeschäften dürfen die Brüder einen Beauftragten (Treuhänder) in Anspruch nehmen, der aber formaljuristisch nicht als Sachwalter des Ordens, sondern als Bevollmächtigter des

Geschäftspartners oder Stifters gilt. Mit der Institution der Zahlung mittels Auftrag, also des bargeldlosen Zahlungsverkehrs, wird dem Geldverbot des Ordensgründers formal und dem äußeren Anschein nach Genüge getan. Auch den längst eingerissenen regelwidrigen Zustand, dass der Orden seine beweglichen Güter de facto als gemeinschaftlichen Besitz ansieht, sucht der Papst mit Hilfe einer formaljuristisch korrekten Sprachregelung zu beseitigen: Er schärft das Verbot privaten und gemeinschaftlichen Besitzes erneut ein, doch sollen der Orden insgesamt und die Brüder das Nutzungsrecht (usus) ihrer beweglichen Utensilien und Bücher behalten dürfen; das Besitzrecht (dominium) der Grundstücke und Häuser verbleibt bei den vormaligen Eigentümern. Die Unterscheidung von *usus* und *dominium* hat jedoch rein fiktiven Charakter.

Unter Gregors Nachfolger Innocenz IV. (1243–1254) setzte sich dann die Auffassung durch, dass im Zweifelsfall der Papst und die Römische Kirche das Besitzrecht über die Güter des Ordens haben und also deren Eigentümer im juristischen Sinne sind. Papst Nikolaus III. (1277–1280) sanktionierte diese Rechtsauffassung mit seiner Bulle „Exiit qui seminat" vom 14. August 1279 „für ewige Zeiten". Diese „Ewigkeit" währte allerdings nicht sehr lange: Nach weiteren Streitigkeiten über Inhalt und Umfang der franziskanischen Armut veröffentlichte Papst Johannes XXII. (1316–1334) am 8. Dezember seine Bulle „Ad conditorem canonum", in der er der Fiktion der Eigentumslosigkeit des Ordens und des bloßen Gebrauchs der Güter durch dessen Mitglieder ein für alle Mal ein Ende setzte. Er verzichtet für die Kirche auf das Besitzrecht (dominium) der Güter des Ordens und erklärt die Annahme, dass ein vom Eigentum oder Besitzrecht abgetrennter Gebrauch (usus) möglich sei, für rechts- und vernunftwidrig. Mit boshafter, ironischer Schärfe weist Johannes XXII. mehrfach auf den bloß fiktiven Charakter der franziskanischen Armut hin und gibt sie der Lächerlichkeit preis. Seinem Vorgänger Nikolaus III. möchte er nicht die Dummheit unterstellen, er habe die Absicht gehabt, das Besitzrecht über die Konsumgüter des Alltags, wie ein Ei, einen Käse oder ein Stück Brot, der Römischen Kirche vorzubehalten und den Brüdern den bloßen Gebrauch zu überlassen. Genau dies entsprach aber der „verrückten" Auffassung des Franziskus und seiner radikalen Anhänger.

Johannes XXII. hatte die theologische Begründung für seine Ablehnung der franziskanischen Armut bei Thomas von Aquin gefunden, dessen Werke er sorgfältig studiert hatte.[14] Für Franziskus und seine radikalen Anhänger war die von ihnen gelebte Armut identisch mit dem evangelischen und apostolischen Leben und damit der Nachfolge Christi schlechthin. Thomas von Aquin unterzieht diese Auffassung einer vernichtenden Kritik. In seiner *Summa theologica* unterscheidet er zwischen der Vollkommenheit und der Armut. Demnach besteht die Vollkommenheit des christlichen Lebens „nicht wesentlich in der Armut, sondern in der Nachfolge Christi". Armut ist nach Thomas eine Stufe auf dem Weg zur Vollkommenheit. Das Armutsideal im franziskanischen Sinne ist dagegen auch nicht schriftgemäß; denn:[15]

Die Vollkommenheit des christlichen Lebens besteht nicht wesentlich in der freiwilligen Armut, sondern die freiwillige Armut ist wirksam als Mittel zum Erreichen eines vollkommenen Lebens. Deshalb muß nicht da, wo die größere Armut ist, auch die größere Vollkommenheit sein. Vielmehr kann die höchste Vollkommenheit zusammen mit großem Reichtum existieren. Denn Abraham, dem Gen 17 [1] gesagt wurde: „Wandle vor mir und sei vollkommen", war, wie man lesen kann, reich.

Die entgegengesetzte Auffassung besagt, dass die freiwillig übernommene Armut identisch ist mit der Nachfolge des leidenden und am Kreuz sterbenden Erlösers. Klara von Assisi, die treueste und radikalste Schülerin des Franziskus, hat sie in dem ersten ihrer erhaltenen Briefe an Agnes von Prag in hymnischer und zugleich theologisch profunder Sprache formuliert:[16]

O selige Armut, die denen, die sie lieben und umarmen, ewige Reichtümer gewährt! O heilige Armut: denen, die sie haben und begehren wird von Gott das Himmelreich versprochen und die ewige Herrlichkeit und das selige Leben ganz ohne Zweifel gewährt. O fromme Armut, die der Herr Jesus Christus, der Himmel und Erde regiert, der sprach, und sie wurden geschaffen [Ps 32,9; 148,5], vor allen anderen zu umarmen geruhte! Denn die Füchse haben ihre Höhlen, sagt er, und die Vögel des Himmels ihre Nester, der Menschensohn aber, nämlich Christus, hat keinen Ort, wo er seinen Kopf anlehnen kann [Mt 8,20], sondern er neigte sein Haupt und starb [Joh 19,30].

Und wenig später fährt sie fort:

Ich bin nämlich fest überzeugt, daß Ihr wißt: Das Himmelreich wird vom Herrn ausschließlich den Armen versprochen und gegeben; denn wenn man eine zeitliche Sache liebt, dann geht die Frucht der Liebe verloren; man kann nicht Gott und dem Mammon dienen, weil entweder der eine geliebt und der andere gehaßt wird, oder man dem einen dient und den anderen verachtet [Mt 6,24]; und ein Bekleideter kann mit einem Nackten nicht kämpfen, weil der schneller zu Boden geworfen wird, der etwas an sich hat, woran man ihn packen kann; und es ist unmöglich, ruhmvoll in der Welt zu bleiben und drüben mit Christus zu herrschen; und ein Kamel kann eher durch ein Nadelöhr gehen als ein Reicher zum Himmelreich aufsteigen [Mt 19,24]. Deshalb habt Ihr die Kleider, das heißt, die zeit-

lichen Reichtümer, abgeworfen, damit Ihr dem kämpfenden Feind in keiner Weise unterlegen seid, damit Ihr durch den schmalen Weg und die enge Pforte in das Himmelreich eintreten könnt [Mt 7,13f.].

Der „seraphische Heilige“

Im Prolog seiner in den Jahren 1260–1262 entstandenen *Legenda maior*, der großen Lebensbeschreibung des Franziskus, sagt der heilige Bonaventura von dem Ordensgründer, er sei „von prophetischem Geist erfüllt“ gewesen, „zur Aufgabe eines Engels bestimmt“ worden, „ganz und gar vom seraphischen Feuerbrand entzündet“ gewesen und schließlich „in die himmlischen Rangordnungen aufgenommen in einem feurigen Wagen nach oben gefahren“. Weiter heißt es, auf Franziskus treffe die Prophezeiung der Johannes-Apokalypse von dem Engel zu, der nach Öffnung des sechsten Siegels (Apoc 6,12) vom Sonnenaufgang her aufsteigt mit dem Siegel des lebendigen Gottes, um die Diener Gottes auf ihrer Stirn zu markieren (Apoc 7,2).

Bonaventura von Bagnoregio, der von 1257 bis 1274 Generaloberer des Ordens der Minderbrüder war, sah sich mit verschiedenen Strömungen innerhalb der Gemeinschaft konfrontiert, die über die Bedeutung des Franziskus und der von ihm gegründeten Bewegung in der Kirche und in der Heilsgeschichte tief zerstritten waren. Er versuchte deshalb, in seinen beiden Lebensbeschreibungen ein Bild von Franziskus zu vermitteln, das extreme Auffassungen vermied. Das konnte allerdings nur um den Preis massiver Geschichtsklitterungen gelingen. Als er sein Werk vollendet hatte, ließ Bonaventura es durch das Generalkapitel des Ordens, das am 16. Mai 1266 in Paris tagte, als einzige legitime Biographie des Franziskus sanktionieren; alle übrigen Lebensbeschreibungen mussten vernichtet werden.[17] Glücklicherweise blieben die älteren Franziskus-Legenden in einigen Handschriften erhalten, weil die Abteien, in deren Bibliotheken sie sich befanden, sich um den Verbrennungsbefehl nicht kümmerten. Sie tauchten erst seit der zweiten Hälfte des 18. Jahrhunderts nach und nach wieder auf.

Vom Spätmittelalter bis in die Neuzeit – und im Grunde bis in die jüngste Gegenwart! – dominiert das Bild, das der heilige Bonaventura in seinen beiden Legenden von dem Ordensstifter und dessen religiösen Vorstellungen gegeben hat. Wie schon angedeutet, wimmelt insbesondere die auch von vielen Franziskus-Forschern hochgeschätzte *Legenda maior* von tendenziösen Klitterungen der geschichtlichen Ereignisse.[18] Das betrifft vor allem den mit der Vorstellung von der Welterlösung zusammenhängenden

Komplex von Fakten und Gedanken. Schon den ihm vorliegenden Bericht des Thomas von Celano über die Vision des Crucifixus von San Damiano hat Bonaventura in der Weise umformuliert und umgedeutet, dass nur noch von einer Audition die Rede ist. In der älteren Legende ist dagegen eigens die visuelle Seite des Ereignisses betont: Der Crucifixus bewegt die Lippen.[19] Der Crucifixus von San Damiano ist der erste sprechende Crucifixus in der christlichen Religionsgeschichte, und es ist überhaupt das erste Mal seit der Antike, dass ein Gottesbild spricht.[20] Für das rechtgläubige und in jeder Weise kirchenfromme Denken Bonaventuras war das wohl nicht ganz geheuer, weshalb er die „heidnische" Komponente der Vision unterdrückte.

Man mag diesen Fall noch als eine geringe Sache ansehen. Auf der gleichen Ebene liegt die Deutung, die Bonaventura von der Behandlung beschriebenen Papiers durch Franziskus gibt. Franziskus verlangte von den Mitgliedern seines Ordens und allen Klerikern, dass sie zerfledderte Bücher, beschriebene Blätter und Papierfetzen sammeln und an würdevollen, heiligen Stätten deponieren sollten, und ging ihnen dabei mit seinem Beispiel voran. Er sah *alle* Worte und Wortfragmente als „heilige Gottesworte" an und stellte sie dem Leib Christi, der konsekrierten Hostie gleich.[21]

> *Als er eines Tages von einem Bruder gefragt wurde, weshalb er auch die Schriften der Heiden und solche, in denen der Name des Herrn nicht erwähnt wurde, so sorgsam aufsammelte, da antwortete er: „Mein Sohn, weil da Buchstaben sind, aus denen der glorreiche Name des Herrgotts zusammengesetzt ist. Und das Gute, das dort ist, gehört nicht den Heiden an oder irgendwelchen Menschen, sondern allein Gott, dem alles Gute gehört."*

In der ersten Legende des Thomas von Celano stehen diese Sätze im Zusammenhang einer Beschreibung des Verhältnisses, das Franziskus zu den Tieren, Pflanzen und übrigen Naturerscheinungen hatte. Wie in der scheinbar vernunftlosen Kreatur sah er auch in den zufälligen und unabsichtlichen Produkten menschlichen Geistes göttliches Leben und göttlichen Geist gegenwärtig, und zwar nicht anders, als sie in dem heiligen Brot und Wein gegenwärtig waren. Die Bewahrung der göttlichen Worte und Buchstaben vor der Zerstörung (Ver-nichtung) und ihre Versammlung an einem heiligen Ort war im übrigen eine der sprechenden Zeichenhandlungen des Franziskus, mit denen er seine Gefährten und Zeitgenossen auf göttlichen Ursprung, göttliches Leben und göttlichen Geist der Welt-Dinge und deren eschatologische Bestimmung hinwies. Ob der Schreiber ein Christ oder Heide, ein Gläubiger oder Ungläubiger war, spielte dabei keine Rolle, da alles Gute auf den einzigen allmächtigen Schöpfer zurückgeht. Bezeichnender Weise haben die späteren Lebensbeschreibungen diese für rechtgläubige Ohren anstößige Stelle beiseite gelassen. Bonaventura aber hat sie im Sinne kirchlicher Orthodoxie purifiziert: nach seiner Darstellung in der *Legenda maior* ging es Franziskus nur darum, die beschriebenen Zettel an einem sauberen (nicht: heiligen!) Ort abzulegen, um so zu verhindern, dass auf dem geschriebenen Namen des Herrn herumgetrampelt würde.[22]

Auch in seiner Schilderung der berühmten Weihnachtsfeier des Jahres 1223 in Greccio, in der die kleine Stadt im Tal von Rieti zu einem „neuen Bethlehem" wurde, betont Thomas von Celano mehrfach das Neue und Neuartige des gesamten Vorganges.[23] Die von Franziskus in freier Natur inszenierte Weihnachtsmesse verstieß in mehrfacher Hinsicht gegen altgewohnte kultische und kanonische Regelungen. Dazu gehört, dass der Heilige, der höchstwahrscheinlich nicht ordinierter Diakon war, die Rolle des Diakons, Evangelium-Verkünders und Predigers übernahm. Sodann ließ er Tiere (Ochs und Esel) als Teilnehmer an der heiligen Handlung herbeiführen und reihte sich unter sie, indem er wie ein Schaf blökte. Mit der Teilnahme der Tiere an der weihnachtlichen Feier der Inkarnation wollte Franziskus deutlich machen, dass auch die nicht-menschlichen Kreaturen Anteil haben an der „Frucht" der Menschwerdung Christi, der Erlösung. In der lebendigen Erzählung des Celano, einem der schönsten Stücke mittelalterlicher lateinischer Prosa, klingt noch etwas nach von der Begeisterung, die die Teilnehmer von damals über das *Neue* der Inszenierung des Franziskus empfanden. Der heilige Bonventura hat auch hier tüchtig Wasser in den Wein gegossen. Zu Beginn seines sehr kurz und trocken gehaltenen Berichts über die heilige Nacht von Greccio schreibt er:[24]

Damit aber das nicht als Neuheit [oder: Neuerung] aufgefaßt werden konnte, erbat und erhielt er vom Papst [!] die Erlaubnis und ließ dann die Krippe aufstellen, Heu heranschaffen, Ochs und Esel an den Ort bringen.

Nicht zuletzt dem Einfluss Bonaventuras ist es zu verdanken, dass die lebendige Inszenierung von Greccio in der Folgezeit keine direkte Nachahmung mehr fand. Die Erinnerung daran hält sich allerdings indirekt in unseren heutigen Weihnachtskrippen.

Vor allem hat Bonaventura die mit der Stigmatisierung des Franziskus auf dem Berg La Verna bei Bibbiena (Mitte September 1224) zusammenhängenden Ereignisse im Sinne kirchlicher Orthodoxie umzudeuten und zu verkleistern gesucht. Angesichts der Notwendigkeit, zu erklären, weshalb die Erscheinung die Gestalt eines gekreuzigten Engels der obersten Rangordnung, eines Seraphen, hatte, betont Bonaventura am Anfang seines Berichts, Franziskus sei „durch die Gluten seraphischer Sehnsüchte" emporgehoben worden.[25] Er erklärt dann, die dem Franziskus selbst „unerklärbare

Vision" sei ihm deshalb vor Augen gestellt worden, „damit der Freund Gottes im voraus erkenne, er solle nicht durch ein leibliches Martyrium, sondern durch die Entzündung des Geistes ganz zur Ähnlichkeit mit dem gekreuzigten Christus verwandelt werden". Demnach wäre die Erscheinung des Seraphen eine Vorbreitung auf den Empfang der Stigmata gewesen und gäbe ihrerseits deren Erklärung als einer „geistigen" Wiederholung der Kreuzigung Christi. Diese Deutung wird allein schon durch die Tatsache ad absurdum geführt, dass das Martyrium des Franziskus eben auch ein körperliches und die Gleichgestaltung mit dem gekreuzigten Christus durch die fünf Stigmata eine leibliche war. Es handelt sich also nicht einfachhin um eine „mystische Ausdeutung" des La Verna-Ereignisses, wie noch 1993 Kurt Ruh schreibt,[26] sondern um dessen bewusste fälschende Umdeutung. Indem er Franziskus mit dem „anderen Engel" der Apokalypse (7,2) identifizierte, hat Bonaventura ihm zwar eine außerordentliche heilsgeschichtliche Rolle zugeteilt, aber ihn zugleich, wie vor ihm schon der Papst Gregor IX., auf das kirchlich verkraftbare Normalmaß eines Heiligen heruntergestutzt. Die umständliche allegorisch-moralisierende Deutung, die er in seinem berühmten mystischen Werk *Itinerarium mentis in Deum* (Wegweiser des Geistes zu Gott) gibt,[27] kann, bei Berücksichtigung ihres Hintergrundes, nicht in eindeutig positivem Licht gesehen werden, wie es bei Ruh geschieht[28] – auch wenn Bonaventura schon in Thomas von Celano einen Vorläufer in dieser Art von Allegorese hat.[29] Daran ändert auch der Umstand nichts, dass Bonaventura, um dem frömmelnden Schwulst, den er reichlich ausbreitet, Autorität und Gewicht zu verleihen, behauptet, er habe um den 4. Oktober 1259, wie Franziskus 35 Jahre zuvor, auf dem La Verna-Berg die Erscheinung des geflügelten Seraphen gehabt.[30] Der „fromme" Kontext des mystischen Traktats lässt leicht übersehen, dass diese Geschichte schon ans Makabre grenzt.

Was aber galt es zu verschleiern? Franziskus hat sich bis zu seinem Lebensende beharrlich geweigert, etwas von dem mitzuteilen, was ihm bei der La Verna-Vision offenbart worden war. Das begründet den Verdacht, dass die Worte des Seraphen Dinge enthielten, die nicht in den Rahmen der kirchlichen Sprach- und Denkregelungen über Schöpfung, Sündenfall und Erlösung hineinpassten. Dafür hat Franziskus aber eine genaue Beschreibung von dem Aussehen der Erscheinung gegeben. Und die entschädigt für die fehlenden Worte, weil sie selbst sprechend, sogar viel sagend ist. Was da an einem September-Vormittag des Jahres 1224 an der Flanke des Berges La Verna auf den Heiligen zuflog, war nicht der gekreuzigte Heiland in seiner traditionellen hässlichen, geschundenen Gestalt; es war vielmehr ein gekreuzigter, sechsflügeliger Seraph, der *überaus schön* war, „dessen Schönheit ganz unvorstellbar war".[31] Die Erscheinung des gekreuzigten Engels-Erlösers weist hin auf eine universale Erlösung, die über die Menschheit hinaus den gesamten Kosmos erfasst. Von der Welterlösung in diesem Sinn sind auch Lucifer und die mit ihm gefallenen Engel betroffen, die jetzt noch als Dämonen in der Welt umherziehen. Wenn Franziskus durch die Stigmata mit diesem seraphischen Erlöser verschmilzt, dann bedeutet das nicht weniger, als dass er als „zweiter Christus" berufen ist, die Erlösung in einem umfassenderen Sinne, als es der erste Christus getan hatte, zu vollenden, das heißt: den Kosmos in seiner ursprünglichen, vom Schöpfer gewollten *Schönheit* wiederherzustellen.[32] Zugleich wird Franziskus zum zweiten Lucifer, dazu bestimmt, den seit dem Engelsfall leer stehenden Thron Lucifers einzunehmen, wie es Bruder Pacificus, einer der frühen Gefährten, in seiner Vision in der Kirche von Bovara gesehen hatte[33] und wie es von Giotto auf seinem berühmten Fresko in der Oberkirche S. Francesco in Assisi dargestellt wurde.[34]

Der „zweite Christus"

Die Bezeichnung des Franziskus als „zweiter Christus" kommt zum ersten Mal in den *Actus Beati Francisci et sociorum eius* vor, einer Sammlung von Legenden aus der Frühzeit der franziskanischen Bewegung, die in der ersten Hälfte des 14. Jahrhunderts niedergeschrieben wurde. Die italienische Übersetzung dieser Legendensammlung ist unter dem Namen *Fioretti di San Francesco* zum beliebtesten Volksbuch Italiens geworden. Hermann Hesse hat sie „das schönste und unvergänglichste Denkmal, das je ein großer Mensch in der Literatur seines Volkes gefunden hat", genannt.[35] Im 6. Kapitel der *Actus* heißt es, Franziskus sei „gewissermaßen ein zweiter Christus" gewesen, der der Welt gegeben wurde und den Gott Vater in vielen Dingen seinem Sohn gleich gemacht habe, so bei dem heiligen Collegium seiner Gefährten, dem Geheimnis der Kreuzeswunden und dem vierzigtägigen Fasten.

Im 18. Kapitel wird der Besuch der Römerin Jacopa dei Settesoli bei dem sterbenden Franziskus geschildert: Sie habe, so wie Maria Magdalena die Füße Christi mit ihren Tränen gebadet und sie geküsst hatte (Lk 7,37 f.), ihre Lippen auf die mit den göttlichen Wundmalen gezeichneten Füße des Franziskus „wie auf die eines zweiten Christus" gedrückt. Die *Fioretti* übernehmen an der zuerst genannten Stelle für Franziskus das Attribut „zweiter Christus". An der zweiten Stelle heißt es in der italienischen Version:[36]

> *Die genannte Frau Jacopa kniet sich zu den Füßen von Sankt Franziskus und nimmt diese allerheiligsten, mit den Wundmalen Christi gezeichneten und ge-*

schmückten Füße, und sie küßte sie mit so großer Andacht und badete sie mit ihren Tränen, daß die umstehenden Brüder den Eindruck hatten, sie sähen wirklich die Magdalena zu den Füßen Jesu Christi, und sie konnten sie auf keine Weise davon abbringen.

Man sieht, dass der Übersetzer das in der Bezeichnung „alter Christus" liegende häretische Potential erkannte und in seiner Version abzumildern suchte. Es waren aber, entgegen anders lautenden Darstellungen, nicht erst von christologischen Häresien beeinflusste Kreise von Franziskaner-Spiritualen am Ende des 13. Jahrhunderts, die in dem Ordensstifter einen zweiten Christus sahen, sondern der Sache nach war die Vorstellung bereits bei den Zeitgenossen des Heiligen verbreitet[37] und sie hat zweifellos ihren Ursprung bei diesem selbst.

Wie bereits gesagt, war das Leben des Franziskus seit der Vision des Crucifixus von S. Damiano eine bewusste Inszenierung mit dem Ziel, dem leidenden Erlöser gleichförmig zu werden. Als nach jahrelangen Krankheiten und Leiden, die er sich zum großen Teil in masochistischer Weise selbst zugefügt hatte, sich zwei Jahre vor seinem Tod die fünf Wunden des gekreuzigten Heilands zeigten, war dieses Ziel, auch in seinem eigenen Bewusstsein, erreicht.[38] Was den „historischen" Hintergrund der Stigmatisierung betrifft, so kann kaum ein vernünftiger Zweifel daran bestehen, dass sich der Heilige die Stigmata selbst beigebracht hat. Er lebte im Zeitalter der Kreuzzüge, in dem Selbstverletzungen in der Absicht, dem leidenden Christus nachzufolgen, nicht selten waren. Durch diese Annahme wird weder die geschichtliche Bedeutung noch die Heiligkeit des Franziskus herabgesetzt. Dass die Stigmata überhaupt nicht den historischen Tatsachen entsprächen, sondern von dem Nachfolger des Heiligen im Amt des Generaloberen, Bruder Elias von Cortona, „erfunden" worden seien, ist eine auf reinen Vermutungen beruhende Hypothese, die keinerlei Fundament in den Quellen hat. Zuletzt hat die angesehene italienische Forscherin Chiara Frugoni sie mit großem wissenschaftlichen Aufwand in einem monumentalen Werk unter dem Titel *Franziskus und die Erfindung der Stigmata* zu begründen versucht.[39] Die Tatsächlichkeit der Stigmata am Leib des Franziskus ist jedoch durch zahlreiche Augenzeugen ganz einwandfrei bezeugt, so – neben Bruder Elias – durch Bruder Leo von Assisi, den Sekretär und Beichtvater des Heiligen, und durch den römischen Adeligen Giovanni Frangipane, den Sohn der schon erwähnten Jacopa dei Settesoli.[40]

Nach den La Verna-Ereignissen hat Franziskus die Rolle des zweiten Christus bis zum Ende seines Lebens durchgehalten. Wenige Tage vor seinem Tode feierte er mit seinen Gefährten, in Anlehnung an das letzte Mahl

Jesu, den Ritus des Brotbrechens. Von allen älteren Quellen enthält allein die *Legenda Perusina* einen ausführlichen Bericht des Ereignisses. Daraus gehen sowohl die enge Anlehnung an das Vorbild Christi wie auch der kultische Charakter der Handlung eindeutig hervor: [41]

> *Danach ließ er Brote vor sich bringen und segnete sie. Und weil er sie wegen seiner krankheitsbedingten Schwäche nicht brechen konnte, ließ er sie von einem Bruder in mehrere kleine Teile brechen. Dann nahm er sie, reichte jedem von den Brüdern ein kleines Stück und wies sie an, es ganz zu essen. Denn wie der Herr an einem Donnerstag vor seinem Tod mit den Aposteln speisen wollte, so hatten diese Brüder irgendwie den Eindruck, daß der heilige Franziskus sie vor seinem Tode segnen wollte, und mit ihnen alle anderen Brüder, und daß sie das gesegnete Brot äßen, so als ob sie irgendwie zusammen mit ihren übrigen [körperlich nicht anwesenden] Brüdern speisten. Und das ergibt sich für uns [d. h. die Verfasser der Legende] ganz evident, weil er, obwohl es ein anderer Tag als der Donnerstag war, den Brüdern sagte, er glaube, es sei Donnerstag.*

Für den aufmerksamen Leser ist klar, dass hier eine der sakramentalen Zeichenhandlungen außerhalb des offiziellen Kults der Katholischen Kirche beschrieben wird, wie sie Franziskus des Öfteren in seinem Leben vollzogen oder „gespielt" hat. Die ganze Brisanz des Vorgangs wird deutlich, wenn man sich die Parallelen in den „offiziellen" Lebensbeschreibungen näher ansieht. Thomas von Celano erwähnt das Ereignis in seiner zweiten Legende mit nur einem Satz, der von der quasi-sakramentalen Bedeutung der Handlung des Franziskus ablenkt.[42] Der heilige Bonaventura übergeht die mit dem kultischen System der Römischen Kirche nicht vereinbare Handlung seines Ordensgründers mit Schweigen. Stattdessen steht an der entsprechenden Stelle seiner *Legenda maior* der Satz:[43]

> *Er sprach ausführlich über die Notwendigkeit, Geduld und Armut und Treue gegenüber der heiligen Römischen Kirche zu bewahren, aber über alle anderen Normen stellte er das heilige Evangelium.*

Seinem ausdrücklichen Wunsch entsprechend starb Franziskus am Abend des 3. Oktober 1226 nackt auf der Erde liegend. Einige von den damals anwesenden Augenzeugen hatten aber, vor allem wegen der jetzt deutlich sichtbaren Stigmata, den Eindruck, einen soeben vom Kreuz abgenommenen Leichnam vor sich zu haben.[44] Und in der Vision eines namentlich nicht genannten Bruders und der Vorstellung der dabei Anwesenden schien der unmittelbar nach seinem Tode verherrlichte Franziskus mit Christus zu einer einzigen Person verschmolzen zu sein.

Dass ein Heiliger in seiner eigenen Vorstellung und der seiner Anhänger zu einer derartigen Konformität, ja Identität mit dem Gottessohn Christus gelangt, ist in der christlichen Religionsgeschichte etwas Einmaliges. Es genügt dazu, einen Blick auf die Schilderung vom Ende des heiligen Dominikus, des Stifters des nach ihm benannten Prediger-Ordens, zu werfen, die dessen Nachfolger Jordan von Sachsen gibt.[45] Dominikus war bekanntlich Zeitgenosse des Franziskus; er starb am 6. August 1221 in Bologna. Sterbend verhieß er seinen Brüdern, er werde ihnen als Toter nützlicher sein als während seines Lebens. Er war also gewiss, zum ewigen Heil zu gelangen. Noch in seiner Todesstunde hatte Bruder Guala, Prior der Niederlassung des Ordens in Brescia, eine Vision: Er erblickte eine Öffnung im Himmel, durch die zwei Leitern herabgelassen wurden. Am oberen Ende der einen Leiter saß Christus, an dem anderen seine Mutter, und auf beiden stiegen Engel auf und ab. Jordan fährt fort:

Nun wurde ganz unten am Fuß der Leitern, in ihrer Mitte, ein Stuhl aufgestellt, und auf dem Stuhl saß einer, der aussah wie ein Bruder des Ordens: Er hatte das Gesicht mit seiner Kapuze verhüllt, so wie es bei uns üblich ist, unsere Toten zu beerdigen. Christus und seine Mutter zogen nun die beiden Leitern nach oben, bis der zu ihrer höchsten Höhe gelangte, der ganz unten auf sie gesetzt worden war. Nachdem der nun mit strahlend hellem Glanz unter dem Gesang der Engel in den Himmel aufgenommen war, da wurde jene helle Öffnung des Himmels geschlossen, und nichts weiter erschien mehr.

Es wird hier eine zwar außergewöhnliche, aber doch „normale", der traditionellen kirchlichen Vorstellung und dogmatischen Korrektheit entsprechende Aufnahme eines Heiligen und Ordensstifters in die himmlische Herrlichkeit geschildert, keineswegs, wie im Falle des Franziskus, eine Vergöttlichung.

Ich hatte eingangs behauptet, das Gebet: „Herr, mache mich zu einem Werkzeug deines Friedens" unterstelle dem Heiligen von Assisi eine religiöse Weltsicht und Spiritualität, die mit derjenigen des „historischen" Franziskus so gut wie nichts zu tun habe. Dem Beter des Mittelalters und dem der Moderne geht es in der Regel um Veränderung oder Verbesserung bestehender Zustände oder um die Abwehr bevorstehenden Unheils. So betet etwa der Landmann um gutes Wetter für das Gedeihen der Früchte, der mehr oder weniger fromme Bürger und Christ für die Erhaltung oder Wiederherstellung des Friedens. Die erhaltenen Gebetstexte des Franziskus, aber auch seine authentischen Briefe sind Zeugnisse für ein ganz anderes religiöses Weltverständnis. So heißt es in dem berühmten *Sonnenlied*:

Gelobt seist du, mein Herr, für Bruder Wind
Und für Luft und Wolke und heiteres und jedes Wetter,
Durch das du deinen Geschöpfen Erhaltung gibst.

Mit anderen Worten: Der Beter dankt Gott für *alle* Geschöpfe. Die Welt ist so, wie sie der allmächtige, gute Gott geschaffen hat, gut. Und Gott sorgt auch für die Erhaltung seiner Geschöpfe. Leib und Blut des Herrn im Sakrament sind Zeugnis dafür, dass die Welt *bereits jetzt und so, wie sie ist,* sich im Frieden mit Gott befindet. Deshalb kann Franziskus in dem wohl im Jahre 1224 an die beim Generalkapitel versammelten Oberen und darüber hinaus an den gesamten Orden gerichteten Brief sagen:[46]

> *Ich bitte deshalb euch alle, Brüder, mit Fußkuß und der Liebe, deren ich fähig bin, daß ihr alle euch mögliche Ehrfurcht und Ehrerbietung dem allerheiligsten Leib und Blut unseres Herrn Jesus Christus erweist, in welchem alles, was im Himmel und auf Erden ist, mit dem allmächtigen Gott in Frieden und Versöhnung gebracht ist.*

Man sieht, dass Weltverständnis und Frömmigkeit des Franziskus nicht dem entsprachen, was die offizielle mittelalterliche Kirche und Hierokratie von ihm erwarteten, ebenso wenig wie dem, was die Imagination mancher Kreise unserer postmodernen Gesellschaft in ihn hineinzulegen beliebt. Dennoch bleiben die Gedanken dieses größten Ketzers und größten Heiligen des Mittelalters auf ihre eigene Weise wirksam und lebendig.

Anmerkungen

1 Esser 1976, 54 f.
2 Schulz 1968.
3 Hierzu ausführlich Feld, 1994, 197–199; 292–295; 314–316; und Feld 2001, 393–408.
4 Fontes Franciscani, 231. 232; vgl. Esser, Opuscula, 443 u. textkrit. Apparat Anm. 79, 444 u. textkrit. Apparat Anm. 55.
5 S. z. B. Esser 1966, 216–229 u. 244–265; und Schmucki 1984.
6 Thomas von Celanos Vita secunda 83 f.; vgl. auch Celanos Vita prima 76.
7 Testamentum 1–3.
8 Legenda Perusina 9 u. 64; hierzu ausführlich: Feld 2001, 120–126.
9 S. den Bericht darüber in der Chronik des Jordan von Giano, c. 13 f.: Chronica Fratris Jordani, 12–15; zu Jordan vgl. Feld 1992.
10 Actus Beati Francisci, c. 1. u. 31.
11 Legenda trium sociorum 10 und Vita secunda 8.
12 Legenda trium sociorum 14; vgl. Vita secunda 10 u. 2.
13 Testamentum 24–26.
14 S. hierzu Maier 1952 und 1967, 81–96; Horst 1996, 49.
15 Summa theologica II[a] IIe, q. 188, ar. 7; Ebd. q. 184, ar. 3, ad 1; Ebd. q. 185, ar. 6, ad 1; vgl. auch ebd. q. 108, ar. 2, ad 3.
16 Epistola ad Sanctam Agnetem de Praga I, 15–18 u. 25–29; über religiösen Lebensinhalt und meditative Theologie Klaras von Assisi s. Feld 2000, 143–149.

17 S. Feld 1994, 42–44.
18 Vgl. Feld 1994, 470–472, und 1995, 259 f.
19 Legenda maior II,1, und Vita secunda 10.
20 Vgl. Feld 1994, 118–120, und Feld 1994a, 26–29.
21 Vita prima 82; vgl. Legenda Perusina 108; Testamentum, 12; Epistola ad Clericos, 6; Epistola ad Custodes I,2; Epistola toti Ordini missa, 34–37.
22 Legenda maior X, 6.
23 Vita prima 84–86; dazu Feld 2001a, 404–407 (hier auch zu der Frage, ob die Weihnachtskrippe in ihrer heutigen Gestalt auf Franziskus von Assisi zurückgeht) und Feld 1994, 236–239.
24 Legenda maior X, 7.
25 Legenda maior XIII, 3; vgl. Celanos Vita prima 94 und Tractatus de miraculis 4.
26 Ruh 1993, 395.
27 Itinerarium, 295 f.
28 Ruh 1993, 412 f.
29 Vgl. Vita prima 114.
30 Itinerarium, 295. Der 4. Oktober (1226) ist der Todestag des Ordensstifters.
31 Legenda trium sociorum und Vita prima 94.
32 Dazu Feld 2001, 76–79: „Kleiner Exkurs über die Schönheit des Seraphen".
33 Legenda Perusina 65; vgl. Vita secunda 123; Feld 1994, 275.
34 Vgl. Atanassiu 1990, bes. Abb. 135.
35 Hesse, 122.
36 Actus Beati Francisci, 251.
37 Vgl. z. B. den Rundbrief des Generalministers Elias von Cortona anläßlich des Todes des Franziskus: Fontes Franciscani, 247–255; ferner: Vita secunda 26. 135. 217. 219.
38 Vgl. Legenda trium sociorum 69; Vita prima 90. 95; Tractatus de miraculis 2.
39 Frugoni 1993; vgl. Frugoni 1997, 137–166; dazu Feld 1998, 273–277.
40 Auf der sog. *Chartula Fratri Leoni data*: Esser, Opuscula, 136; Tractatus de miraculis 39.
41 Legenda Perusina 22; vgl. hierzu auch: Feld 2001a, 399.
42 Vita secunda 217.
43 Legenda maior XIV, 5.
44 Salimbene de Adam, Cronica, 125, 296; vgl. Vita prima 90 u. 112.
45 Libellus de Principiis, c. 95.
46 Epistola toti Ordini missa, 12 f.

Quellen

Quellen, zu denen im Folgenden keine Edition nachgewiesen wird, werden zitiert nach: Fontes Franciscani, hg. von Enrico Menestò u. Stefano Brufani, Assisi 1995.

Actus Beati Francisci et sociorum eius. Nuova edizione postuma di Jacques Cambell, hg. von Marino Bigaroni u. Giovanni Boccali, Porziuncola-Assisi 1988.

Bonaventura: Itinerarium mentis in deum, in: Doctoris Seraphici S. Bonaventurae Opera omnia, 10 Bände, Quaracchi 1882–1902, Bd. 5, S. 295–325.

Chronica Fratris Jordani, hg. von Heinrich Boehmer (Collection d'Études et de Documents 6), Paris 1908.

Esser, Kajetan: Die Opuscula des hl. Franziskus. Neue textkritische Edition (Spicilegium Bonaventurianum 13), Grottaferrata (Romae) 1976.

Libellus de Principiis Ord. Praedicatorum auctore Iordano de Saxonia, in: Monumenta Ordinis Fratrum Praedicatorum Historica 16, Fasc. 2, Rom 1935.
Salimbene de Adam: Cronica, hg. von Giuseppe Scalia, 2 Bände (CCCM 125. 125A), Turnhout 1998/99.

Literaturhinweise

Atanassiu, Gabriele 1990: Giotto und Franziskus, in: Franz von Assisi, Stuttgart. Zürich, S. 151–201.
Beyschlag, Karlmann 1955: Die Bergpredigt und Franz von Assisi, Gütersloh.
Esser, Kajetan 1966: Anfänge und ursprüngliche Zielsetzungen des Ordens der Minderbrüder, Leiden.
Feld, Helmut 1992: Artikel ‚Jordan von Giano (Jordanus a Yano)', in: Biographisch-Bibliographisches Kirchenlexikon 3, S. 643–645.
Feld, Helmut 1994: Franziskus von Assisi und seine Bewegung, Darmstadt.
Feld, Helmut 1994a: Elemente antiker Religiosität in den frühen franziskanischen Quellen, in: International Journal of the Classical Tradition 1, S. 23–36.
Feld, Helmut 1995: Erwägungen zur Mystik des Hochmittelalters, in: Rottenburger Jahrbuch für Kirchengeschichte 14, S. 257–264.
Feld, Helmut 1998: Religiöse Idee und Darstellung des heiligen Franziskus von Assisi, in: Rottenburger Jahrbuch für Kirchengeschichte 17, S. 271–288.
Feld, Helmut 2000: Frauen des Mittelalters. Zwanzig geistige Profile, Köln Weimar Wien.
Feld, Helmut 2001: Franziskus von Assisi, München.
Feld, Helmut 2001a: Die Zeichenhandlungen des Franziskus von Assisi, in: Institutionalität und Symbolisierung. Verstetigung kultureller Ordnungsmuster in Vergangenheit und Gegenwart, hg. von Gert Melville, Köln Weimar Wien, S. 393–408.
Frugoni, Chiara 1993: Francesco e l'invenzione delle stimmate. Una storia per parole e immagini fino a Bonaventura e Giotto, Torino.
Frugoni, Chiara 1997: Franz von Assisi. Die Lebensgeschichte eines Menschen, Zürich. Düsseldorf.
Hesse, Hermann 1987: Der Blütenkranz des heiligen Franziskus von Assisi, in: Gesammelte Werke, Bd. 11, Frankfurt am Main, S. 113–122.
Horst, Ulrich 1996: Evangelische Armut und päpstliches Lehramt. Minoritentheologen im Konflikt mit Papst Johannes XXII. (1316–1334), Stuttgart u. a.
Maier, Anneliese 1952: Annotazioni autografe di Giovanni XXII in codici vaticani, in: Rivista di Storia della Chiesa in Italia 6, S. 317–332.
Maier, Anneliese 1967: Ausgehendes Mittelalter. Gesammelte Aufsätze zur Geistesgeschichte des 14. Jahrhunderts II, Roma.
Ruh, Kurt 1993: Geschichte der abendländischen Mystik. 2. Bd.: Frauenmystik und Franziskanische Mystik der Frühzeit, München.
Schmucki, Oktavian 1984: Schrittweise Entdeckung der evangeliumsgemäßen Lebensform durch den heiligen Franziskus von Assisi, in: Franziskanische Studien 66, S. 368–421.
Schulz, Frieder 1968: Das sogenannte Friedensgebet. Forschungen zur evangelischen Gebetsliteratur (III), in: Jahrbuch für Liturgik und Hymnologie 13, S. 39–53.
Wolf, Kenneth Baxter 2003: The Poverty of Riches. St Francis of Assisi reconsidered, Oxford.

Greifenfahrt Alexanders des Großen
Szene aus einer Tapisserie, Tournai um 1460; Palazzo Doria Pamphilij, Rom

Thomas Noll

DIE GREIFENFAHRT ALEXANDERS DES GROSSEN

In der Vorstellungswelt des Mittelalters besaß Alexander der Große einen festen Platz. Wie aber das Bild des Makedonenkönigs bereits in der Antike erheblichen Schwankungen unterlag und schon zu seinen Lebzeiten Licht und Schatten über ihn verteilt waren, so blieben diese kontroversen Anschauungen auch im Mittelalter in Kraft.[1] Die unterschiedlichen, einander aufs krasseste entgegengesetzten ‚Konzeptionen' Alexanders hat George Cary in seiner bewunderungswürdigen Dissertation *The medieval Alexander* dargelegt. Geradezu als zwei voneinander grundverschiedene Personen – man könnte sagen: als Dr. Jekyll und Mr. Hyde – tritt einem der große Makedonenkönig beispielsweise in dem (unvollendeten) Versroman (Mitte 13. Jahrhundert) des Rudolf von Ems und in einer Predigt des Berthold von Regensburg (um 1210–1272) entgegen. Als Vorbild eines höfisch-vollkommenen Fürsten und Ritters zeichnet Rudolf seinen Helden; seinen Zuhörern bzw. Lesern gibt der Dichter zu wissen, er wolle ihnen darlegen,[2]

> *wie einer der tugendhaftesten Männer, der je den Namen eines Ritters getragen hat, den Ruhm dieser Welt erlangte, wie er strebte, wie er starb, wie er zur Welt kam, wie für ihn die höchste Würde auf Erden erkoren war, wie er diese Würde sich erstritt, dass sein Lob, sein Name, sein Leben den Toren und Weisen als Maß jedes Lobes gegeben ist: Wer die Würde preisen will, der muss diesen stolzen Helden und seinen Ruhm preisen.*

Als einer der tugendreichsten Männer, die je den Namen eines Ritters trugen, wird Alexander zum Leuchten gebracht, dessen Leben und Lob ein gültiges Maß, das heißt ein ruhmvolles, nacheifernswertes Vorbild, bezeichnet.

Auf der anderen Seite stehen die viel zitierten Worte des Franziskaners Berthold von Regensburg, der Alexander als Exemplum oder Typus der Hoffart, der *superbia*, vor Augen bringt:

Der war ein sehr kühner und weiser Mann, dass er mit Tapferkeit und Klugheit sich den größten Teil der Welt unterwarf. Und er war einer der größten Toren, den die Welt je gesehen hat. So blind machte ihn die Hoffart, dass ihn die große Blindheit dahin brachte zu glauben, er könne vier Dinge tun, die allesamt die Welt nicht vermag, sondern Gott allein. Das erste ist, dass König Alexander meinte, er könne aus Hoffart die höchsten Sterne, die irgend am Himmel sind, mit der Hand vom Himmel herabholen.

Mit dieser ersten Äußerung von Hoffart, die darin besteht, die höchsten Sterne vom Himmel herabholen zu wollen, rückt Alexander in Parallele zu Luzifer, dem gefallenen Engel, der vormals sich unterfing, den Himmel ersteigen und seinen Thron „über den Sternen Gottes“ (Jes. 14, 13) aufstellen zu wollen. Zwar ist der genaue Bezug ein Vers im *zweiten Buch der Makkabäer*, wo als Ausdruck der Selbstüberhebung und Vermessenheit im Verlangen nach unmöglichen Dingen von Antiochus IV. Epiphanes erklärt wird, er habe unter anderem „geglaubt, er könne nach den Sternen des Himmels greifen“ (2. Makk. 9, 10).

Doch Bertholds Worte lassen zudem an ein fabelhaftes Ereignis aus Alexanders Leben denken, das erstmals im Alexanderroman von Pseudo-Kallisthenes im 3. Jahrhundert nach Christus überliefert wird, seinen Flug in die Himmelshöhe mit Hilfe zweier (oder auch mehrerer) großer Vögel bzw. Greifen. Buchstäblich musste darin für Berthold ein Wesenszug der Hoffart zu sehen sein, denn „dâ von heizet ez ouch hôhe vart: daz dû gerne in den lüften füerest, ob dû möhtest“[3].

Die sogenannte Greifenfahrt ist nun das hauptsächliche Motiv eigenständiger, das heißt nicht in einen illustrativen Zyklus eingebundener Darstellungen Alexanders des Großen im Mittelalter. Wenn wir hier als Zeugnis für die in dieser Epoche mit dem Makedonenkönig sich verknüpfenden Vorstellungen dessen Bild in der Kunst näher betrachten, so konzentrieren wir uns auf einen Teilaspekt des „medieval Alexander“. Die vielfältige Wiedergabe der Greifenfahrt zeigt jedoch, dass eben dieses außerordentliche Unterfangen für das Mittelalter besondere Bedeutung besaß. Nur schon an diesem einen Motiv wird im Übrigen die Gegensätzlichkeit in der Wahrnehmung Alexanders bzw. die Verfügbarkeit seiner Gestalt für verschiedene Zwecke exemplarisch fassbar.

Alexanders Greifenfahrt in der Literatur

Von der Greifenfahrt Alexanders des Großen, deren Parallelen in der Überlieferung der Araber, Babylonier, Juden und Perser hier auf sich beruhen können, berichtet, wie gesagt, erstmals der Alexanderroman des Pseudo-Kallisthenes – eines unbekannten Verfassers, der in einigen Handschriften fälschlich mit Alexanders Hofhistoriograph Kallisthenes (um 370–327 v. Chr.) identifiziert wird – aus dem 3. Jahrhundert.[4] In der Leidener Handschrift L aus dem 15. Jahrhundert, die, neben der Pariser Handschrift A aus dem 11. Jahrhundert, die älteste erhaltene Redaktion des griechischen Textes überliefert, erzählt Alexander seiner Mutter Olympias in einem Brief von diesem abenteuerlichen Höhenflug:[5]

> *Zwei von den Vögeln [große und starke fleischfressende Vögel, auf die Alexander in der Gegend nahe dem ‚Land der Seligen' gestoßen war] ließ ich fangen und befahl, ihnen innerhalb von drei Tagen nichts zu fressen zu geben. Am dritten Tage befahl ich ein Holz gleichwie ein Joch herzustellen und [......] und ließ diese mitten am Joch festbinden: ich gab ihr die Gestalt eines Korbes, während ich zwei Stangen hielt, die gegen sieben Ellen lang waren und oben Pferdeleber trugen. Alsbald flogen die Vögel auf, um die Leber zu fressen, mit ihnen stieg ich in der Luft empor, so daß ich glaubte, dem Himmel nahe zu sein. Ich zitterte heftig wegen der übermäßigen Kälte der Luft, die durch die Flügel der Vögel erzeugt wurde. Da begegnet mir ein Vogel mit menschlichem Antlitz und sagt zu mir: ‚Alexander, der du die Dinge auf der Erde nicht kennst, du suchst die Dinge am Himmel zu erforschen? Kehre nun schnell zur Erde zurück, damit du nicht diesen Vögeln als Fraß dienst. Und richte deinen Blick', sagte er wiederum, ‚auf die Erde unten'. Ich richtete voll Furcht meinen Blick dorthin, und siehe, ich sah eine große Schlange im Kreise, inmitten der Schlange aber eine sehr kleine Kugel. Und es spricht zu mir das Wesen, das mir begegnet war: ‚Wende deinen Blick auf die Kugel, die der Kosmos ist; denn die Schlange ist das Meer, das die Erde umkreist'. Ich machte kehrt nach dem Willen der Vorsehung oben und kam auf die Erde zurück ... Hinfort dachte ich nicht mehr daran, an die unmöglichen Dinge Hand anzulegen ...*

Der Alexanderroman des Pseudo-Kallisthenes wurde dem Abendland vor allem in zwei lateinischen Übersetzungen bekannt gemacht, nämlich derjenigen des Julius Valerius aus dem frühen 4. Jahrhundert, der *Res gestae Alexandri Macedonis*, die den Greifenflug nicht erwähnt, und derjenigen des Archipresbyters Leo von Neapel nach 952, der *Natiuitas et victoria Alexandri Magni regis*.[6] Letztere fußt auf einer verlorenen Redaktion des Alexanderromans; mit ihren Deszendenten, den verschiedenen Rezensionen der so genannten *Historia de preliis*, beschreibt sie diese Episode und bildet so die Grundlage für deren Kenntnis im Mittelalter. Wieder in einem Brief an seine Mutter berichtet Alexander, wie er auf seinen Eroberungs- und Entdeckungszügen zu einem hohen Berg am Roten Meer gelangte:[7]

> *Wir bestiegen ihn und waren so hoch, daß wir fast im Himmel gewesen wären. Ich überlegte mit meinen Freunden die Anfertigung eines Geräts von solcher Art, daß ich zum Himmel aufsteigen und sehen könnte, ob dies wirklich der Himmel ist, was wir sehen. Ich bereitete ein Gerät vor, in welchem ich sitzen konnte, und ich fing zwei Greifen und band sie mit Ketten fest. Ich postierte Stangen vor ihnen und befestigte an deren Spitze Futter für sie; und sie begannen zum Himmel hinaufzufliegen. Aber die göttliche Kraft überschattete sie und stürzte sie hinab zur Erde, ziemlich weit weg von meinem Heer – zehn Tagesreisen weit – auf ebenem Gelände. Ich trug keine Verletzung davon in den eisernen Gittern. Bis zu einer solchen Höhe stieg ich empor, daß die Erde unter mir wie eine Tenne erschien. Das Meer aber erschien mir so wie eine Schlange, die sie rings umgab. Unter großen Schwierigkeiten kehrte ich zu meinen Soldaten zurück. Als mein Heer mich sah, jubelte es mir zu und pries mich.*

Hier erfahren wir, anders als bei Pseudo-Kallisthenes, von Alexanders Beweggrund für seine Himmelsreise, die nun ausdrücklich mit Hilfe von zwei Greifen bewerkstelligt wird: Sehen will er, „si est hoc caelum, quod videmus". Eine Grenze setzt diesem Unternehmen statt eines unbestimmten geflügelten Wesens in Menschengestalt eine göttliche Kraft: „Divina quidem virtus obumbrans eos deiecit ad terram".

Diese Schilderung kehrt in zwei der drei interpolierten Fassungen von Leos Alexanderroman, der schon erwähnten so genannten *Historia de preliis (Alexandri Magni)*, leicht variiert wieder. In der Rezension J^1, wohl aus dem 11. Jahrhundert, will Alexander mit Hilfe der Greifen emporsteigen, „auf dass er sähe, was dieser Himmel sei, der über uns ist"; und wieder wird sein Greifengespann von der göttlichen Kraft überschattet. In der zweiten interpolierten Fassung J^2 aus der zweiten Hälfte des 12. Jahrhunderts heißt es, dass Alexander im Himmel sehen wolle, „was dort wäre". In der dritten Rezension J^3 aus dem späten 12. oder dem beginnenden 13. Jahrhundert findet man hingegen nur, die Greifen seien von Alexander gefangen worden, um ihn „zur oberen Himmelssphäre emporzutragen".[8]

Im Umkreis dieser Wendungen äußern sich auch andere Berichte über Alexanders Greifenfahrt. In der Basler Bearbeitung (um 1275) von Lambrechts *Alexanderlied*, der ersten mittelhochdeutschen Alexanderdichtung (um 1155), erklärt der König selbst: „ich wisti nun gern die mer, // wer in dem himel wer, // daz wil ich versuochen werlich." Doch nicht nur überschattet ihn dann eine göttliche Kraft, vielmehr spricht, als „er fuor gen des himels tron", eine Stimme: „wo wilt du hin Allexander? // wil du wider die gotheit sin? // din vart ist mir unmer [zuwider], // und var uf daz erttrich wider".[9] Eingehender noch äußert sich diese Stimme in Jans Enikels *Weltchronik* (nach 1277), wo Alexander wiederum wissen will, „waz in dem himel waere", und wo ihn, „dô er sô hôch kom gevarn // zuo den himelischen scharn", diese Stimme grimmig anfährt: „Wo willst du hin, Alexander? Du bist nicht mehr recht bei Verstand. Willst du gegen die Gottheit streben, so wird es dir leid tun; du wirst Not und immerwährendes Herzeleid erfahren. Darum sage ich dir, [und] du kannst mir glauben, dass niemand in den Himmel kommt, wenn er es nicht verdient. Darum ist deine Fahrt mir zuwider, törichter Alexander."[10]

Deutlich erfährt man durch diese göttliche Stimme, dass Alexanders Höhenflug eine unzulässige Grenzüberschreitung, eine Selbstüberhebung bedeutet. Ausdrücklich heißt es in der Wernigeroder Handschrift des *Alexander* aus dem 14. Jahrhundert: „Endlich besann die Gottheit sich der Hoffart und des Übermuts, zu denen er [Alexander] sich mit solchem Trotz fortwährend unterstand. Augenblicklich richtete sie ihren Zorn gegen ihn [...]."[11] Wie in der Predigt Bertholds wird Alexander der Hoffart geziehen, und der Zorn Gottes ist es, der sein Greifengefährt wieder auf die Erde zurückweist. Dies gilt selbst für Berichte, die im Ganzen ein günstiges Bild des Königs zeichnen. So führt das *Annolied* (um 1080) die Greifenfahrt mit den beiden Versen „mit zwei Greifen flog er in den Lüften" gewissermaßen als wundersames Beginnen eines außerordentlichen weltbedeutenden Mannes an, denn später liest man: „um viel Wunderbares hat sich dieser Mann bemüht".[12] Auch in solchen Beschreibungen könnte die Greifenfahrt letztlich doch kaum anders denn als Ausdruck der frevelhaften Neugierde oder *curiositas* bzw. der gotteslästerlichen Hoffart verbucht werden. Bereits bei Pseudo-Kallisthenes im antiken Alexanderroman meint der *ascensus* des Makedonenkönigs – nicht anders als sein *descensus*, seine Fahrt in die Tiefen des Meeres, – einen Akt der Hybris: das Gegenteil von Sophrosyne, von maßvoller Selbstbeschränkung. Das erkennt Alexander übrigens selbst, denn nach der Rückkehr von seiner Himmelsreise erklärt er wie zitiert: „Hinfort dachte ich nicht mehr daran, an die *unmöglichen* Dinge Hand anzulegen ...".[13]

Einsicht zeigt der König auch in mittelalterlichen Texten, denn dort, wo die Gottheit ihn nicht selbst auf die Erde herabstürzt, sondern ihn zur Umkehr auffordert, folgt er zumeist, wie es scheint, gehorsam diesem Gebot, indem er die Stangen mit der Lockspeise für seine Zugvögel abwärts senkt und damit wieder Kurs auf die Erde nimmt. An der Greifenfahrt zunächst als Ausdruck der *curiositas* und der *superbia*, der „hohe[n] vart", ändert das jedoch nichts. Nur ausnahmsweise wird ein anderer Akzent gesetzt. Ein Exemplum aus der Sammlung *Ci nous dit* (um 1318) zieht Alexanders Luft- und Tiefseereise zur religiösen Unterweisung heran. Die Gefahren, in die der Makedonenkönig sich begab, nur um einmal die Erde und das Meer zu sehen, sollen Christen zur Lehre dienen, dass sie aus viel gewichtigerem Grund danach streben und sich sehnen müssten, dauerhaft die Herrlichkeit des Himmels zu sehen. Auf eine ethisch-religiöse Wertung der Greifenfahrt wird hier verzichtet; sie erscheint nicht negativ als Ausdruck oder Sinnbild der *superbia*, doch ebenso wenig ist sie ‚an sich' als vorbildliche Tat ausgewiesen – so wenig wie etwa das Verhalten der ‚unmoralischen Helden' in den Gleichnisreden Jesu.

Sinnbild der Hoffart

Vor dem Hintergrund der zitierten Quellen sind die bildlichen Darstellungen von Alexanders Greifenfahrt zu betrachten. Das rechte Verständnis dieses Motivs fällt vergleichsweise leicht bei einem Kapitell im Chorumgang des Basler Münsters (Abb. 1a und b). Auf einem „sessel", der wiederholt in den Quellen genannt wird,[14] der seinerseits in einem sichelförmigen Behältnis steht, sitzt Alexander mit seiner Krone, in jeder Hand eine Stange mit der Lockspeise für die Greifen. Diese sind mit Ketten an das Behältnis gebunden. In der *Historia de preliis* heißt es: Alexander befahl den Architekten, [15]

> *einen Wagen anzufertigen und diesen mit einem eisernen Gitter zu umgeben, damit er sicher darin sitzen könne. Dann ließ er Greifen herbeischaffen und sie mit besonders festen Ketten an diesen Wagen binden.*

Die aufrechte Stellung der Greifen, die ihren Kopf zu dem Köder hinwenden, bezeichnet deutlich eine aufstrebende Bewegung; dargestellt ist genauer Alexanders Aufstieg in den Himmel.

Die Bedeutung der Szene an dieser Stelle, im Chor des Münsters, erhellt aus der Wiedergabe des Sündenfalls auf der links anschließenden Seite desselben Kapitells. Hören wir dazu Gottfried von Admont († 1165), der in seiner 16. Homilie über das erste Kapitel des *ersten Buches der Makkabäer* über Alexander den Großen zu wissen gibt: [16]

> *Unter diesem Namen Alexander, der Not bringend bedeutet, ist nicht unpassend jener Drache, die alte Schlange, die Teufel und Satan genannt wird, zu verstehen,*

der, nachdem er den ersten Menschen im Paradies durch Ungehorsam verführt hat, solche unlösbaren Nöte und Mühen herbeigeführt und gebracht hat, dass alle Nachkommen Adams niemals ohne tägliche Nöte und Mühen sind und sein werden, solange der Mensch auf Erden lebt. [...] Dieser [Alexander] herrschte zuerst in Griechenland. Griechenland bedeutet Weisheit oder Beredsamkeit, worin derselbe Luzifer herrschte, weil er dazu bestimmt war, dass er in ewiger Weisheit herrschen sollte und durch die wunderbare Süße der Gottheit erfreut würde und nichts anderes spräche oder täte, als was zum Lob seines Schöpfers diente. Er hat das Land Cethim verlassen. Cethim heißt Heiligkeit. Er hat, oh Schmerz, Cethim verlassen, als er, unter Geringschätzung der Gottesfurcht, in solchem Hochmut des Geistes sich erhob, dass er die Wahl traf, mehr unter seiner eigenen als unter der Herrschaft des Herrn zu sein, in seinem Herzen sprechend: Ich setze meinen Stuhl in den Norden und werde dem Allerhöchsten gleich sein [Jes. 14, 14]. Dann, nachdem er ausgezogen war, tötete er Darius, den König der Perser und Meder. Darius bedeutet Erzeugung des Rates, mit welchem Namen der Erstling, unser Stammvater Adam, bezeichnet ist, den die ewige Weisheit Gottes mit dem Ratschluss erschuf, dass, wenn die Schar der Engel durch die hochmütigen Engel vermindert wurde, deren Zahl durch die auserwählten Menschen vervollständigt würde. [...] Nachdem er das Land Cethim verlassen hatte, tötete diesen König Darius Alexander, das heißt der böse, aus dem Himmel gefallene Engel, als er ihn aus Neid überredete, den verbotenen Apfel zu essen, und ihn dadurch elendig in den Tod stürzte.

In dieser Auslegung des ersten Verses des *ersten Buches der Makkabäer* versteht Gottfried mithin den Makedonenkönig als Bild des infolge seines Hochmuts gefallenen Engels Luzifer, des Teufels; sein Sieg über Darius bezeichnet die Verführung des ersten Menschen, der mit dem Sündenfall in Lebensnot und Todesverfallenheit geriet. Die Verknüpfung der Greifenfahrt Alexanders als Inbild von dessen Hoffart mit dem Sündenfall der Stammeltern an dem Basler Kapitell lässt sich damit begreifen; es scheint, dass hier nicht allein zwei Fälle von Hochmut und Selbstherrlichkeit einander gegenübergestellt sind, sondern dass mit Alexander sinnbildlich geradezu der Verführer selbst, mit der Greifenfahrt ein Bild der *superbia* Luzifers gezeigt ist, der Adam und Eva ins Verderben bringt.

Diese Bedeutung von Alexanders Greifenfahrt als negatives Sinnbild dürfte auch für die Darstellung auf einem Kapitell gelten, das zum Schmuck eines Portals im Freiburger Münster gehört, des heutigen Durchgangs vom südlichen Querschiff zum Chorumgang (Abb. 2). Das Pendant dieser engstens mit dem Basler Werk verwandten Kapitellskulptur bildet die Wiedergabe zweier Sirenen, die als Meerdämonen und Verkörperungen von Lastern und sündhaften Verlockungen durchaus negativ zu beurteilen sind. Ihre Bedeutung „liegt fest, seit die Kirchenväter die stoische Interpretation des Sirenenabenteuers der Odyssee übernommen und christlich uminterpretiert haben: so wie Odysseus sich an den Mast seines Schiffes fesseln ließ, um dem Gesang der Sirenen nicht zu verfallen, so solle sich der Christ auf der Meerfahrt des Lebens am Mastbaum des Kreuzes festklammern, um den irdischen Verlockungen zu entgehen. Die Sirene ist damit das Symbol der Luxuria, der sinnlichen Lust, der Verfallenheit an den Trug dieser Welt."[17] Inhaltlich entsprechend ließe die Greifenfahrt sich verstehen; mit ihr und der Sirene könnten gleichsam die beiden schlimmsten Todsünden, *luxuria* und *superbia*, mahnend veranschaulicht sein.

Auch bei der eindrucksvollen Wiedergabe Alexanders in dem großen Fußbodenmosaik (1163/65) der Kathedrale von Otranto spricht einiges dafür, dass die Wiedergabe des Königs, thronend über den beiden Greifen und mit zwei Ködern in den erhobenen Händen, negativ aufzufassen ist (Abb. 3). Die Gegenüberstellung bzw. Parallelisierung mit dem *Turmbau zu Babel* als einem eindeutigen gotteslästerlichen Akt der Hybris legt dieses Verständnis bereits sehr nahe. Über Alexander, auf der Höhe seiner Krone, sind dann drei Sterne abgebildet, die mutmaßlich anzeigen sollen, dass der Makedonenkönig danach strebt, seinen Thron „über den Sternen Gottes" aufzustellen bzw. „nach den Sternen des Himmels [zu] greifen", und mit Luzifer, dem strahlenden „Sohn der Morgenröte" (Jes. 14, 13), bzw. mit dem hoffärtigen Antiochus IV. zusammenzusehen ist. Nochmals werden wir an Bertholds Predigt erinnert, wonach Alexander in seiner Hoffart mit der Hand „die aller hoehsten sternen von himele her abe nemen" wollte.

Fraglicher erscheint die Bedeutung Alexanders auf der Kiliansfahne in Würzburg (Abb. 3). Dieses Banner aus naturfarbener Leinwand von etwa 5 × 3 m Größe, das heute im Mainfränkischen Museum in Würzburg aufbewahrt wird, zeigt auf der Vorderseite den hl. Kilian mit Mitra, Kasel (ursprünglich aus gelber und grüner Seide aufgenäht), Bischofsstab und Schwert, auf der Rückseite das Bruchstück einer prachtvollen, vielleicht süddeutschen Seidenstickerei etwa vom Ende des 10. Jahrhunderts, das als „die vielleicht älteste abendländische Darstellung"[18] dieses Motivs den Himmelsflug Alexanders zeigt – hier mit Hilfe von zwei Adlern und mit zwei Szeptern statt der Köderstangen. Nachträglich wurde dieses Bruchstück auf die erheblich jüngere Kiliansfahne aufgenäht, dabei an allen Seiten beschnitten, so dass eine rings umlaufende Inschrift größtenteils verloren ging. Die erhaltenen Reste der Beischrift lauten: „CVM PAVCIS PROMERE VERSICVLIS ..." (mit wenigen Versen [will ich] erzählen ...), und: „MIRACVLA POLI LIBVIT PRO SPIR ..." (es beliebte ihm, die Wunder des Himmels ...). Pfister, der die Kiliansfahne eingehend untersucht hat, vermutet, „daß die Anheftung der Adlerstickerei auf die Fahne noch in dem Bewußtsein geschah, daß hier die Luftfahrt Alexanders dargestellt war"; jedoch habe der, der die Anheftung auf die Fahne vornahm, nicht die gleiche Auffassung wie der Künstler von dem Ereignis gehabt: „Er ließ die Randinschrift abschneiden, wohl aus dem Grund, weil sie zu dem Bild, das er von dem König hatte, nicht paßte."[19] Mit anderen Worten: Die günstige Bewertung des Makedonenkönigs habe sich verkehrt in das uns bekannte Bild des hoffärtigen Teufels. Gegen diese Auffassung einer planvollen Sinnverkehrung des Motivs spricht die ungleiche, unsystematische Zerstörung der Inschrift, von der auf der rechten Seite die zitierten zwei Zeilen erhalten geblieben sind. Zudem wäre nicht leicht zu erklären, warum auf einer Prozessionsfahne ein Inbild der *superbia*, ein Sinnbild Luzifers angebracht werden sollte.

Ähnlich liegt der Fall bei einer nicht erhaltenen Dalmatik, die Papst Bonifaz VIII. der Kathedrale von Anagni übermachte; einem Inventareintrag zufolge sah man darauf in Stickerei die Geschichte des von Greifen in die Luft emporgetragenen Alexander. Mit Recht erklärt Loomis, es sei schwer vorstellbar, dass für den Schmuck eines kirchlichen Gewandes absichtsvoll ein Symbol des Bösen gewählt wurde.[20] Ebenso bei einem gestickten Reliquienkissen des 12. Jahrhunderts aus St. Patroklus in Soest, das sich „in der Reliquienbüste des hl. Patroklus [...] als Unterlage für den Schädel des Heiligen" gefunden hat; auf der Oberseite ist das inschriftlich benannte „AGNVS DEI", auf der Unterseite die Greifenfahrt des gleichfalls inschriftlich bezeichneten „ALEXANDER REX" zu sehen.[21] Auch hier hält Loomis eine negative Bedeutung des Königs kaum für denkbar, während Friedrich Panzer eine Gegenüberstellung der Hoffart Alexanders mit der Demut des Gotteslamms konstatiert.[22] Weder die eine noch die andere Auffassung hinsichtlich der Kiliansfahne, der Dalmatik und des Soester Kissens ist zu beweisen. Auf der einen Seite können die weit überwiegend ungünstigen Textzeugen über Alexanders Greifenfahrt ins Feld geführt werden, wie denn dieses Unternehmen schon ‚an sich' und bereits im antiken Alexanderroman einen Akt der Hybris bedeutet. Auf der anderen Seite stehen gleichsam Konvenienzargumente und der inhaltliche Zusammenhang der jeweiligen Darstellung.

Für das Verständnis mittelalterlicher Darstellungen von Alexanders Greifenfahrt sind alle denkbaren Möglichkeiten vertreten worden. A. L. Meissner hatte bereits 1882 als deren „symbolische Bedeutung" im kirchlichen Zusammenhang „eine bildliche Verkörperung des Dogmas vom Antichristen" vorgebracht. Entsprechend erklärte Cary 1956, dass die literarische

Abb. 1a und b: 12. Jh., Kapitell am Nordpfeiler des Chorumgangs im Münster von Basel

Abb. 2: 12. Jh., Kapitell am Durchgang vom südlichen Querschiff zum Chorumgang im Münster von Freiburg i. Br.

Abb. 3: 10. Jh., süddeutsch, Kiliansfahne im Mainfränkischen Museum, Würzburg

Abb. 4: 12. od. frühes 13. Jh. (?), Tympanon, Südportal von S. Maria della Strada, Matrice/Campobasso

Abb. 5: 11. Jh., byzantinisch, Nordseite von S. Marco, Venedig

Behandlung der Geschichte der Himmelsreise in Deutschland automatisch nahe lege, dass ein ungünstiges Verständnis mit dieser Darstellung in deutschen Kirchen verbunden war, ein Verständnis, das wahrscheinlich zusammenlief mit der theologischen Verurteilung von Alexanders Hochmut. Die literarische Evidenz lege nahe, dass die Himmelsreise früh in Deutschland aufgegriffen wurde, um mit den theologischen Angriffen auf Alexander zusammenzugehen, und das erste legendarische Material war, das so behandelt wurde. Auf der anderen Seite wandte Giuseppe Boffito sich 1921/22 gegen Meissner und favorisierte eine günstige Auffassung der Greifenfahrt. Auch Victor Schmidt sah in seiner Dissertation über Alexanders Greifenfahrt 1988/95 diese Darstellung für positiv an. Loomis schließlich vermutete 1918 eine bald positive, bald negative Bedeutung des Motivs und resümierte, dass, obgleich in einigen Ausnahmefällen die Himmelsreise als eine Art von lobenswertem Himmelsstreben zu verstehen gewesen sei, die autoritative Tradition der Kirche in dieser Episode einen Fall von übermächtigem Hochmut gesehen und darin sogar ein Sinnbild von Luzifers Auflehnung an oberster Stelle gegen Gottes Thron erkannt habe.[23] Dieser dritten Position wollen wir uns, nicht allein aus Vorliebe für Mittelwege, anschließen; während in mehreren Fällen eine negative Bedeutung der Greifenfahrt angenommen werden darf, ist auf der anderen Seite verschiedentlich ein positives Verständnis mit guten Gründen zu vertreten, auch wenn schriftliche Belege bislang fehlen.

Doch nun kann eine unzweifelhaft positive Darstellung der Greifenfahrt diese mangelnden Textzeugen grundsätzlich ausgleichen. Das Südportal von S. Maria della Strada in Matrice nahe Campobasso zeigt im Tympanon aus dem 12. oder frühen 13. Jahrhundert den Himmelsflug Alexanders, darüber, im Scheitel eines Blendbogens, das Agnus Dei (Abb. 4). Die zentrale Position im Tympanon und der axiale Bezug zum Gotteslamm schließen hier eine negative Deutung der Greifenfahrt mit Sicherheit aus. Zwar bleibt ungewiss, ob Alexander im Sinne des genannten Exemplums möglicherweise die himmelwärts strebende, nach dem Tode zu Christus aufsteigende gläubige Seele versinnbildlicht – wofür nicht zuletzt zwei flankierende bedrohlich anmutende Fabelwesen auf dem Blendbogen sprechen, die die Fährnisse der Welt, die Bedrängnisse des Bösen u. ä. bezeichnen mögen, ähnlich den beiden Löwen in Darstellungen von Daniel in der Löwengrube, – oder ob eine christologische Bedeutung, eine Präfiguration der Himmelfahrt Christi, vorliegt. Das Bedeutungsfeld jedoch ist klar abgesteckt, und wir sehen, dass der Greifenflug in der bildlichen Wiedergabe auch durchaus positiv befrachtet sein konnte. Für das Soester Reliquienkissen, die erwähnte Dalmatik und die Kiliansfahne darf folglich mit größerer Zuversicht das vorgeschlagene günstige Verständnis bekräftigt werden. Darüber hinaus nun mit Schmidt auch das Basler Kapitell und das Mosaik von Otranto in diesem Sinne zu begreifen, geht wohl zu weit.

Sehr wahrscheinlich positiv hat man indessen, um noch ein prominentes Beispiel anzuführen, das Marmorrelief von Alexanders Greifenfahrt an der Nordseite von S. Marco in Venedig zu deuten (Abb. 5). An diesem Bildwerk hat Durand 1865 zum ersten Mal das Motiv der Greifenfahrt in der mittelalterlichen Kunst identifiziert. Zuvor hatte man in diesem Relief die Wiedergabe der Ceres gesehen, die, mit brennenden Pinien in den Händen, auf einem von Drachen oder Hippogreifen gezogenen Wagen an allen Enden der Welt nach ihrer von Pluto geraubten Tochter Proserpina sucht. Als byzantinische Arbeit vermutlich des 11. Jahrhunderts war diese Darstellung ursprünglich mit Sicherheit positiv gemeint; in Byzanz galt Alexander als Ideal des *kalòs basiléus* und bedeutete eine Identifikationsfigur für den Kaiser; in der Tat trägt er auf dem Relief die byzantinische Kaisertracht mit

Krone, Perpendullien (Schmuckgehänge beiderseits der Krone) und Loros (ein golddurchwirktes Obergewand, das aus einer rechteckigen Stoffbahn besteht und kreuzweise über den Leib geführt wird). In der sekundären Verwendung dieses Bildwerks an der Fassade von S. Marco, als Pendant eines zweiten Reliefs mit einer Darstellung des unbedingt positiven Herkules, dürfte wohl eine Bedeutungsverschiebung eingetreten, kaum aber ein Bild der Hoffart daraus geworden sein. Eher noch ließe sich denken, dass das Relief zuvörderst als Beutestück – mutmaßlich von der Plünderung Konstantinopels durch die Kreuzfahrer 1204 – und als Kunstwerk dort seinen Platz gefunden habe, während die inhaltliche Bedeutung demgegenüber zurücktrat.

Alexander der Große im Alten Testament

Das „geschichtliche Bild Alexanders", so bemerkt Friedrich Pfister, sei „erst seit der Zeit der Renaissance allmählich wieder ans Licht gezogen" worden. Im Mittelalter, „wo gerade am meisten über Alexander geschrieben wurde, war es das romanhafte Bild, das in der Literatur herrschte", und zwar gleichermaßen in den beiden damals dominierenden „Weltsprachen, im Lateinischen wie im Arabischen, zu denen dann zur Zeit der Kreuzzüge zunächst das Französische und Deutsche mit größeren Alexanderdichtungen traten. Von der wirklichen Bedeutung Alexanders wußte man kaum etwas." Wesentlich bestimmt war das romanhaft-legendarische Bild des Makedonenkönigs von dem oben erwähnten griechischen Alexanderroman des Pseudo-Kallisthenes; der eigentliche Grund dafür, dass diese Schrift, „ein überaus dürftiges Machwerk", die ihr zuteil gewordene außerordentliche Resonanz finden konnte, sei jedoch, so nochmals Pfister, „die *religiöse* Überlieferung, die Einbeziehung Alexanders in die *heiligen* Schriften und in die *Apokalyptik*, kurz gesagt [...] die ‚Heiligung' Alexanders [...], die sein Nachleben in der Literatur des Orients und Occidents trug und sicherte", gewesen.[24]

In den Büchern des Alten Testaments findet sich nun abermals ein ambivalentes Verständnis von dessen Person. Die Prophezeiungen im *Buch Daniel*, die verschiedentlich auf Alexander, auf dessen Sieg über den Perserkönig und auf die Gründung eines Weltreichs, zu beziehen waren (Dan. 7, 6; 8, 5–8; auch 2, 39), wiesen dem Makedonenkönig unmissverständlich einen markanten Platz in der göttlichen Vorsehung zu; von Gott wurde ihm offenbar „die Macht eines Herrschers verliehen" (Dan. 7, 6). Im *ersten Buch der Makkabäer*, wo namentlich von Alexander die Rede ist (1. Makk. 1, 1-7; 6, 2), war jedoch zugleich zu lesen, dass zuletzt dessen „Herz stolz und überheblich“ (1. Makk. 1, 3) geworden sei. Diese und andere aus der jüdischen Überlieferung stammenden Berichte und Prophezeiungen boten dem christlichen Mittelalter ein doppelgesichtiges Bild des Makedonenkönigs.

Die Greifenfahrt spiegelt exemplarisch diese Ambivalenz. Das Motiv, das in der Monumentalkunst, wie es den Anschein hat, zumindest vorwiegend auf den kirchlichen Bereich beschränkt blieb, veranschaulichte ein Unternehmen, wo im buchstäblichen Sinne sowohl *superbia* wie *curiositas* unmittelbar sprechend zum Ausdruck kamen. Im allegorischen Verständnis – das im *Ovide moralisé* sogar den *Metamorphosen* einen christlichen Sinn zu unterlegen vermochte – konnte dasselbe Geschehen positiv aufgefasst werden und möglicherweise für das Verlangen der Seele nach dem himmlischen Vaterland stehen.

Mit der Einsicht in die Bedeutung des Motivs ist allerdings nicht erklärt, warum die Greifenfahrt, wie eingangs erwähnt, wenn auch nicht das einzige, so doch das hauptsächliche Motiv eigenständiger Darstellungen Alexanders des Großen im Mittelalter bildete. Unter den zahlreichen wundersamen und Staunen erregenden Taten dieses Welteroberers war dessen Aufstieg in den Himmel offenbar in besonderer Weise kennzeichnend für Alexander oder besser gesagt: unter Alexanders Wundertaten fand diese Episode anscheinend in besonderer Weise Resonanz. Angesichts zahlreicher Darstellungen der Greifenfahrt im 12. Jahrhundert und eines Rückgangs von deren Popularität gegen Ende des 13. Jahrhunderts konstatiert Chiara Frugoni eine Koinzidenz mit der Einstufung von *superbia* als *radix vitiorum*, als Wurzel der Laster, bis zum Ende des 12. Jahrhunderts, während in der Folge diese dominierende Stellung unter den Lastern der *avaritia*, dem Geiz, zugewiesen wurde.[25] Doch wohl nur zum Teil dürfte damit die Attraktivität eines Themas begründet sein, das noch bis zum Ausgang des Mittelalters, bis zum Anfang des 16. Jahrhunderts, anzutreffen ist. Ob die Faszination und damit die tiefere Bedeutung der Greifenfahrt für das Mittelalter darin lag, dass deren Anmutung zwischen einer bis zur Analogie mit Luzifer reichenden Selbstüberhebung Alexanders und einem übermenschlich kühnen Wagemut, einer fabelhaften Wunderkraft oszillierte, bleibt indes der Spekulation überlassen.

Umwertungen, Aufwertungen, Ambivalenzen

Die Doppelgesichtigkeit dieser Tat mag jedoch noch ein Beispiel aus der zweiten Hälfte des 15. Jahrhunderts erweisen, wo sie nun in ein und derselben Darstellung sich zu manifestieren scheint. Wohl in Tournai um 1460 entstand eine zweiteilige Tapisseriefolge mit Szenen aus dem Leben des Makedonenkönigs, die heute im Palazzo Doria Pamphilij in Rom hängt. Während der erste Teppich Ereignisse aus Alexanders Jugendzeit bis zur Übernahme der Regierung zeigt – darunter die Zähmung des Bukephalos, den Empfang des Ritterschlags und die Krönung durch seinen sterbenden Vater Philipp zum König der Makedonen –, führt der zweite einige spätere Großtaten Alexanders vor Augen (Abb. S. 178). Im Zentrum des Teppichs, nur leicht nach rechts aus der Mittelachse gerückt, schwebt vor einer grünbewachsenen Felswand Alexander in seinem Flugapparat über einer Gruppe von Würdenträgern – man sieht „drei nach burgundischer Mode gekleidete junge Männer und zwei ältere orientalische Fürsten" –, deren Blicke und weisende Finger zu ihm erhoben sind. In einem kunstvoll gefertigten Kasten, an den mit Ketten und roten Ledergurten vier Greifen gebunden sind, sitzt Alexander und hält in jeder Hand eine Stange oder Lanze mit großen Fleischstücken in die Höhe, welche die Greifen zu erreichen suchen und auf diese Weise den König in die Lüfte tragen. Direkt über diesem erscheint in einem Wolkenkranz, der die obere Himmelssphäre bezeichnet, im Kreise von Engeln die Gestalt von Gottvater. Ein weiteres Mal erblickt man Alexander neben der vorgenannten Gruppe von Würdenträgern nach seiner Rückkehr von der Greifenfahrt. „In vollem Herrscherornat, die Bügelkrone auf dem hermelinbesetzten Hut und in schleppendem Mantelkleid mit keulenförmigen Ärmeln aus golddurchwirktem Seidendamast",[26] wird er von einem knienden Höfling und von weiteren Vornehmen seines Heeres freudig begrüßt. Rechts über dieser Szene – in der Abbildung nicht mehr sichtbar – folgt die an den Greifenflug sich anschließende Tauchfahrt. In einer gläsernen Tonne sieht man den Makedonenkönig, beleuchtet von zwei Fackeln, in der Meerestiefe, während vier Boote mit seinen Getreuen rings herum auf den Wellen schwimmen; mit drei Ketten ist an einem der Boote die Glastonne befestigt.

Bereits Aby Warburg hatte 1913 über diese Tapisserien bemerkt, dass sie den damaligen Herzog von Burgund, Philipp den Guten, und dessen Sohn, Karl den Kühnen, „porträtähnlich vorstellen". „Höfische Romantik, den burgundischen Philipp dem mazedonischen schmeichlerisch gleichsetzend, erzog den Prinzen Karl in dieser auf nordische Manier wiedererweckten Idealwelt des klassischen Altertums. So spiegelte sich in den Köpfen des burgundischen Hofes zur Zeit Philipps des Guten die heidnische Antike, und so sprach – selbst aus halbdunkler mittelalterlicher Verkleidung – helle Begeisterung für antike Größe."[27] Zwar scheint die Porträtähnlichkeit vielleicht nicht zwingend, und auch der „Auftraggeber und der ursprüngliche Bestimmungsort dieser Alexandertapisserien lassen sich heute nicht mehr ausmachen",[28] unzweifelhaft aber dürften die Alexanderszenen als eine Darstellung bewunderungswürdiger Heldentaten aufzufassen sein, in denen zeitgenössische Herrscher – Philipp der Gute wie Karl der Kühne – sich spiegeln mochten.

Die heikle Greifenfahrt muss dazu nicht in Widerspruch stehen; die altfranzösischen Fassungen des Alexanderromans, die als literarische Quelle für die Tapisserien zu vermuten sind, bieten diesbezüglich eine von den bisher genannten Schilderungen abweichende, günstigere Lesart. Der altfranzösische Prosa-Alexanderroman aus der zweiten Hälfte des 13. Jahrhunderts, der im Wesentlichen auf die Rezension J^2 der *Historia de preliis* zurückgeht, enthält bei der Greifenfahrt gegenüber der lateinischen Vorlage erhebliche Zusätze. Alexander, so heißt es, wünscht zum Himmel emporzusteigen, um zu sehen, „welche Dinge es oben im Himmel gebe und welche Gestalt unten die Erde habe".[29] Wieder lässt er sich einen Eisenkasten anfertigen, an den diesmal genau sechzehn Greifen mit Eisenketten gebunden werden. Mit sich in den Kasten nimmt Alexander Fleisch für die Vögel und mit Wasser getränkte Schwämme.

Als er in den Kasten gestiegen war, befestigte er ein Stück Fleisch an einer Lanze und schob diese durch die Öffnungen [des Kastens]. Als die Vögel das Fleisch sahen, zogen sie Alexander empor, und dieser richtete die Lanze in die Höhe; darauf flogen die Vögel gen Himmel und Alexander hielt die mit Wasser getränkten Schwämme vor die Füße [der Vögel], um ihren Atem zu erfrischen. So hoch trugen ihn die Vögel, dass es ihm schien, die ganze Erde sehe wie eine Tenne aus, auf die man das Korn legt, und das Meer erschien ihm so wie eine rings um das Land gewundene Schlange. Als Alexander sah, dass er dem Feuer[30] so nahe war, dass er besorgte, das Gefieder der Vögel könnte verbrennen, kniete er nieder und betete zu Gott, dem Allmächtigen, der ihm in Makedonien in einem Gesicht erschienen war, dass er ihm helfe, heil und unversehrt zu seinem Volk zurückzukehren, nicht zu seinem, sondern zu dessen Heil. Darauf überschattete die göttliche Kraft den Kasten und die Vögel, dass sie, zehn Tagesreisen entfernt von dem Heer [der Makedonen], die Erde erreichten. Als Alexander sich auf der Erde sah, entfernte er die Ketten, und die Vögel flogen davon. Dann stieg Alexander aus dem Kasten und dankte Gott, unserem Herrn, für die Ehre, die er ihm erwiesen hatte, dass er heil und unversehrt zur Erde herabgekommen war.

Alexander macht sich im Folgenden auf den Weg zu seinem Heer; als seine Leute ihn kommen sehen, verehren sie ihn wie Gott und begrüßen ihn mit den Worten: „Es lebe König Alexander, Herr der ganzen Welt und auch des Himmels und des Meeres wie der Erde.“

Unter den vielen Einzelheiten, die hier im Unterschied zur *Historia de preliis* angeführt werden, ist vor allem Alexanders Frömmigkeit bemerkenswert; nicht gezwungenermaßen muss er auf die Erde zurückkehren, sondern er selbst entschließt sich in der Himmelshöhe zur Umkehr und bittet Gott um seinen Beistand, der ihm auch zuteil wird. Nach seiner Rückkehr zur Erde aber wendet Alexander sich nochmals an Gott, um nun für seine Rettung zu danken. Dieses Motiv taucht hier nicht zum ersten Mal auf. Bereits in einem lateinischen Gedicht des 9. Jahrhunderts heißt es: „Er stieg in die Höhe empor, er glaubte, gleich sterben zu müssen; zum Herrn betete er, daß er zurückkehren könne“.[31] Doch mit ganz anderem Gewicht kommt dieser Gesichtspunkt in dem altfranzösischen Alexanderroman zur Entfaltung. Und er findet sich auch in den auf diesem Roman basierenden *Faicts et Conquestes d'Alexandre le Grand*, die Jean Wauquelin (gestorben 1452) wahrscheinlich um 1440 zunächst im Auftrag von Jean II. de Bourgogne, comte d'Etampes verfasste, dann in den späteren 1440er Jahren für dessen Vetter und Stiefsohn, Philipp den Guten, in mehreren Versionen kopierte, und die im besonderen als Quelle für die beiden Tapisserien angesehen werden. Auch hier liest man, dass Alexander, als er, diesmal von acht Greifen emporgetragen, in der Himmelshöhe fürchtete, deren Gefieder könnte verbrennen, „das Gebet an Gott, den Allmächtigen, richtete, daß es diesem nach seiner großen Gnade gefallen möchte, daß er [Alexander] heil und unversehrt zu seinem Heer zurückkehren könne, nicht zu seinem, sondern zu dessen Heil“. Wieder überschattet daraufhin „die göttliche Kraft“ den Kasten, Alexander gelangt sicher zurück und dankt dem Herrn für die ihm erwiesene Ehre und Wohltat.[32]

In einer solchen Schilderung der Greifenfahrt tritt der Gesichtspunkt der *superbia* hinter einer von Alexander bezeugten frommen Gesinnung zurück, wie denn Wauquelin überhaupt seinen Helden als einen tadellosen, gottesfürchtigen Fürsten darstellt. Die prominente Darstellung dieser Episode auf der Tapisserie legt unmittelbar den Gedanken nahe, dass sie in diesem Lichte zu betrachten sei, also unter diesen Umständen als Heldentat nicht in Widerspruch zu der notwendigen *pietas* eines christlichen oder von christlicher Seite vereinnahmten Herrschers stehe. Demgemäß erklären Anna Rapp Buri und Monika Stucky-Schürer, dass über Alexander „der segnende Gottvater in einer Glioriole“ erscheine und setzen hinzu: „Um zu siegen, benötigte auch der stärkste Held die Unterstützung Gottes.“[33]

Allerdings stimmt die Vierzahl der Vögel nicht mit den sechzehn bzw. acht Greifen des altfranzösischen bzw. von Wauquelins Roman überein, sondern geht auf andere Quellen zurück.[34] Dann aber entspricht auch das Verhältnis zwischen Alexander und Gottvater durchaus nicht der oben zitierten Beschreibung. Während der Makedonenkönig zwei Lanzen (statt einer, die der altfranzösische Roman und Wauquelin nennen) noch unbeirrt emporhält und die Greifen begierlich weiter aufsteigen, ja bereits die göttliche Sphäre erreichen, kann die Gebärde von Gottes linker (!) Hand keinesfalls als Segensgestus, sondern nur, mit Warburgs Worten, als „eine bedenklich abwehrende Geste" verstanden werden, die andeutet, „daß es dem Sterblichen versagt sei, über die vierte Region des Feuers bis in den Himmel vorzudringen".[35] Die Darstellung der Greifenfahrt lässt sich somit kaum auf Wauquelin zurückführen, und von einem frommen Alexander, der beizeiten mit Gottes Hilfe auf die Erde zurückzukehren wünscht, kann angesichts der Tapisserie nicht die Rede sein; vielmehr ist abermals Gott genötigt, dem Himmelsstürmer Einhalt zu gebieten. Nichtsdestoweniger steht Alexander nach seiner Rückkehr als ehrfürchtig begrüßter und gefeierter Held stolz und würdevoll vor seinen Höflingen; und auch insgesamt kann, wie gesagt, an der positiven Präsentation des Makedonenkönigs kein Zweifel bestehen.

Damit ergibt sich der verwirrende Befund, dass die Greifenfahrt als ein von Gott missbilligtes Unternehmen zugleich den ruhmwürdigen Taten Alexanders – vielleicht als Spiegelbild Karls des Kühnen – zugerechnet wird. Man darf bezweifeln, dass diese beiden Aspekte zusammengesehen und folglich als der Widerspruch empfunden wurden, der sich dem heutigen Betrachter der Tapisserie aufdrängen muss. Vielmehr scheint es, dass sie unverbunden nebeneinander je ihr eigenes Recht behaupteten. Die Gestalt Gottes, die erst Alexanders Hoffart kenntlich macht, wird nicht beiseite gelassen oder im Sinne Wauquelins und des altfranzösischen Alexanderromans umgedeutet – und doch wohl auch nicht ‚gedankenlos' aus einer Bildvorlage übernommen. Ebenso wenig aber findet die Kühnheit von Alexanders Himmelsflug sich irgend diskreditiert. Nur unter Berücksichtigung der für unumgänglich angesehenen negativen geistlichen Ausdeutung des Geschehens, so hat es den Anschein, konnte die Greifenfahrt hier um die Mitte des 15. Jahrhunderts als Heldentat in Szene gesetzt werden; mit dieser Lizenz aber war sie zur bewundernden Betrachtung freigegeben. Schon wenige Jahrzehnte später ließ ihr fabulöser Charakter alles Interesse daran erlöschen. Ein vereinzelter, ehemals Hans Schäufelein zugeschriebener Holzschnitt[36] ist der Spätling eines Bildmotivs, das einem sich schärfenden historischen Bewusstsein unannehmbar wurde.

Anmerkungen

1 Der nachfolgende Text bietet Ergebnisse aus dem ersten Kapitel einer monographischen Darstellung von *Alexander dem Großen in der nachantiken bildenden Kunst*, die kurz vor dem Abschluss steht. Dort auch ausführlichere Literaturhinweise.
2 Rudolf von Ems 1928/29, Bd. 1 (1928), 3, V. 42–56; Ross 1988, 71 f. Hier wie im Folgenden stammen die Übersetzungen, wo nicht anders erwähnt, vom Verfasser.
3 Berthold von Regensburg 1965, Bd. 1, 398 u. 397.
4 Allerdings bemerkt Kugler 1987, 6: „Bis heute steht nicht zweifelsfrei fest, ob die Flugepisode überhaupt schon ursprünglich zum Textbestand des antiken, griechischen Alexanderromans gehört hat. Im europäischen und lateinschreibenden Westen jedenfalls hatte sie ihren frühesten nachweisbaren Auftritt ohne den Romankontext, und zwar in einem Abecedarium, das in einer Handschrift des 9. Jahrhunderts überliefert ist."
5 Übersetzung nach Mette 1951, 32.
6 Ross 1988, 47 f. Der Originaltext ist verloren; am nächsten steht ihm wohl eine Bamberger Handschrift um das Jahr 1000.
7 Übersetzung nach Eberhard Nellmann, in: Das Annolied 1996, 140 f. Den lat. Text bietet Pfister 1913, 126.
8 J^1: Zingerle 1885, Kap. 115, 253. – J^2: Historia Alexandri Magni 1976/77, Zweiter Teil, Kap. 115, 156. – J^3: Die Historia de preliis 1975, Kap. 115, 180. Dazu Ross 1988, 50 f., 53 f. u. 61.
9 Die Basler Bearbeitung von Lambrechts Alexander 1881, 193, V. 4281–4283, 4293 u. 4296–4299; Ross 1988, 10.
10 Enikel 1900, 371 f., V. 19446, 19493 f. u. 19497–19508; Ross 1988, 39 f.
11 Der Große Alexander 1908, 81, V. 5618–5623; Ross 1988, 62.
12 Das Annolied 1996, 20, Abschn. 14 u. 15, Z. 9 f. u 11; Ross 1988, 38.
13 Mette 1951, 32; s. hier über die Maßlosigkeit von Alexanders Unternehmen für das antike Verständnis.
14 Z. B. Die Basler Bearbeitung von Lambrechts Alexander 1881, 193, V. 4288.
15 Zingerele 1885, 253; vgl. ähnlich Historia Alexandri Magni 1976/77, Zweiter Teil, Kap. 115, 158.
16 Gottfried von Admont 1854, 1131 A–D.
17 Haug 1977, 46, mit weiterer Literatur.
18 Pfister 1961, 333.
19 Pfister 1952, 288, 293 u. 294.
20 Loomis 1918, 183.
21 Schnütgen 1902, Zitat 177.
22 Loomis 1918, 183; Panzer 1906, 12.
23 Meissner 1882, 185; Cary 1956, 135; Boffito 1920–22, Bd. 23, 28 f.; Schmidt 1995, 45–72; Loomis 1918, 184.
24 Pfister 1956, 7–9.
25 Frugoni 1991, 360.
26 Rapp Buri u. Stucky-Schürer 2001, 236.
27 Warburg 1969, 247 f.
28 Rapp Buri u. Stucky-Schürer 2001, 243.
29 Der altfranzösische Prosa-Alexanderroman 1920, 229; s. dazu ebd., VIII, XII f. u. XVI f.; zum folgenden Langzitat vgl. 1920, 66 f. u. 229 ff. Ross 1988, 54–57.
30 Gemeint ist die „sphera ignis" oder „sper des feuers", die als die oberste von vier Sphären

der „elementisch[en] natur“ zwischen der Erde und den Sphären des Wassers und der Luft einerseits und den drei Bereichen des Himmels andererseits lokalisiert wurde; schon in den untersten Himmel, der die sieben Planetenbahnen umfaßt, vermag Alexander somit nicht vorzudringen (erst recht nicht in den anschließenden Kristallhimmel, auf den zuletzt der Feuerhimmel oder der „himel der trifeltigkeit“, das heißt die Sphäre Gottes, folgt). Schedel 2001, VI r.

31 Zit. nach: Millet 1923, 103.

32 Wauquelin 2000, II, 59, (Seite) 455.

33 Rapp Buri u. Stucky-Schürer 2001, 243; s. a. ebd., 236.

34 Vgl. Millet 1923, 102 u. 121 f.

35 Warburg 1969, 245; vgl. oben Anm. 30.

36 Dodgson 1904/05.

Quellen

Der Alexanderroman mit einer Auswahl aus den verwandten Texten, übersetzt v. Friedrich Pfister, Meisenheim am Glan 1978.

Der altfranzösische Prosa-Alexanderroman nach der Berliner Bilderhandschrift. Nebst dem lateinischen Original der Historia de Preliis (Rezension J^2), hg. v. A. Hilka, Halle 1920.

Das Annolied, hg., übersetzt und kommentiert von Eberhard Nellmann, Stuttgart (1975) 1996^4.

Die Basler Bearbeitung von Lambrechts Alexander, hg. v. R. M. Werner, Tübingen 1881.

Berthold von Regensburg: Vollständige Ausgabe seiner (deutschen) Predigten, hg. von Franz Pfeiffer (u. Joseph Strobl). Mit einem Vorwort von Kurt Ruh, 2 Bde., (Wien 1862/80) Nachdruck Berlin 1965.

Jans Enikel: Weltchronik, in: Jansen Enikels Werke, hg. von Philipp Strauch, (Monumenta Germaniae Historica. Deutsche Chroniken und andere Geschichtsbücher des Mittelalters, Bd. 3) Hannover Leipzig 1900, S. 1–596.

Gottfried von Admont: Opera omnia, hg. von R. P. Bernardus Pezius, (Patrologiae cursus completus. Series latina, accurante Jacques-Paul Migne, Bd. 174) Paris 1854, Sp. 1059 A–1134 B.

Der Große Alexander aus der Wernigeroder Handschrift, hg. von Gustav Guth, Berlin 1908.

Historia Alexandri Magni (Historia de Preliis) Rezension J^2, hg. von Alfons Hilka, Hermann (irrt. Hans)-Josef Bergmeister u. Rüdiger Grossmann, 2 Teile, Meisenheim 1976/77.

Die Historia de preliis Alexandri Magni Rezension J^3, hg. von Karl Steffens, Meisenheim 1975.

Rudolf von Ems: Alexander. Ein höfischer Versroman des 13. Jahrhunderts, hg. von Victor Junk, 2 Bde., Leipzig 1928/1929.

Hartmann Schedel: Weltchronik. Kolorierte Gesamtausgabe von 1493. Einleitung und Kommentar von Stephan Füssel, Köln u. a. 2001.

Jehan Wauquelin: Les Faicts et les Conquestes d'Alexandre le Grand, hg. von Sandrine Hériché, Genf 2000.

Oswald Zingerle: Die Quellen zum Alexander des Rudolf von Ems. Im Anhange: Die Historia de preliis, Breslau 1885.

Literaturhinweise

Boffito, Giuseppe 1920–22: La leggenda aviatoria di Alessandro Magno nella letteratura e nell'arte, in: La Bibliofilia 22, S. 316–330 u. 23, S. 22–32.

Cary, George 1956: The medieval Alexander, hg. von David J. A. Ross, Cambridge.

Dodgson, Campbell 1904/05: Alexander's journey to the sky. A woodcut by Schäufelein, in: The Burlington Magazine for Connoisseurs 6, S. 395–401.

Durand, Julien 1865: Légende d'Alexandre le Grand, in: Annales Archéologiques 25, S. 141–158.

Frugoni, Chiara 1991: Art. ‚Alessandro Magno', in: Enciclopedia dell'arte medievale, hg. vom Istituto della Enciclopedia Italiana, Rom, Bd. 1, S. 358–362.

Gleixner, Herbert J. 1961: Das Alexanderbild der Byzantiner, München.

Haug, Walter 1977: Das Mosaik von Otranto. Darstellung, Deutung und Bilddokumentation, Wiesbaden.

Kugler, Hartmut 1987: Alexanders Greifenflug. Eine Episode des Alexanderromans im deutschen Mittelalter, in: Internationales Archiv für Sozialgeschichte der deutschen Literatur 12, S. 1–25.

Loomis, Roger S. 1918: Alexander the Great's celestial journey, in: The Burlington Magazine for Connoisseurs 32, S. 136–140 u. 177–185.

Meissner, A. L. 1882: Bildliche Darstellungen der Alexandersage in Kirchen des Mittelalters, in: Archiv für das Studium der neueren Sprachen und Literaturen 36. Jg., 68, S. 177–190.

Mette, Hans Joachim 1951: Doktor Faustus und Alexander. Zur Geschichte des Descensus- und Ascensus-Motivs, in: Deutsche Vierteljahrsschrift für Literaturwissenschaft und Geistesgeschichte 25. Jg., S. 27–39.

Millet, Gabriel 1923: L'ascension d'Alexandre, in: Syria 4, S. 85–133.

Panzer, Friedrich 1906: Der romanische Bilderfries am südlichen Choreingang des Freiburger Münsters und seine Deutung, in: Freiburger Münsterblätter, 2. Jg., Heft 1, S. 1–34.

Pfister, Friedrich 1952: Alexander der Große und die Würzburger Kiliansfahne, in: Herbipolis Jubilans. 1200 Jahre Bistum Würzburg, Würzburger Diözesangeschichtsblätter, 14./15. Jg., Würzburg, S. 279–298.

Pfister, Friedrich 1956: Alexander der Große in den Offenbarungen der Griechen, Juden, Mohammedaner und Christen, Berlin.

Pfister, Friedrich 1961: Alexander der Große in der bildenden Kunst, in: Forschungen und Fortschritte, 35. Jg., Heft 11, S. 330–334 u. Heft 12, S. 375–379.

Rapp Buri, Anna und Monica Stucky-Schürer 2001: Burgundische Tapisserien, München.

Ross, David J. A. 1988: Alexander historiatus. A guide to medieval illustrated Alexander literature, (1963) Frankfurt am Main.

Schmidt, Victor M. 1995: A legend and its image. The aerial flight of Alexander the Great in medieval art, Groningen.

Schnütgen, Alexander 1902: Die kunsthistorische Ausstellung in Düsseldorf. III, 6: Romanisches Reliquienkissen in St. Patrokli zu Soest, in: Zeitschrift für christliche Kunst 15. Jg., Sp. 177–182.

Warburg, Aby M. 1969: Luftschiff und Tauchboot in der mittelalterlichen Vorstellungswelt (1913), in: ders., Gesammelte Schriften, hg. von Fritz Rougemont u. Gertrud Bing, Bd. 1, (Leipzig Berlin 1932) Nachdr. Nendeln/Liechtenstein, S. 241–249 u. 386–388.

Willemsen, Carl Arnold 1992: Das Rätsel von Otranto. Das Fußbodenmosaik in der Kathedrale. Eine Bestandsaufnahme, hg. v. Magnus Ditsche u. Raymund Kottje, Sigmaringen.

„Lebender“ Schmerzensmann
Ende 15. Jh.; Dom, Wiener Neustadt (Niederösterreich)

Peter Dinzelbacher

CHRISTUS ALS SCHMERZENSMANN

Der Begriff ‚Schmerzensmann' dürfte erst zu Anfang des 20. Jahrhunderts ins Deutsche eingeführt worden sein; der entsprechende Band des *Grimm'schen Wörterbuchs* von 1899 kennt ihn noch nicht; der zwei Jahre ältere Band von *Meyers Konversationslexikon* dagegen schon.[1] Er gehört ursprünglich zur kunsthistorischen Terminologie und wird dort unterschiedlich gebraucht: Einerseits gelegentlich im Sinne des ‚Ecce Homo'-Bildes bzw. des ‚Christus auf der Rast' (während des Kreuzweges), also für hervorgehobene Situationen aus dem biblischen Passionsbericht. Andererseits und häufiger für ein eigenständiges Bild des leidenden und seine Wunden zeigenden Jesus, wie es seit etwa 1250 bis in die Gegenwart vorkommt. Als seltenes Synonym ist auch vom Erbärmedebild die Rede.

Die kunsthistorische Diskussion[2] hinsichtlich der Ableitung dieses ikonographischen Typs von einer nach Rom verbrachten Ikone und hinsichtlich von Spuren des Turiner Grabtuchs Christi brauchen wir hier nicht zu verfolgen, auch nicht die Beziehungen zu Kreuzabnahme-, Grablegungs- und Auferstehungsdarstellungen, die den Körper des Erlösers in ähnlicher Haltung zeigten, noch die liturgische Funktion solcher Werke. Es genüge hier festzuhalten, dass dieses Motiv aus Byzanz stammt und seit der Mitte des 13. Jahrhunderts in der Kunst der Lateinischen Kirche vorkommt; seit dem 14. Jahrhundert sogar ausgesprochen häufig. Die älteren Beispiele zeigen Jesus teilweise als Toten, teilweise als Lebenden mit vor der Brust gekreuzten Armen, während jüngere Fassungen den meist Lebenden verschiedene Bewegungen vollführen lassen: die Hände mit den Wunden sind demonstrativ erhoben, oder weisen auf die Seitenverletzung, oder halten das Gefäß für das Blut aus der Seitenwunde, oder umarmen den Betrachter u. ä. Diese Andachtsbilder waren in der Regel mit Ablässen ausgestattet, so dass ihre Verehrung durchaus in Erwartung einer ganz konkreten Belohnung, nämlich eines Strafnachlasses im Fegefeuer, vollzogen wurde. Allgemein entsprach das Bild des Schmerzensmannes der Christusfrömmigkeit des Spätmittelalters so sehr, dass es auch in andere ikonographische Zusammenhänge übernommen wurde, so häufig in Weltgerichtsdarstellungen, wo Jesus die Sünder besonders beschämt, indem er ihnen vorhält, was er um sie gelitten und wie schlecht sie es ihm vergolten, und, selten, auch in das Bild Marias mit dem Schutzmantel.

Im folgenden gebrauchen wir ‚Schmerzensmann' jedoch in wesentlich weiterem Sinn, indem wir damit nämlich Jesus Christus als den Leidenden schlechthin ansprechen, wie er in allen „Medien" dargestellt wurde, mittels derer sich die traditionelle christliche Frömmigkeit ausdrückte: in Texten jedes Genres, Bildern und mimetisch-dramatischen Verkörperungen. Es geht somit um eines der zentralen Christusbilder neben dem des Herrschers, des Lehrers, des Richters, des Wundertäters, wie sie in den einzelnen Epochen des Christentums nebeneinander existierten. Die künstlerische Gestaltung dieses Themas ist nur eine der zahlreichen Ausformungen dieser christlichen Frömmigkeitspraxis.[3]

Ehe wir uns der Entstehungszeit dieser Devotion und damit der Imagination des Schmerzensmannes zuwenden, also der mentalitätsgeschichtlichen Situation im hohen Mittelalter (ca. 1050–1250), sollten wir uns vergegenwärtigen, wie sehr dieses Christusbild die spätere Frömmigkeit besonders vom 14. bis zum 18. Jahrhundert dominiert hat. Da wäre eine unzählbare Fülle von Texten in Latein und in allen Volkssprachen zu nennen, die um den Leidenden kreisen: Gedichte, Meditationen, Visionen, Predigten, Lebensbeschreibungen Christi und Mariae, Traktate, Liturgica, Schauspiele und anderes mehr.[4] Doch auch, wer des Lesens nicht kundig war – und das traf für über drei Viertel der Bevölkerung bis zur Einführung der Schulpflicht zu –, war nicht nur durch die Kanzelrede, sondern auch und noch berührender durch das religiöse Schauspiel des späten Mittelalters und des Barock gezwungen, sich tagelang mit jedem biblischen, apokryphen oder später hinzugefügten Detail des Leidensweges auseinanderzusetzen. Das ganze Leben des Heilands wurde als Passion aufgefasst, wozu Beschneidung, Fasten, Versuchung usw. Anlass gaben. *Le Mystère de la Passion d'Arras* (vor 1438) oder *Le Mystère de la Passion* von Arnoul Gréban z. B. (seit 1458 mehrfach aufgeführt) dauerten nicht weniger als vier Tage und sparten nicht an Sadismen wie etwa den absichtlich stumpfen Kreuzesnägeln, die den Schmerz der Durchbohrung vermehrten. Im 16. Jahrhundert dauerten einige französische Passionsspiele sogar 25 Tage.[5] Im deutschen Sprachraum ist das erst aus dem 17. Jahrhundert stammende *Oberammergauer Passionsspiel* nur das bekannteste Drama einer viel umfassenderen und älteren Gruppe, die im späten Mittelalter vor allem in Tirol, im Alemannischen und Hessischen beheimatet war.

Dauernd und fast an allen möglichen Stellen präsent waren Bilder der Passion, des Gekreuzigten (mit der besonders expressiven Gruppe der ‚crucifixi dolorosi' oder Mystikerkruzifixe des 14. Jahrhunderts), des Schmerzensmanns, der Gregorsmesse, des Vesperbildes (Pietà), der ‚Not Gottes' (Gnadenstuhl), der Heilstreppe (Intercessio), der ‚Waffen Christi' und seiner Wunden. Davon kommen heutzutage in der modernen Kirchenausstattung meist nur mehr das Herz mit der Lanzenverletzung oder die Pietà vor. Zusammen mit der schieren Quantität von Christi-Leiden-Darstellungen verweist die Entwicklung dieser vielfältigen und vordem unbekannten Iconographica erst in der Gotik darauf, dass in dieser Epoche die Passionsverehrung zu einem zentralen Moment des Frömmigkeitslebens geworden war. Der schmerzensreiche Erlöser wurde die Zentralfigur der katholischen Bild-Christologie – nicht der Lehrende oder der Auferstehende oder der Thronende, wie es ja durchaus auch möglich gewesen wäre.

Diese Devotion wurde zwar kirchenamtlich nicht als heilsnotwendig geboten, aber doch, wie die Intensität ihrer Praktizierung zeigt, von sehr vielen Gläubigen aller Stände so empfunden. Die Konzentration auf die physischen und psychischen Qualen des Erlösers sollte der vielleicht typischste Zug der christlichen Mystik vom Hochmittelalter bis wenigstens zur Aufklärung bleiben: Eine Einungs- oder Seinsmystik haben auch andere Religionen hervorgebracht, eine in derartige Tiefen des Schmerzes gehende Blutmystik aber nicht. Das war freilich nicht immer so gewesen.

Hervortreten im Hochmittelalter

Wollte man den Gegensatz zwischen dem dominierenden Christusbild des frühen und dem des späten Mittelalters in einem Satz formulieren, so liegt er darin, dass Christus sich vom Herrscher zum Opfer wandelte. Nicht, dass das Frühmittelalter die Passion des Menschen Jesus ignoriert hätte, aber sie blieb sekundär im Vergleich zur Herrscher-, Richter- und Lehrerrolle des auf die Erde herabgestiegenen Gottessohns. Nicht, dass das Spätmittelalter den göttlichen Herrscher, Richter und Lehrer nicht gekannt hätte, aber in der allgemeinen Frömmigkeit dominierte nun der schmerzerfüllte Mensch. Das hohe Mittelalter sah den Passionsheiland mehr und mehr an die Seite und an die Stelle des Gottkönigs treten.

Wenn man sich jetzt auf das Menschsein Christi konzentrierte, statt auf seine Gottesnatur, so ist dies ein zentrales Indiz für eine mentalitätsgeschichtliche Veränderung, die sich seit dem späten 11. Jahrhundert vollzog. Wir können sie mit dem Begriff „Humanisierung" ansprechen. Am unmittelbar einleuchtendsten wird die neue Entwicklung im Bereich der bildenden Kunst sichtbar. Der Wandel von der Romanik zur Gotik hat keineswegs primär Gründe, die in einer unabhängigen Eigenentwicklung des Mediums Kunst lägen, er ist vielmehr Ausdruck eines veränderten Gottes- und Menschenbildes. Er vollzog sich sowohl auf der Ebene des Darstellungsinhalts, der Ikonographie, als auch auf der der Darstellungsweise, des Stils.

In der Gotik wird Christus am Kreuz als zusammengesunkener, toter oder halbtoter Leidender unter der Dornenkrone dargestellt, nicht mehr als hoch aufgerichteter, lebender Gott mit dem Königsdiadem wie in der Romanik.[6] Wie der bedeutendste Kirchenschriftsteller des 12. Jahrhunderts, Bernhard von Clairvaux, sagte: Sein Haupt ist „nicht mit der Glorie bekrönt, sondern umwunden mit den Dornen unserer Sünden …".[7] Er steht auch nicht mehr aufrecht auf beiden Beinen, sondern hängt durchgekrümmt an den Nägeln. Um das anatomisch richtiger gestalten zu können, werden die Füße nicht mehr nebeneinander angenagelt, sondern übereinander (Dreinagelkruzifix). Die Proportionen der menschlichen Gestalt, besonders das Gesichtsrelief und die Augen, werden naturähnlicher, und naturähnlicher wird die Drastik in der Darstellung der Wunden. Die Gotik entwickelt ja generell eine neue Menschendarstellung, wie sie in der Grabkunst des 13. und in der Hofkunst des 14. Jahrhunderts zum Porträt führen sollte, und damit auch zum Realismus, ja im 15. Jahrhundert fast zum Verismus – auch bei der Darstellung biblischer Gestalten. Diese Bildwerke dienten keineswegs nur der lehrhaften Vermittlung der Heilstatsachen der christlichen Religion, vielmehr haben sie einen deutlichen Appellcharakter, der beim Betrachter eine fromme Reaktion hervorrufen will. Typisch dafür ist die Inschrift auf dem Scheibenkreuz der Hohnekirche in Soest (noch vor 1200?), mit welcher der Crucifixus dem Betrachter zuruft: „Inspice quid pacior …" – betrachte, was ich erdulde.[8]

Genauso lässt sich dieser Wandel im religiösen Schrifttum verfolgen. Die kirchlichen Autoren des ausgehenden Altertums und frühen Mittelalters zeigten kein Interesse daran, die Leiden des Fleischgewordenen zu thematisieren. Für einen Prudentius von Troyes (348–405) oder einen Venantius Fortunatus († 610) beispielsweise war Christus am Kreuz vor allem der König und der Sieger; in des letzteren berühmtem Karfreitagshymnus *Vexilla regis prodeunt* ist das Kreuz kein Marterholz, sondern ein hell leuchtendes Siegesbanner, von dem herab Gott herrscht. Kein Wort fällt jedoch über sein bitteres Leiden. Dafür mag es eine Rolle gespielt haben, dass man dem Arianismus keinen Angriffspunkt geben wollte, sahen die Vertreter dieser Häresie doch in der Leidensfähigkeit Christi den Beweis, dass er nicht mit dem über jedes Leiden erhabenen Vatergott wesensidentisch sein könne. So entfernte man in jener Zeit sogar Leidenstexte aus dem Kanon der lateinischen Messliturgie.[9] Mentalitätsgeschichtlich gesehen, dürfte diese Konzentration auf ein machtbetontes, triumphalistisches Christusbild freilich mehr der Vulgarisierung und Barbarisierung der Gesellschaft zuzuschreiben sein, d. h. der zunehmenden Dominanz von Welterfahrung und Werten der wenig gebildeten (provinzial)römischen Unterschichten und der sie mehr und mehr beherrschenden ‚Barbaren', vor allem der Germanen. Dieser Prozess prägte ja die ganze Spätantike.

Wir fragen nun danach, ab wann sich die skizzierte Perspektive grundlegend zu ändern begann. Wenn die unter seinem Namen in etwa 600 erhaltenen Manuskripten verbreiteten diesbezüglichen Schriften ihm wirklich zugehören, dann müssen wir den heiligen Eremiten, späteren Kardinal und noch späteren Kirchenlehrer Petrus Damiani (1007–1072) aus Ravenna als denjenigen bezeichnen, der als erster eingehend über den Leidenden meditierte. Dieser für die Kirchenreform engagierte Asket sah sich zu seinem Bedauern nicht selten durch äußere Anlässe von seiner Passionsmeditation abgehalten, die er anscheinend regelmäßig pflegte.[10]

Oftmals erschaute ich im ganz realen Schauen meines Geistes Christus, wie er mit Nägeln angenagelt am Kreuz hing, und gierig streckte ich meinen Mund hin, um das tropfende Blut aufzunehmen.

Davon überströmt soll die Seele nach der Meditation zurückbleiben. Der später oft zu verzeichnende Übergang von der willkürlichen Betrachtung in die unwillkürliche visionäre Schau klingt bei Damiani bereits an:

Schön ist es, liebster Herr, dich am Kreuzesgalgen hangen zu sehen in Wiederholung deines Leidensweges. Schön, das kostbarste Blut, das herabrinnt, mit meinem Munde aufzufangen. Ich sehe dich mit inneren Augen, mein Erlöser, mit den Nägeln ans Kreuz geheftet. Ich sehe dich mit frischen Wunden verwundet.

Schon bei Damiani findet sich also diese keineswegs bloß als fromme Anspielung zu interpretierende Phantasie, vom aus den Wunden Christi rinnenden Blut gespeist zu werden – ein Motiv, das dann oft und oft viel ausführlicher und konkreter in der Frauenmystik des späten Mittelalters und noch bei Zinzendorf wiederkehren sollte.

Im 12. Jahrhundert begegnet man dann schon allenthalben entsprechenden Gedanken. Ganz wichtig ist hierbei der Appell an sich selbst oder den Lesenden, sich in ganz haptischer Imagination in jene Zeit, an jenen Ort, zu jenem Geschehen zu versetzen. So etwa bei Anselm von Canterbury,[11] den wir viel eher als Vater der Scholastik kennen:

> *Weh mir, daß ich den Herrn der Engel nicht schauen konnte, wie er sich auf die Stufe der Menschen erniedrigte, um die Menschen auf die Stufe der Engel zu erhöhen. Warum, meine Seele, warst du nicht anwesend und durchbohrte dich nicht das Schwert schärfster Qual, da du es nicht ertragen konntest, daß die Seite deines Erlösers von der Lanze verletzt wurde? Da du es nicht sehen konntest, wie Hände und Füße deines Schöpfers von den Nägeln gepeinigt wurden? Wieso wurdest du nicht trunken von der Bitterkeit der Tränen, als er von der Bitterkeit der Galle trank?*

Die Betrachtung geht dann in eine bewegte ‚compassio', ein Mitleiden mit den Schmerzen der Gottesmutter, über – auch dies ein Ansatz zu entsprechenden visionären Erfahrungen besonders des späten Mittelalters.

Ganz ähnlich etwa Petrus Abaelard, den wir als Liebhaber der Heloise und kritischen Rationalisten kennen. Seiner ins Kloster verbannten Gattin schreibt er: [12]

> *Bewegt er Dich nicht zu Tränen und zur Zerknirschung, der Eingeborene Gottes, wie er unschuldig für Dich und alle Menschen von den höchst Ruchlosen ergriffen, zerzerrt, gepeitscht und mit verhülltem Antlitz verspottet und geohrfeigt wurde, mit Spucke befleckt, mit Dornen gekrönt, und endlich am so schändlichen Kreuzesgalgen zwischen Räubern aufgehängt, jenen so schrecklichen, so fluchwürdigen Tod starb? Diesen, meine Schwester, habe immer als Deinen und der ganzen Kirche Bräutigam vor Deinen Augen, in Deinem Sinn. Betrachte ihn, wie er hinausgeht, um für Dich gekreuzigt zu werden, und wie er für sich das Kreuz schleppt. Reihe Dich unter das Volk und die Frauen ein, die ihn beweinten und beklagten! ... Habe Mitleid mit dem, der freiwillig für Deine Erlösung litt, fühle Zerknirschung über den für dich Gekreuzigten! ... Dieser hat Dich wirklich geliebt – ich nicht.*

Abaelard fordert also bereits jenes ganz konkrete Sich-Hineinversetzen in das Passionsgeschehen, das man oft als typisch erst für das ausgehende 13. Jahrhundert hält (Pseudo-Bonaventura).

Diese imaginierte Konfrontation mit dem Schmerzensmann findet sich aber auch bei anderen Schriftstellern des 12. oder 13. Jahrhunderts. So verlangt der sog. Pseudo-Beda in seiner auf die sieben kanonischen Horen des Tages verteilten Passionsmeditation vom Betrachter, er solle Christi Hände und Füße küssen, auch seine Ketten, solle ihn auffordern, sein Haupt auf seiner Schulter ausruhen zu lassen, etc.[13] Sehr viele in ihrer Richtung gleiche Aussagen von Autoren des hohen Mittelalters könnten noch zitiert werden, natürlich auch vom einflussreichsten von ihnen, Bernhard von Clairvaux, der manches über die Betrachtung der Wunden zu sagen hat – aber m. E. für die Entwicklung der Passionsmystik keineswegs jene hervorragende Rolle spielte, die er für die Brautmystik innehat. Rein quantitativ betrachtet, verschwinden seine auf die Betrachtung des Leidens gerichteten Aussagen fast vor der Fülle dessen, was er über das Liebesverhältnis zwischen Jesus und der Seele ausbreitete. Bernhard hat schließlich keinen Kommentar zur Passionserzählung der *Evangelien* verfasst, sondern einen zum *Hohen Lied.*

Wohl noch wichtiger als alle diese Betrachtungen und Ermahnungen sind jene zahlreichen Zeugnisse, die über die worthafte Ebene hinausgehen, die belegen, dass nunmehr eine emotionale Beziehung zum Schmerzensmann in der Frömmigkeitspraxis gelebt wurde und den ganzen Menschen erfasste. Jetzt geht es um das religiöse Erleben und den Nachvollzug, die beide den ganzen Menschen, Leib und Seele, überwältigen. Geglaubt hatte man die Passion auch vormals, nun aber wurde die emotionale Reaktion auf sie eingefordert und auch erbracht.

Zentral war hier zweifellos die Person des hl. Franz von Assisi.[14] Wiewohl die Konversion des Kaufmannssohnes nichts mit dem Schmerzensmann oder der Kreuzesmystik zu tun hatte, sondern – nach seiner eigenen Aussage – mit einer „Umkehrung der Empfindungsqualitäten“ im Umgang mit Aussätzigen,[15] sollte er im weiteren Verlauf seines Frömmigkeitslebens den Schritt von der Betrachtung des Schmerzensmannes zur Identifikation mit ihm gehen. Insofern Armut – bekanntlich das Hauptanliegen des Poverello – auch einfach körperliches Leiden bedeutet, hilft sie, die Passion nachzuvollziehen. Franziskus muss sie immer wieder meditiert haben. Weinend und heulend zog er einst allein an Portiuncula vorbei. Man fragte ihn, welche Krankheit er denn habe. „Doch jener [antwortete]: So sollte ich das Leiden meines Herrn beweinend und beklagend ohne Scham durch die ganze Welt ziehen!“ Dies ist ‚compassio‘, Mitleiden, als intensive Form der Nachfolge des Herrn. Das große erlebnismystische Ereignis der Stigmatisation tritt jedoch erst gegen Ende seines Lebens auf, nach langer asketischer Vorbereitung, während eines vierzigtägigen Fastens in der Abgeschiedenheit des La Verna Bergs. Er erlebt die mystische Kreuzigung, seine Imitatio Christi ist damit übergegangen in die „conformitas Christi“, die Gleichförmigkeit mit dem Erlöser. So hat ihn auch die spätere franziskanische Tradition als „alter Christus“, zweiten Christus, bezeichnet. Er ist unseres

Wissens der erste Mystiker, der dieses körperliche Phänomen spontan erfuhr.

Franziskus hat damit Bahn gebrochen für eine neue Qualität der Leidensdevotion, die in ihm eine bisher unerhörte Intensität angenommen hat. Zwar war er keineswegs, wie immer wieder fälschlich behauptet wird, der erste Stigmatisierte, aber der paradigmatische schlechthin. Indem ihm als Stifter eines großen Ordens sehr rasch Verehrung in ganz Europa zuteil wurde, regte er zur Nachahmung an. Die mindestens 400 späteren Fälle von Stigmatisationen, die die Kirchengeschichte kennt, waren wohl alle unmittelbar oder mittelbar von ihm angeregt, obwohl seine Stigmata eine Zeit lang umstritten blieben – zwischen 1237 und 1291 mussten nicht weniger als neun päpstliche Bullen gegen die Zweifler an seiner übernatürlichen Verwundung ergehen, ehe sie zum Schweigen gebracht waren, und noch zu seinen Lebzeiten wurden in England Stigmatisierte als Ketzer hingerichtet.

Das heißt jedoch nicht, dass man nicht auch Franziskus in seiner Identifikation mit dem Passionsheiland hätte übertreffen können. Am eindrucksvollsten lässt sich dies wohl an der hl. Elisabeth von Spalbeeck (von Herkenrode) (um 1248–1316) zeigen. Über sie haben wir den Augenzeugenbericht eines Abtes von Clairvaux aus dem Jahre 1267, von dem ein kleiner Auszug[16] als Beispiel der mimetischen Nachahmung der Leidensgeschichte zitiert sei, exemplarisch für die Intensität, mit der vor allem manche Mystikerinnen sich in Trance konkret mit Christus identifizierten:

> *Das Mädchen trägt ganz eindeutig die Stigmata unseres Herrn Jesu Christi an seinem Körper: in seinen Händen und Füßen sowie in der Seite befinden sich ohne Täuschung, Betrug, Hinterlist und Zweifel ganz deutlich frische Wunden, aus denen oft und besonders an den Freitagen ein Strom Blut hervorbricht … Außer diesen Stigmata zeigt der Bräutigam der Jungfrauen … jeden Tag zu den Horen auf wunderbare Weise die Darstellung seiner seligsten und seligmachenden Passion: Um Mitternacht steht sie auf, um wunderbar den Beginn der Passion des Herrn zu bekennen, nämlich wie er gefangen und hin und her gezerrt und von den Händen der Ruchlosen grausamst behandelt wurde … sie stellt mit ihren Gebärden den Beginn der Passion des Herrn dar, nämlich wie er gefangen wurde. Da sieht man, wie sie bald mit der rechten Hand das eigene Kleid vor ihrer kleinen Brust ergreift und sich selbst nach rechts zieht, bald mit der linken Hand gleicherweise nach links. Dann aber wendet sie sich, wie mit Gewalt gezogen, genau nach vorn, durch verschiedene, wechselnde Stöße fast kopfüber, als ob sie von anderen ganz boshaft und gewaltsam gezogen würde … Dann streckt sie den rechten Arm aus, ballt die Hand zur Faust und schüttelt sie wie in Wut. Erschreckend*

sind die Blicke ihrer Augen. Mit Augen und Händen, mit Zeichen und Gebärden drückt sie Angst und Schrecken aus. Dann schlägt sie sich bald so hart auf die Wange, daß der ganze kleine Körper sich von dem heftigen Schlag auf die andere Seite zur Erde biegt, dann auf den Hinterkopf, dann zwischen die Schultern, dann auf den Hals. Dann wirft sie sich selbst kopfüber nach vorne und schlägt mit erstaunlich gekrümmtem Leib den Kopf auf den Boden ... Dann dreht sie den Arm auch gegen die eigenen Augen, streckt den Zeigefinger gerade aus (wobei sie die anderen Finger zusammenballt) und preßt ihn immer wieder gegen die Augen, als ob sie sie ausdrücken oder durchbohren möchte. Man sieht daraus, daß sie auf eine unerhörte und neue Weise in sich zugleich die Person des leidenden Herrn darstellt und die des wütenden Verfolgers oder Folterknechtes: die Person des Herrn, wenn sie leidet, die des Verfolgers, wenn sie schlägt, zerrt, haut oder droht.

Ähnlich geht es zu den anderen kanonischen Horen weiter:

Oft bricht sie auch unter den Qualen in Schreie und Stöhnen aus, wie Sterbende, als ob sie die Schmerzen einer Gebärenden, nein, eher einer Sterbenden erlitte ... Ich wage zu sagen, daß ich mich nicht erinnere, unter all den Sterbenden und im Todeskampf Liegenden, die ich gesehen habe, jemanden von so großen und so heftigen Qualen gepeinigt gesehen zu haben.

So stellte Elisabeth die Stationen des Leidensweges dar, auch die Kreuzigung, wobei sie abwechselnd den Heiland, Maria und Johannes verkörperte, und dann die Grablegung. Dabei bluteten ihre Stigmata, auch aus den Augen und unter den Fingernägeln strömte Blut hervor. Wird diese wahrhaftige ‚Imitatio‘ der Passion auch in einem Trancezustand vollzogen, so hat die Selige dies doch nicht ohne vorhergehende Meditation mit Hilfe eines entsprechenden Bildes getan, und wahrscheinlich nicht ohne von den gleichzeitigen Passionsschauspielen beeindruckt worden zu sein. Elisabeths Verhalten ist gewiss extrem, ordnet sich aber trotzdem in einen Zug der generellen spätmittelalterlichen Frömmigkeit ein, der als Typicum für jene Epoche zu bezeichnen ist, nämlich die Gebundenheit von Religiosität an körperliche Ausdrucksformen. Sie bleibt freilich bis ins 19. Jahrhundert bestehen, ‚sinkt‘ aber in die Volksfrömmigkeit[17] ‚ab‘, und kommt noch gelegentlich im 20. Jahrhundert als ‚survival‘ vor (Therese Neumann von Konnersreuth).

Passiv empfangene visionäre Schauungen des Schmerzenmannes, auch der Pietà, sind seit dem 13. Jahrhundert freilich wesentlich häufiger als die mimetische Nachfolge und werden in vielen Heiligenviten geschildert. Dafür nur ein einziges Beispiel: Lutgard von Tongeren (1182–1246), die heilige Patronin Flanderns, war ein junges Mädchen, das einen ganz weltlichen Lebensweg geplant hatte. Als sie einmal mit einem jungen Mann in einer sicherlich verliebten Unterhaltung begriffen war, erlebte das Mädchen jedoch eine Christusbegegnung von solcher Intensität und Erschütterung, dass sie fortan für sich einen ganz anderen Lebenssinn erkannte. Ohne Vorbereitung hat sie eine Erscheinung des Schmerzensmannes, der ihr die blutende Wunde seiner Seite weist und befiehlt: „Hier, betrachte sofort, was du lieben sollst!" Wie hätte Lutgard da nicht erblassen, wie nicht die Freude an ihrer weltlichen Liebe verlieren sollen? Die Erscheinung erzwang eine völlige Umorientierung auf den ‚Blutbräutigam': Lutgard wurde Benediktinerin, dann Zisterzienserin.[18]

Doch wissen wir auch von nicht ganz wenigen Fällen, bei denen die Christusförmigkeit nicht durch ein ekstatisches Erleben erreicht wurde, sondern ganz bewusst und konsequent geplant. Wieder nur ein Beispiel, und zwar aus der Mitte des 13. Jahrhunderts: Da wird von einem Franziskaner aus Süditalien berichtet, ihn habe ein Engel besucht, der dem Bruder verkündete, er sei bis auf eines, soweit menschenmöglich, dem Gottessohn schon ähnlich (‚filio Dei similis'). Ohne dem (ausdrücklich zitierten) Wort Christi zu folgen und das Kreuz auf sich zu nehmen (Mt 16, 24), könne er jedoch nicht gerettet werden:

> *Schau dazu, daß du große Nägel hast und einen Hammer und ein vorbereitetes Kreuz … zuerst schlägst du die Füße mit den Nägeln an das Kreuz, dann eine Hand; wegen der anderen mache dir keine Sorgen, wenn sie ungekreuzigt bleibt!*

So vollzieht dieser fromme Mann das Leiden seines Erlösers wörtlich nach, die Brüder aber können ihn noch halbtot vom Marterholz abnehmen. Wie die Formulierungen andeuten, wäre er offenbar gern dem Ordensvater gefolgt, der ob seiner Stigmatisation ja als ‚zweiter Christus' bezeichnet wurde.[19] Hier haben wir es also einerseits mit einer extremen, aber logischen Reaktion auf den biblischen Befehl vom auf sich zu nehmenden Kreuz zu tun, andererseits mit einer Imitatio, die ohne die zeitgenössische Verehrung des Schmerzensmannes undenkbar wäre – typischerweise sind solche Selbstkreuzigungen und -stigmatisationen eben erst seit dem 13. Jahrhundert belegt.

Erwähnt sei noch, dass auch weniger extreme Formen der religiösen Selbstverletzung in Imitatio des Schmerzensmannes praktiziert wurden, vor allem natürlich die seit Petrus Damianis Empfehlung zuerst im Mönchtum, dann auch unter den Laien so häufige Selbstgeißelung.[20] Auch hier muss ein einziges Beispiel genügen: Katharina von Gebersweiler († 1330/45?), eine hochgebildete Nonne des Colmarer Dominikanerinnen-Konvents Unterlinden, schildert die Schwestern des 13. Jahrhunderts als leuchtende Vorbilder ob ihrer feurigen Andachtsübungen:

Die einen geißelten und zerrissen sich jeden Tag aufs heftigste das Fleisch durch Rutenstreiche, andere mit knotenreichen Riemen, welche zwei oder drei Ausläufer hatten, andere mit Eisenketten; noch andere aber mit Dornengeißeln ... im Advent zerfleischten alle Schwestern ihren Leib, bis das Blut floß, und peitschten denselben aufs grausamste und feindselig, so daß der Schall der Schläge das ganze Kloster durchdrang und süßer als jede andere Melodie zu den Ohren des Herrn Sabaoth emporstieg, welchem solche Werke der Demut und Andacht sehr gefallen ...

Ausdrücklich werden diese und andere Martern – so hart, dass ‚die heiligen Schwestern' in bluttriefender Kleidung einhergehen – als Nachfolge von Christi Leiden bezeichnet. Auch die Selbstverwundung mit dem in die Brust eingeschnittenen Kreuz fehlt nicht – ein buchstäbliches Aufsichnehmen des Marterinstruments.[21]

Doch erst im Spätmittelalter wird die Passion das beliebteste aller Meditationsthemen. An der Schwelle dazu steht ein Buch, dessen Wirkung auf die katholische Frömmigkeit kaum zu überschätzen ist, ein Werk geradezu normgebenden Charakters, das vielleicht Johannes de Caulibus von San Gimignano zum Verfasser hat, jedoch unter dem Namen des franziskanischen Ordensgenerals Bonaventura verbreitet wurde, weswegen man vom Autor als „Pseudo-Bonaventura" spricht (um 1300, oder schon um 1260?).[22] Dieser Geistliche verwendet zwar meist nur ältere apokryphe Quellen über das Leben Christi, doch mit seiner dramatischen Erzählung besonders der Passion, die die theologische Auslegung zurücktreten lässt, leitet er zur Praxis einer lebhaften, gefühlsbetonten, persönlich mitvollziehenden Betrachtung der Leiden an. In das Geschehen „jener Zeit" muss man sich meditativ vollkommen hineinversetzen und emotional intensivst daran Anteil haben. Der geistliche Nutzen und die Freude an solchen Vorstellungen hängen ausdrücklich nicht von der „Nachweisbarkeit" des Imaginierten im Schrifttext ab. Diese Form der Betrachtung ist visuell, haptisch, konkret:

Betrachtet also mit den Augen des Geistes, wie die einen das Kreuz aufrichten, die anderen die Leiter, jene die Nägel, andere die Hämmer und andere notwendige Werkzeuge vorbereiten! Jetzt ist er entkleidet, er steht ganz nackt vor dieser großen Menge. Zum dritten Mal erneuern sich die Schmerzen der Wunden, die man ihm beigebracht hat, der Kleider wegen, die an seinem Fleisch festklebten: das Blut rinnt in Strömen. Seine Mutter und seine anderen Verwandten werden von tödlicher Trauer ergriffen, da sie ihn so verletzt sehen. Oh, in welcher Bitternis ist nun Mariens Seele! Ich glaube nicht, daß sie ihm auch nur ein Wort hätte sagen können. Und schon reißt man ihr den Sohn mit Gewalt aus den Händen, führt in zu Füßen des Kreuzes …

Dieses Buch entsprach dem ‚Zeitgeist' außerordentlich. Es verbreitete das franziskanische Bibelverständnis, dem nicht, wie der älteren Exegese, die typologischen Korrespondenzen zwischen *Altem* und *Neuem Testament* wichtig waren, sondern die Korrespondenz biblischer Ereignisse mit dem eigenen Leben. Die Heilsgeschichte soll sozusagen typologisch in die persönliche Geschichte hineinwirken. Pseudo-Bonaventura hat nicht nur das mittelalterliche Drama und die bildende Kunst zutiefst beeinflusst; auch die Passionsmystik einer Birgitta von Schweden und einer Margery Kempe, eines Richard Rolle, eines Hendric Herp, der Devotio Moderna und vieler anderer ist letztlich durch ihn geprägt, ebenso die umfangreichen Christusviten aus der Feder des Ludolf von Sachsen und des Martin von Cochem.

Hier, um 1300, brechen wir aber die Darstellung der Geschichte der christozentrischen und -mimetischen Passionsbetrachtung ab, um eine weitere, wohl sekundäre, aber keineswegs unwichtige Entwicklungslinie anzusprechen. Nur so viel sei noch gesagt, dass es im späten Mittelalter zu einer in der europäischen Geschichte bisher nicht da gewesenen Betonung von Schmerz-Erlebnissen kommt: Die Faszination durch die Passion findet Analogien in den extremen Askesepraktiken der ‚homines spirituales' (Seuse!), findet aber auch Analogien im Kriminalrecht, wo bei der Beweisführung die Tortur den Eid ersetzt und bei der Bestrafung die ausgesuchtesten Körperstrafen das Bußgeld. Man kann von einem als Dolorismus zu bezeichnenden Syndrom sprechen.[23]

Maria als Schmerzensmutter

Nach dem Bisherigen könnte man denken, dass jene Gläubigen, die für diese neue Frömmigkeitsform überhaupt sensibel waren, stets in der unmittelbaren Betrachtung der Leiden des Herrn zu Mitleiden und Identifikation gekommen wären. Dem war aber nicht so, denn viele von ihnen fanden Zugang zum Schmerzensmann erst über eine zwischen diesen und sich selbst gestellte Mittlerfigur, nämlich seine Mutter Maria. Religionspsychologisch, nicht theologisch, gesprochen, gibt es offenbar ein Bedürfnis nach der Verehrung nicht nur einer männlichen, sondern auch einer weiblichen

Gottheit, wie es in der Antike etwa durch die Kultgenossenschaft von Göttern und Göttinnen befriedigt worden war (Apoll und Hygieia z. B.). So hatte sich die Marienverehrung in der Lateinischen Kirche unaufhaltsam intensiviert und bereits im 12. Jahrhundert einen Höhepunkt erreicht. Keineswegs nur die Volksfrömmigkeit, sondern gelehrte Theologen verstiegen sich zu Aussagen wie folgender aus der Feder des Erzdiakons Petrus von Blois († 1211/12): [24]

Die heilige Jungfrau ist die einzige Vermittlerin zwischen dem Menschen und Christus … wenn Maria aus dem Himmel genommen würde, dann würde der Menschheit nichts bleiben als die Schwärze der Finsternis …

Damit ist die paulinische Lehre von Christus als dem einzigen Mittler zu Gott expressis verbis negiert, ohne dass irgend jemand an der Orthodoxie des Petrus von Blois gezweifelt hätte. Ähnliche Zeugnisse der Mariodulie ließen sich hundertfältig zitieren, wie auch die Orden des Hochmittelalters, speziell die Zisterzienser, jede ihrer Kirchen der Jungfrau weihten, ebenso gehören ihr alle wichtigen Kathedralen der Epoche.

Vor dem Hintergrund der „Hyperdulie“, wie die Scholastiker des 13. Jahrhunderts treffend die über jede Heiligenverehrung hinausgehende marianische Devotion bezeichneten, wird verständlich, dass viele Gläubige sich zuerst von den Schmerzen Mariae als an der Passion Teilnehmender ergreifen ließen bzw. die Identifikation nicht mit dem Schmerzensmann, sondern mit seiner Mutter anstrebten. Auch hier lässt sich wiederum eine analoge Entwicklung in der bildenden Kunst und im Schrifttum aufzeigen. Seit dem 6. Jahrhundert war es üblich geworden, Maria und Johannes im Kreuzigungsgeschehen hervorzuheben und mit dem Kruzifixus zu einer Dreiergruppe zu verbinden. Dafür gibt es unzählige gemalte und skulptierte Beispiele, allgemein besonders ins Auge fallend die entsprechenden Triumphbogengruppen. Die beiden unter dem Kreuz Trauernden konnten zu Identifikationsfiguren für den gläubigen Betrachter werden. „Sie zeichnen durch Mimik und Gestik die Stimmungslage des Mitleidens vor, in die sich der Betrachter versetzen will …“.[25] Vor allem bei Maria entwickelten sich Motive, die ihr Mitleiden in den Vordergrund stellten, so die ohnmächtig zusammenbrechende Jungfrau und die nach dem Prophetenwort vom Schwert durchbohrte Mater dolorosa, wie sie spätestens seit der 2. Hälfte des 13. Jahrhunderts vorkommt.[26] Natürlich ist auch die Schmerzensmutter mit dem toten Sohn auf dem Schoß ein sich besonders an Frauen wendendes Identifikationsmodell.

Das 13. Jahrhundert zeigt eine kontinuierliche Verstärkung dieser marianischen Frömmigkeitsformen. Es sei an die Gründung eines Ordens von

Mönchen und Nonnen erinnert – der Serviten mit ihrem bedeutendsten General Philippus Benitius –, die sich die besondere Andacht zu den Schmerzen Marias zur Aufgabe machten, oder an die Komposition eines eigenen paraliturgischen *Officium de compassione b. Mariae Virginis* bald nach 1300.[27] Für die Ausmalung der schauerlichen Details des Leidens Christi wichtig wurde ein fälschlich Anselm von Canterbury zugeschriebener Dialog, in dem die Jungfrau dem Abt die Hinrichtung ihres Sohnes schildert. In manchen Texten geht das vorbildliche Mitleiden Marias so weit, dass sie die Soldaten bittet, sie mögen sie statt ihres Sohnes ans Kreuz schlagen.[28] Von den zahlreichen, meist lyrischen Texten, die nicht nur die Compassio Mariens als Faktum der Heilsgeschichte zum Ausdruck bringen, sondern vielmehr den Hörer oder Leser zum Mitleiden mit der Jungfrau bewegen möchten, ist sicher am berühmtesten das im 13. Jahrhundert verfasste *Stabat Mater dolorosa iuxta crucem lacrimosa dum pendebat filius* … Der Autor dieser ergreifenden Reimmeditation ist nicht sicher identifiziert. Ähnliche Werke wurden aber ebenso in allen Volkssprachen gedichtet, wobei die italienischen Lauden nur die bekanntesten Beispiele bieten. Auch hier wird höchste Emotion erreicht, wenn der Beter die Madonna anspricht, wie etwa in diesem mittelenglischen Gebet: [29]

Thi lif drei ful harde stundes
tho thu seye hise bludi wundes,
and his bodi o rode don.
Hise wundes sore and smerte
stungen thureu and thurw thi herte,
as te bihichte Simeon …

Dein Leben war schrecklich bitter
als Du seine blutigen Wunden sahst
und seinen Körper am Kreuze sterben.
Seine wehen, schmerzvollen Wunden
durchstachen ganz und gar Dein Herz,
wie es Simeon voraussagte …

Die Identifikation mit der Schmerzensmutter galt nicht etwa als blasphemisch, sondern wurde im mystagogischen Schrifttum durchaus empfohlen und im mystischen ausgesprochen. Für ersteres sei an Bonaventuras *Lignum vitae* erinnert, wonach der Gläubige Maria im Bedenken des Gegensatzes zwischen ihrer Fürsorge für das Kind und der ‚gegenwärtigen' Marter verehren soll:[30]

Dieses gesegnete, allerheiligste Fleisch, das du so keusch empfangen und so süß mit deiner Milch genährt, so oft auf deinem Schoß gehalten und mit deinen Lippen geküßt hast, auf dieses schautest du nun mit deinen leiblichen Augen, wie es jetzt von den Geißelhieben zerfetzt war, von den Dornenspitzen durchbohrt …, am Kreuzesholz hängend vom eigenen Gewicht zerrissen …

Für die Erlebnismystik sei etwa Mechthild von Magdeburg zitiert: „Maria, liebe Mutter, ich stehe bei dir bei dem Kreuze mit allem meinem christ-

Sog. Großer Gott, um 1200;
Altenstadt (Bayern)

Pieta, 15. Jh.;
Dom zu Minden (Westfalen)

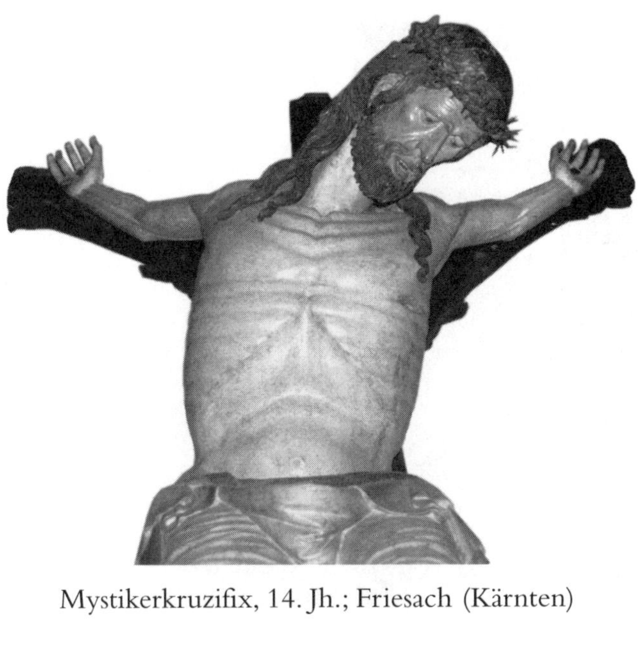

Mystikerkruzifix, 14. Jh.; Friesach (Kärnten)

Kreuzigung am Lebensbaum, um 1270; Evesham Psalter, London/Brit. Museum

Reliquienkreuz, 18. Jh.; Weingarten (Baden-Württemberg)

Gegeißelter und verspotteter Christus, 18. Jh.; Liebfrauenmünster Ingolstadt

Christus begegnet den weinenden Frauen: Kreuzwegstation um 1508 von Adam Kraft, Nürnberg

lichen Glauben, und das Schwert des heiligen Jammers schneidet durch meine Seele …".[31] Sie will aus Liebe zu Gott so leiden, wie Maria an Liebe zu ihrem Sohn litt. Die Viten der süddeutschen Dominikanerinnen des 13. Jahrhunderts enthalten mehrere Fälle, wo eine Schwester inständig darum bittet, die Leiden Marias unter dem Kreuz selbst erfahren zu dürfen, was von Gott auch gewährt wird. Die Schmerzen sind dann so groß, dass die Nonnen schreiend zusammenbrechen, in die Krankenstube getragen werden müssen und ihre Mitschwestern an ihrem Leben verzweifeln.[32]

Abschließend sei eine Passage aus der Autobiographie des Friedrich Sunder (ca. 1253–1328) zitiert, eines Kaplans im Dominikanerinnen-Kloster Engelthal bei Nürnberg, an der sich in aller Deutlichkeit die Verwobenheit der Devotion zum leidenden Jesus mit der zur mitleidenden Maria zeigt, und die Bedeutung, die das religiöse Bild für die Praxis der Meditation hatte:[33]

> *Wenn er vor ein Kreuz ging, so betrachtete er fünf Dinge: Das erste, daß unser Herr mit ausgebreiteten Armen am Kreuz hängt, das zweite, daß er nackt und bloß stand, das dritte, daß er allein hing, das vierte, daß er verwundet stand, das fünfte, daß er mit geneigtem Haupt stand …* [Einmal] *stand er eine Weile vor dem Kreuz und dachte: Oh weh, lieber Herr, wie du jämmerlich mit ausgebreiteten Armen dastehst … Sogleich befiel ihn heftig ein großer Jammer und ein Mitleid und die Vergegenwärtigung des Jammers und der Schmerzen, die unsere liebe Frau mit ihrem Kind litt. Und so ging er zur Messe und verblieb einen Teil der Messe in diesem Jammer und diesem Mitleiden …*

Die Betrachtung eines Crucifixus dolorosus erregt heftigen Mitleidsschmerz nicht nur mit dem Gekreuzigten, sondern genauso mit seiner Mutter. Dieses Mitleid bleibt nicht ohne Gnadenfrucht, bedeutet ihm doch Christus selbst: „Deine Tränen sind eine Salbe für meine Wunden und für deine Seele ein süßer Trank, und sie waschen alle deine Sünden ab." Außerdem erquicken sie die Armen Seelen im Fegefeuer, die sie wie Bettler mit ihren Schüsseln auffangen.[34]

Mentalitätsgeschichtliche Erklärungshypothese

Die Konvergenz von Text- und Bildquellen verweist darauf, dass diese große Verehrung des Leidenden weder vordergründig kunst- oder literaturwissenschaftlich durch einen Stilwandel noch theologiegeschichtlich durch einen Paradigmenwechsel in der Christologie zu erklären ist. Da die entsprechenden Bilder, Texte und Schauspiele ausdrücklich Emotionen auslösen sollten, ist nach der Entwicklung der Gefühlsgeschichte des hohen Mittelalters zu fragen. Freilich wäre diese in eine Psychohistorie des Christentums überhaupt einzubinden (was hier nicht geleistet werden kann). Die grundlegende Frage lautet, was es über die christliche Religion aussagt, dass sie nicht das trinitarische Dreieck, nicht den christologischen Fisch, nicht die ‚Sonne der Gerechtigkeit' zu ihrem Zentralsymbol gemacht hat, sondern als einzige aller Weltreligionen ein Hinrichtungswerkzeug mit dem geschundenen Leib ihres Stifters darauf.

Was nun das hohe Mittelalter betrifft,[35] so sind wenigstens zwei ineinander greifende Komplexe zu nennen, zwei Innovationen dieser Epoche: Die Entdeckung des Individuums und die Entdeckung der Liebe. Dabei handelte es sich allerdings um lange währende Prozesse nicht ohne vereinzelte Vorläufer namentlich in der karolingischen Hofkultur. Was wir hier als ein Einzelelement benennen, erscheint nur im analytischen Rückblick als solches, während es faktisch mit den anderen ein Syndrom bildete: eine ganz allgemeine Änderung der Empfindensweisen und Einstellungen, kurz: der Mentalität in dieser Zeit. Während das Frühmittelalter durch eine ‚gebundene Individualität' gekennzeichnet war, in der die Einbindung in eine Gruppe das Ich-Gefühl des Einzelnen dominierte, emanzipiert sich dieser nun in Richtung einer tendenziell ‚modernen' persönlichen Autonomie, wie z. B. das Entstehen des autobiographischen Schrifttums oder des am Geschick und Gefühl einer bestimmten Person interessierten höfischen Romans zeigt. Im hohen Mittelalter wird aber auch die Liebe als Raison d'être eines geglückten Lebens neu entdeckt – die zwischen den Geschlechtern und die zwischen der Seele und der Gottheit. Es sei an Troubadourlyrik, Minnesang, Liebesroman erinnert und an das völlig neue Faktum der Braut- und Liebesmystik,[36] die dem Frühmittelalter schlichtweg unbekannt war. Es handelt sich freilich um Prozesse, die auf die weltlichen und geistlichen Eliten beschränkt waren, die damals aufgrund der günstigen ökonomischen Entwicklung Verhaltensweisen einer ‚leisured class', wohlhabender Müßiggänger, entwickeln konnten.

Die schwierigste und noch kaum erforschte Frage in diesem Zusammenhang ist, warum es seit dem späten elften Jahrhundert zu den erwähnten emotionellen Innovationen kam. Wie ist diese Wandlung zu erklären? Knapp zusammengefasst, könnte man die hier vorgeschlagene Hypothese folgendermaßen formulieren: Nach heutigem psychologischem Wissen ist die Liebesfähigkeit und damit die Fähigkeit, mit dem Andren zu empfinden, eine Komponente des Seelenlebens, die in der frühen Kindheit erworben werden muss. Es stellt sich uns nun die Zeit vor dem 11. Jahrhundert als eine Epoche dar, die zwar nicht ohne Zeugnisse für eine emotional positiv besetzte Beziehung zu Kindern ist, in der aber ein sehr kühles Verhalten deutlich häufiger gewesen zu sein scheint als in irgend einer späteren Periode der europäischen Geschichte. Daraus dürfte es resultieren, dass Liebe zwischen den Geschlechtern nicht als eine Macht empfunden wurde, die ein Leben bestimmen könne, wie auch Mitleid nicht als wichtiges Gefühl galt, eher im Gegenteil.

Nach der Jahrtausendwende ändern sich die äußeren Umfeldbedingungen. Geringere Kindersterblichkeit und gesichertere Existenzgrundlagen lassen die Möglichkeit zu, die Eltern-Kind-Beziehungen mit intensiverer Zuwendung zu leben. Dies bildet die Basis für die Entwicklung emotionellerer Beziehungen auch zwischen Erwachsenen, die Entdeckung der Liebe und die Zustimmung zu Empfindungen. Die Liebe des Menschen zu den Personen der Glaubenswelt drückt sich ja, phänomenologisch betrachtet, vermittels desselben Kommunikationssystems aus, wie die zwischen den Geschlechtern, was schon Bernhard von Clairvaux gesehen hat: Weil wir nur uns Gleiches lieben können, ist Gott Mensch geworden. Dass der leidensunfähige Gott Mensch geworden ist, hat ihn uns näher gebracht, da er, was er zuvor nur wusste, nun konkret erfahren hat: Leiden und Mitleiden. „Wann hätten wir es denn gewagt, uns ihm zu nähern, wenn er in seiner Impassibilität verblieben wäre?“[37] Die Bernhard-Legende hat solche theoretischen Gedanken dann mit dem Motiv des ‚amplexus‘, der Umarmung des Abtes durch den Gekreuzigten, ins Haptische überführt.

Die Historisierung des Christusbildes ist nur ein folgerichtiger Zug in diesem Komplex: Nicht auf den überzeitlichen Gott, sondern auf den historischen Menschen, der an einem geographisch bestimmten Ort gelitten hat, konzentrieren sich jetzt Denken und Fühlen. Warum wird denn seit dem späten 11. Jahrhundert ganz Europa vom Kreuzzugsfieber erfasst, wenn nicht, weil der geschichtliche Ort der Passion nun einen wesentlich höheren Wert im Frömmigkeitsleben erhalten hat? Warum beginnt man allenthalben, Heilig Grab-Bauten zu errichten, wenn nicht, um sich die historische Bestattungsstelle Jesu nach Hause zu holen? Erst diesen nahen, weil aus seiner Transzendenz in unsere Zeitlichkeit eingetretenen Gott konnte man so lieben wie ein natürliches Gegenüber, und für diesen leidenden Gott konnte man Mitleid empfinden.

Inwieweit der als passives Objekt dargestellte Christuskörper mit der in der Tat vaginal wirkenden Seitenwunde und dem nahrhaft wie Milch daraus fließenden Blut als Zeichen für eine Feminisierung der religiösen Spiritualität gewertet werden darf, wie vor allem in der amerikanischen (stark feministisch beeinflussten) Mediävistik angenommen wird, kann hier nicht diskutiert werden. Die Frage wäre natürlich, wie denn die Imagination eines „doubly-gendered Jesus“[38] psycho- und mentalitätshistorisch zu beurteilen wäre.

Ausblick in die Neuzeit

Schließen wir mit einem ganz kurzen Blick auf die frühe Neuzeit. Luther und der spätere Protestantismus pflegten die Passionsdevotion nicht mehr; schon 1517 hatte Luther, ungeachtet seiner ausgebreiteten Kreuzestheologie, geschrieben: [39]

> *...die, die das Leiden Christi meditieren, nur um Mitleid zu erwecken oder etwas anderes als den Glauben zu erlangen, meditieren geradezu ohne Ertrag wie die Heiden ...*

Dementsprechend schwand auch der Schmerzensmann aus der ohnehin spärlichen Bildwelt dieser Konfession. In einer ihrer Sonderformen freilich, dem Pietismus, wie er von dem Reichsgrafen und Bischof Nikolaus Ludwig von Zinzendorf, dem Gründer der Herrnhuter Brüdergemeinde, gepredigt wurde, finden sich die traditionell-katholischen Schmerzensmann-Bilder noch in einer extrem sexualisierten und nekrophilen Form wieder. So wendet sich Zinzendorf in seinen Liedern etwa an die Ritzen der Dornenkrone, den speicheltriefenden Mund, die bespieenen Wangen, die gebrochenen Augen, den blutigen Schaum des Rückens, die zerschwitzten Haare ...:[40]

Saftge Wunden JESU,
Wers Stäblein spitzet,
und euch damit nur ein wenig ritzet,
und lekt, der schmekt...

O blutger Heiland! Ich möchte dich umfangen,
an dem viel tausend blutstropfen hangen,
anfassen den blutigen saft...

Mein allerliebstes Lämmelein,
ein zart verbundnes herzelein
mit denen creuz-luft-vögelein
bericht und küßt dein Leichelein;
doch übers Seitrevier,
da zappelts herze mir.

Im Katholizismus dagegen, namentlich in der Gegenreformation, blühte die Verehrung des Schmerzensmannes ganz allgemein in großer Intensität, besonders wohl in den romanischen Ländern. Dies bezeugt nicht nur die bildende Kunst, die etwa die Peinigung Christi gemäß der damaligen Folterpraxis „modernisierte“: Nicht wenige Kruzifixe zeigen nun Verwundungen am Leib Jesu, die vom Brennen mit Fackeln herkommen, eine offizielle Methode der Tortur, die z. B. im Gesetzbuch der Kaiserin Maria Theresia, der *Nemesis Theresiana,* ausführlich be- und vorgeschrieben wird.[41] Über die ‚crucifixi dolorosi‘ hinausgehend, erscheinen jetzt ganze Fleischteile aus den Gliedern herausgerissen. Der gemarterte Christus im Kerker wird eine beliebte Sonderdarstellung. Dasselbe bezeugen ebenso zahllose Texte etwa über die „geheimen Leiden Jesu“, in denen – nach Offenbarungen bestimmter Mystikerinnen – Martern wie der Dreikant, die Stirn- und Schulterwunde und anderes mehr zur Passion hinzugefügt wurden. Dies bezeugen ebenso die Kreuzwege, die, aus dem kirchlichen Raum hinaustretend, die Landschaft mit Passionsdarstellungen „überziehen“, desgleichen zahlreiche religiöse Gemeinschaften, meist Bruderschaften, die im Barock zur Verehrung der Schmerzen Jesu und Mariae gegründet wurden: Der Orden der Passionisten des hl. Paolo Danei (Paul vom Kreuz) oder die „Unbeschuhten Kleriker vom heiligsten Kreuz und Leiden unseres Herrn Jesus Christus“ (1720) existieren noch heute.

Es wäre eine interessante, zumal anscheinend noch kaum untersuchte Frage, die Erscheinungsformen des Schmerzenmannes in der Kunst und Literatur der Zeit nach der Aufklärung zu verfolgen. Neben den immer dünner werdenden Manifestationen traditionell-katholischer Devotion würde man auf Umdeutungen, Brechungen und Vereinnahmungen stoßen, die die Erschütterung vor dem leidenden Gottmenschen in Erschütterung vor dem leidenden Mitmenschen wandeln. Aber von Rouault, Beckmann oder Epstein, von Nietzsche und Klostermann ist hier nicht mehr zu sprechen. Es sei nur eine Passage aus der 1. Folge der *Christusvisionen* Rainer Maria Rilkes an den Schluss gestellt, die, der katholischen Kirche keineswegs besonders nahestehend, einen Gedanken eigener Gültigkeit formulieren: das Grauens vor der unerbitterlichen Erneuerung der Tortur durch fromme Meditation und Kunst.

Worte des Schmerzensmannes:

„Seit mich, von ihrem eitlen Glaubensprahlen
betört, die Jünger aus dem Grabe stahlen,
gibt's keine Grube mehr, die mich behält.
So lang aus Bächen Sterne widerstrahlen,

so lang die Sonne zu erlösten Talen
den Frühling ruft mit seinen Bacchanalen,
so lange muss ich weiter durch die Welt.
Von Kreuz zu Kreuze muß ich Buße zahlen:
Wo sie ein Querholz in den Boden pfahlen,
dort muß ich hin auf blutigen Sandalen
und bin der Sklave meiner alten Qualen,
mir wachsen Nägel aus den Wundenmalen,
und die Minuten pressen mich ans Kreuz.“

Anmerkungen

1 Vgl. Ies 53, 1: Vir dolorum (frz. Homme de Douleur, engl. dagegen Man of Sorrows). Grundlegende kunsthistorische Darstellungen und ältere Literatur bei Schiller 1968, 210 ff., Mersmann 1972, Schawe 1994.
2 Belting 1981.
3 Es sei pauschal auf die entsprechenden Artikel in den Fachlexika hingewiesen, vor allem im Dictionnaire de Spiritualité, im Lexikon für Theologie und Kirche, in der Theologischen Realenzyklopädie und im Wörterbuch der Mystik.
4 Vgl. z. B. Bestul 1996; Haug 1993; Hundersmarck 1989; MacDonald 1998; Pezzini 1992; Ruh 1950.
5 Hasenohr 1992, 1036–1045.
6 Dieser Satz beschreibt die Hauptlinie der Entwicklung. Daß es Vorläufer (wie die Gruppe um den Gero-Kruzifix) und Nachzügler gab, kann hier nur angemerkt werden.
7 In Fest. Om. Sanct. 5, 9, Opera V, ed. Leclercq, Jean u. a., Roma 1968, 367 f.
8 Dinzelbacher 2002a, 305.
9 Richtstaetter 1949, 56 ff. u. 61.
10 Dinzelbacher 1994a, 99 f.; ferner Dinzelbacher 1994b.
11 Dinzelbacher 1994a, 100 ff.
12 Ep. 5, ed. Cappelletti Truci, Nada, Torino 1979, 214 ff.
13 Bestul 1996, 55.
14 Dinzelbacher 1994a, 161 ff.
15 Köpf 1989, 141.
16 Dinzelbacher 1994a, 201 ff.
17 Dinzelbacher 2003b, 7–51.
18 Dinzelbacher 1993, 136–187, mit zahlreichen Parallelen.
19 Dinzelbacher 1996, 164 f.
20 Dinzelbacher 1998.
21 Dinzelbacher 1999, 68.
22 Dinzelbacher 1994a, 182 ff.
23 Dinzelbacher 2000, 73–78.
24 Dinzelbacher 2003a, 82 f.
25 Belting 1981, 102.

26 Górecka 1999, 576 u. 616.
27 Marrow 1979, 11 u. 252.
28 Carmen Buranum 14*, 8b, ed. Fischer, C., Zürich 1974, 738.
29 Pezzini 1992, 124.
30 Cousins 1988, 386.
31 2, 24, ed. Naumann 59.
32 Górecka 1999, 592 f.
33 2, 24, ed. Naumann 59. Dazu zahlreiche weitere Beispiele bei Dinzelbacher 1992.
34 Ringler 1980, 424 u. 402.
35 Dinzelbacher 2003c.
36 Es sei nur angemerkt, dass diese in der Praxis oft und oft mit der Passionsmystik zusammengeht, ja dass beider Formen für viele CharismatikerInnen eine untrennbare Einheit darstellen, worauf ich hier nicht weiter eingehen kann. Beispiele bei Dinzelbacher 1994a.
37 De gradibus hum. 9, ed. cit. III, 23.
38 Z. B. Ross 1997, 135. Vgl. v .a. Camille 2002, S. 253–258.
39 Kommentar zum Hebräerbrief, zit. Grisar, Hartmann 1912: Luther III, Freiburg, 310 Anm.
40 Pfister 1925, 51 f., 54, 62.
41 Schild, Wolfgang 1997: Die Geschichte der Gerichtsbarkeit, Hamburg 165, Abb. 356.

Literaturhinweise

Baier, Walter 1977: Untersuchungen zu den Passionsbetrachtungen in der Vita Christi des Ludolf von Sachsen, Salzburg.

Bauer, Romuald 1931: Pie Jesu, München.

Belting, Hans 1981: Bild und Publikum im Mittelalter, Berlin.

Bestul, Thomas 1996: Texts of the Passion. Latin Devotional Literature and Medieval Society, Philadelphia.

Camille, Michael 2002: Seductions of the Flesh. Meister Francke's Femal ,Man' of Sorrows, in: Frömmigkeit im Mittelalter, hg. von K. Schreiner, München 2002, S. 243–269.

Cousins, Ewert 1988: The Humanity and the Passion of Christ, in: Christian Spirituality II, hg. von Jill Raitt, New York, S. 375–391.

Dinzelbacher, Peter 1987: The Beginnings of Mysticism Experienced in 12th Century England, in: The Medieval Mystical Tradition in England 4, hg. von M. Glasscoe, Cambridge, S. 111–131.

Dinzelbacher, Peter 1993: Mittelalterliche Frauenmystik, Paderborn.

Dinzelbacher, Peter 1994a: Christliche Mystik im Abendland. Ihre Geschichte von den Anfängen bis zum Ausgang des Mittelalters, Paderborn.

Dinzelbacher, Peter 1994b: Das Blut Christi in der Religiosität des Mittelalters, in: 900 Jahre Heilig-Blut-Verehrung in Weingarten 1094–1994, hgg. von N. Kruse u. U. Rudolf, Sigmaringen, S. 415–434.

Dinzelbacher, Peter 1996: Diesseits der Metapher. Selbstkreuzigung und -stigmatisation als konkrete Kreuzesnachfolge, in: Revue Mabillon NS 7 (1996), S. 157–181.

Dinzelbacher, Peter 1999: Über die Körperlichkeit in der mittelalterlichen Frömmigkeit, in: Bild und Abbild vom Menschen im Mittelalter, hg. von E. Vavra, Klagenfurt, S. 49–87.

Dinzelbacher, Peter 2000: Handbuch der Religionsgeschichte im deutschsprachigen Raum II: Hoch- und Spätmittelalter, Paderborn.

Dinzelbacher, Peter 2002a: Religiöses Erleben von bildender Kunst in autobiographischen und biographischen Zeugnissen des Hoch- und Spätmittelalters, in: Frömmigkeit im Mittelalter, hg. von K. Schreiner, München 2002, S. 299–330.

Dinzelbacher, Peter 2002b: Himmel, Hölle, Heilige. Visionen und Kunst im Mittelalter, Darmstadt.

Dinzelbacher, Peter 2003a: Europa im Hochmittelalter, Darmstadt.

Dinzelbacher, Peter 2003b: Religiosität und Mentalität des Mittelalters, Klagenfurt.

Dinzelbacher, Peter 2003c: La donna, il figlio e l'amore. La nuova emozionalità del XII secolo, in: Il secolo XII, la „renovatio" dell'Europa cristiana, hg. von Giles Constable u. a., Bologna, S. 207–252.

Fulton, Rachel 2002: From Judgment to Passion. Devotion to Christ and the Virgin Mary, 800–1200, New York.

Górecka, Marzena 1999: Das Bild Mariens in der Deutschen Mystik des Mittelalters, Bern.

Hasenohr, Genèvieve u. a. 1992: Dictionnaire des lettres françaises. Le Moyen Age, Paris.

Haug, Walter, und Burghart Wachinger (Hg.) 1993: Die Passion Christi in Literatur und Kunst des Spätmittelalters, Tübingen.

Hundersmarck, L. 1989: Preaching the Passion. Late Medieval „Lives of Christ" as Sermon Vehicles, in: De ore Domini, hg. von Th. Amos u. a., Kalamazoo, S. 147–167.

Köpf, Ulrich 1989: Leidensmystik in der Frühzeit der franziskanischen Bewegung, in: Von Wittenberg nach Memphis, hg. von W. Homolka u. O. Ziegelmeier, S. 137–160.

MacDonald, A. u. a. (Hg.) 1998: The Broken Body. Passion Devotion in Late-Medieval Culture, Groningen.

Marrow, James 1979: Passion Iconography in Northern European Art of the Late Middle Ages and Early Renaissance, Kortrijk.

Mersmann, W. 1972: Schmerzensmann, in: Lexikon der christlichen Ikonographie IV, Freiburg, Sp. 87–95.

Nitz, G. 1989: Compassio B. Mariae Virginis, in: Marienlexikon II, St. Ottilien, S. 82–85.

Osten, Gert v. d. 1935: Der Schmerzensmann, Berlin.

Perkins, Judith 1995: The Suffering Self. Pain and Narrative Representation in the Early Christian Era, London.

Pezzini, Domenico 1992: Il sogno della croce e liriche del Duecento inglese sulla Passione, Parma.

Pfister, Oskar 2. Aufl. 1925: Die Frömmigkeit des Grafen Ludwig von Zinzendorf, Leipzig.

Pickering, Frederick 1980: The Gothic image of Christ. The sources of medieval representations of the crucifixion, in: ders., Essays on medieval German literature and iconology, Cambridge, S. 3–30.

Richstaetter, Carl 1949: Christusfrömmigkeit in ihrer historischen Entfaltung, Köln.

Richstätter, Karl 2. Aufl. 1924: Die Herz-Jesu-Verehrung des deutschen Mittelalters, Regensburg.

Ringler, Siegfried 1980: Viten- und Offenbarungsliteratur in Frauenklöstern des Mittelalters, München.

Ross, Ellen 1997: The Grief of God. Images of the Suffering Jesus in Late Medieval England, New York.

Ruh, Kurt 1950: Zur Theologie des mittelalterlichen Passionstraktates, in: Theologische Zs. 6 (1950), S. 17–39.

Schawe, M. 1994: Schmerzensmann, in: Marienlexikon VI, S. 25–28.

Schiller, Gertrud 1968: Ikonographie der christlichen Kunst II, Gütersloh.

Darstellung der Gottesmutter
Detail eines doppelseitigen Dedikationsbildes im sog. Kostbaren Evangeliar
Bernwards von Hildesheim, um 1015, bearb. 1194

Roswitha Wisniewski

MARIA, NOTRE DAME

Mythos und Verehrung in Texten des 9. bis 13. Jahrhunderts

Eine der bekanntesten und im Bewusstsein der Menschen nun schon zwei Jahrtausende hindurch absolut lebendige Gestalt ist Maria, die Gottesmutter. Sie steht neben Christus im Mittelpunkt des christlichen Glaubens und der religiösen Verehrung. Namen wie „Unsere liebe Frau", „Notre Dame" kennzeichnen ihre überragende Stellung und die vertrauende Hochachtung, die sie bei den Menschen erfährt. Wie groß der Anteil Marias am christlichen Glaubensleben einzuschätzen ist, beweist die Feststellung des bekannten Theologen Karl Rahner: „Die Geschichte der Marienverehrung ist die Geschichte des Wachstums des Glaubensbewußtseins der Kirche".[1] Der „Mythos" Maria, also die Überlieferung zu ihrer Person, gründet in wenigen Berichten, die sich im Neuen Testament finden und die im Laufe der Zeit ausgestaltet wurden. Ansatzpunkte dafür sind:

- die Ereignisse um Jesu Geburt und frühe Kindheit (Matth. und Luk.)
- Maria und der lehrende Jesus (Mk., Joh., Matth., Luk.)
- Maria unter dem Kreuz Jesu (nur Joh.)
- hinzu kommt in der Apostelgeschichte: Maria als Mitglied der Urgemeinde.

Diese Szenen sind nicht in allen vier Evangelien enthalten und werden auch nicht in gleicher Weise berichtet. Deshalb sei kurz auf die Marienverehrung und das Wachsen des Mythos Maria in der Überlieferung des Neuen Testaments eingegangen.

Maria in den Evangelien

Im *Markusevangelium*, vermutlich in Rom um 70 n. Chr. entstanden, wird die Mutter Jesu mit eher zurückhaltendem Akzent erst erwähnt, als sie und Jesu Brüder und Schwestern dem Gottessohn folgen und ihn zu sprechen wünschen. Er wertet die blutmäßige Verwandtschaft ab: „Wer ist meine Mutter und wer sind meine Brüder?" und stellt die geistige höher: „Wer den Willen Gottes erfüllt, der ist für mich Bruder und Schwester und Mutter." (Mk. 3,33–35) Voraufgegangen war eine noch krassere Szene, in der Maria unter den im Evangelium genannten Angehörigen gewesen sein kann. Markus berichtet: Als der Zulauf, den Jesus schon zu Beginn seiner Lehre erhält, bedrängend wird, greifen seine Angehörigen ein: „Jesus ging in ein Haus, und wieder kamen so viele Menschen zusammen, dass er und die Jünger nicht einmal mehr essen konnten. Als seine Angehörigen davon hörten, machten sie sich auf den Weg, um ihn mit Gewalt zurückzuholen; denn sie sagten: Er ist von Sinnen." (Mk. 3, 20 f.) Es hat also den Anschein, dass die Angehörigen Jesus zurückhalten wollen, weil sie an seinem Verstand zweifeln und ihn schützen wollen. War in der Familie kein Glaube an die messianische Sendung Jesu vorhanden? Alan Poseners vielleicht allzu herbes Fazit aus dieser Szene lautet: Maria erscheint als verständnislose Hausfrau, die ihren ältesten Sohn für verrückt hält.[2]

Einen Einblick in die negative Haltung mancher Zeitgenossen gewährt der Evangelist durch die Schilderung folgender Szene: Als Jesus in Nazareth in der Synagoge spricht, verwundert sich die Menge der Zuhörer und fragt herablassend: „Ist das nicht der Zimmermann, der Sohn der Maria und der Bruder von Jakobus, Joses, Judas und Simon? Leben nicht seine Schwestern hier unter uns? Und sie nahmen Anstoß an ihm und lehnten ihn ab." (Mk. 6,3)

Markus berichtet auch nichts davon, dass Maria anwesend war, als ihr Sohn gekreuzigt wurde. Es werden lediglich Frauen erwähnt, die von ferne zuschauten. Eigens genannt werden Maria aus Magdala, Maria, die Mutter des Jakobus des Kleinen und des Joses, sowie Salome. Über Maria, die Mutter Jesu, fällt kein Wort (Mk. 15, 40). Insgesamt bietet das älteste der vier Evangelien eher negative – vielleicht allerdings der Realität sehr nahe kommende – Eindrücke von der Aufnahme des in religiöser Mission auftretenden Jesus und den daraus erwachsenden Spannungen zwischen ihm, seinen Angehörigen und den Menschen seiner Umgebung. Für die Gestaltung der Marienverehrung eignen sich diese Szenen nicht.

Auch das *Johannesevangelium*, das wahrscheinlich am Ende des 1. Jahrhunderts in Kleinasien entstand, berichtet nichts über die Umstände bei Jesu

Geburt. Johannes ordnet das Wunder der Menschwerdung des Gottessohnes in den großen Zusammenhang der Erschaffung der Welt ein. „Und das Wort ist Fleisch geworden und hat unter uns gewohnt, und wir haben seine Herrlichkeit gesehen, die Herrlichkeit des einzigen Sohnes vom Vater, voll Gnade und Wahrheit." (1,14) Damit ist die Göttlichkeit Christi herausgestellt. Maria, der von diesem Geschehen besonders betroffene Mensch, wird nicht erwähnt. Später aber zeigt Johannes den beachtlichen Einfluss der Mutter auf ihren Sohn. Es ist die bekannte Geschichte von der Hochzeit zu Kana. Als kluge Frau, die offenbar ihren Sohn kennt, geht Maria über die krasse Zurückweisung „Was willst du von mir, Frau? Meine Stunde ist noch nicht gekommen." (Joh.2,4) hinweg und fordert die Diener auf, seinen Anweisungen zu folgen, was ja zu dem bekannten Erfolg der Verwandlung von Wasser in Wein führt. Anders als bei Markus wird bei Johannes also nicht Zurückhaltenwollen, sondern eher Ermutigung zur Offenbarung des Messianischen durch Maria erkennbar. Das geht auch aus einem Streit zwischen Jesus und seinen Brüdern (Verwandten?) hervor, die ihn auffordern, aus Judäa fortzuziehen, um sich öffentlich bekannt zu machen. Allerdings klingt indirekte Ablehnung an: „Auch seine Brüder glaubten nämlich nicht an ihn." (Joh. 7,5)

Johannes berichtet als einziger der Evangelisten, dass Maria unter dem Kreuz des Sohnes steht. Diese Szene wird zur Grundlage vieler Darstellungen und Betrachtungen in der bildenden Kunst und in der Dichtung. Dass Jesus seine Mutter dem Johannes als Mutter, ihr aber Johannes als Sohn übergibt, bildet die Grundlage für Reflexionen über die Pflicht zur gegenseitigen familiären Fürsorge. Zugleich wird damit auch der Grund gelegt für die aus der Apostelgeschichte des Lukas erkennbare wesentliche Rolle Marias in der ersten christlichen Gemeinde, die sich nach dem Tod Christi herausbildet.

Die bekannte Überlieferung von Verkündigung, Geburt und frühester Kindheit Jesu begegnet erst im *Evangelium des Matthäus*, das etwa zehn Jahre nach dem Markus-Evangelium in Syrien entstanden ist. Ansprechpartner des Engels ist in dieser Szenenfolge aber Josef, nicht Maria. Einleitend betont der Evangelist zwar ausdrücklich, dass Maria, noch bevor sie mit Josef zusammengekommen war, ein Kind erwartete „durch das Wirken des Heiligen Geistes" (Matth. 1,18). Dadurch schreibt er die Gottheit Christi fest. Dann aber ist die Botschaft des Engels an Josef gerichtet: „fürchte dich nicht, Maria als deine Frau zu dir zu nehmen; denn das Kind, das sie erwartet, ist vom Heiligen Geist. Sie wird einen Sohn gebären, ihm sollst du den Namen Jesus geben; denn er wird sein Volk von seinen Sünden erlösen" (Matth. 1,20 f.). Josef wird somit auf Geheiß des Engels zum Schutzherrn, der die Schwangere vor Verfolgung bewahrt. Josef ist es auch, der die Traumanweisungen des Engels für die Flucht nach Ägypten und für die Rückkehr nach Israel erhält. (Matth. 2,13) Bei der Huldigung der Weisen aus dem Morgenland allerdings tritt der fürsorgende Josef nicht in Erscheinung: „Sie gingen in das Haus und sahen das Kind und Maria, seine Mutter; da fielen sie nieder und huldigten ihm.“ (Matth. 2,11)

Ausdrücklich zitiert Matthäus die Prophetie des Jesaja (7,14 = Matth. 1,23) und fixiert somit die Jungfräulichkeit der Gottesmutter als Faktum. Damit ist die Grundlage für die Marienverehrung unter diesem Aspekt gelegt: „Seht, die Jungfrau wird ein Kind empfangen, einen Sohn wird sie gebären, und man wird ihm den Namen Immanuel geben, das heißt übersetzt: Gott ist mit uns.“ (Matth. 1,23)

Wie Markus berichtet auch Matthäus von der Zurückweisung Marias durch ihren Sohn (Matth. 12,46–50), wobei allerdings die Sorge um dessen geistige Verwirrung fehlt. Ebenso wie Markus berichtet auch Matthäus nichts davon, dass Maria unter dem Kreuz stand, sondern lediglich, dass Frauen von weitem der Kreuzigung zusahen. (Matth. 27,55 f.)

Der Beginn des Matthäusevangeliums scheint darauf zu deuten, dass die Geburt Jesu von den damaligen Zeitgenossen missbilligend aufgenommen wurde. Es gab wohl den Vorwurf, dass Maria sich unsittlich verhalten habe. Das lässt sich aus dem Stammbaum erschließen, der zu Beginn des Evangeliums aufgeführt wird. Er reiht Jesus (durch Adoption oder durch Marias Stammeszugehörigkeit)[3] in das Geschlecht Davids ein, verweist aber auch auf vier Frauen des Alten Testaments. Das ist auffallend, weil normalerweise Genealogien aus jener Zeit, patriarchalischem Denken entsprechend, keine Frauennamen enthalten. Hier aber werden genannt: Tamar, die Tempelhure, die ihren Schwiegervater Juda verführte (Gen. 38), die Prostituierte Rahab (Jos. 2,1 ff.), Rut, die sich zu ihrem reichen Verwandten Boas legte, der sie dann allerdings heiratete (Rut 1–4), und Batseba, die Frau des Hethiters Urija, die sich von König David verführen ließ. (2 Sam. 11) Alle vier Frauen, so moralisch bedenklich sie zunächst erscheinen, werden durch ihr späteres Verhalten vor Gott gerechtfertigt. Durch das Anführen dieser Exempel scheint Matthäus böswillige Bemerkungen über Maria abwehren und auf ihre später offenbar werdende Heiligkeit hinweisen zu wollen. Am Ende dieses Stammbaums, aus dem der Messias kommt, wird Maria genannt, die über alle Menschen erhabene Mutter des Messias: „Jakob war der Vater von Josef, dem Mann Marias; von ihr wurde Jesus geboren, der der Christus (der Messias) genannt wird.“ (Matth. 1,16)

Erst der Arzt *Lukas*, der zwischen 80 und 90 n. Chr. sein Evangelium und die Apostelgeschichte in Griechenland oder in Kleinasien verfasste, stellt

Marias überragende Rolle beim Geschehen um Christi Geburt klar heraus und legt damit das Fundament für die Mariologie der späteren Jahrhunderte. Er eröffnet seinen Bericht mit der wunderbaren Geburt des Johannes, dessen Eltern längst die Hoffnung auf Zeugungs- bzw. Gebärfähigkeit aufgegeben hatten. Dies gilt als Beweis für Gottes Allmacht und lässt die Verkündigung an Maria gleichsam als Parallelereignis erscheinen. Ihr, nicht dem Josef, sagt der Engel, dass der Heilige Geist über sie kommen, die Kraft des Höchsten sie überschatten wird, dass das Kind heilig sein und Sohn Gottes genannt werden wird. Wichtig ist vor allem, dass Maria selbst ausdrücklich ihre Zustimmung gibt: „Ich bin die Magd des Herrn; mir geschehe, wie du gesagt hast." (Lk. 1,26–38)

Man muss sich vergegenwärtigen, welch ungeheurer Mut dazu gehört haben muss, in einer Zeit, in der mit der Geburt eines unehelichen Kindes für die Frau gesellschaftlicher Makel und sogar Todesstrafe verbunden sein konnten, als Unverheiratete die Empfängnis auf sich zu nehmen. Die Zustimmung Marias war also – so die Botschaft dieses Evangeliums – ein Votum, das aus einem überaus starken Glauben abgegeben wurde. Lukas lässt Elisabeth, zu der Maria nach der Empfängnis eilt, genau diese Feststellung treffen: „Selig ist die, die geglaubt hat, was der Herr ihr sagen ließ" (Lk. 1,45). Und Lukas lässt Maria mit dem Magnifikat antworten (Lk. 1,46–55), spricht ihr also die geistige Kompetenz zu, das ihr Widerfahrene in den Zusammenhang alttestamentlicher Aussagen zu stellen.

Entscheidend ist für Lukas, dass Maria nicht allein wegen ihrer biologischen Funktion, sondern vor allem wegen ihres Glaubens und ihrer überlegten Einwilligung in das Angebot Gottes, Mutter des Herrn zu werden – so wird sie von Elisabeth begrüßt (Lk.1,43) – die höchstmögliche Anerkennung und Verehrung gebührt. Das markiert ihre heilsgeschichtliche Stellung.

Auch Lukas erwähnt nicht, dass Maria unter dem Kreuz des Sohnes stand. Aber sie wird in der Apostelgeschichte als ein Mittelpunkt der jungen christlichen Gemeinde erkennbar, die sich in Jerusalem bildete und ständig zusammenblieb: „Sie alle [die Apostel] verharrten dort einmütig im Gebet, zusammen mit den Frauen und mit Maria, der Mutter Jesu, und mit seinen Brüdern." (Apg.1,14) So muss Maria auch das Pfingstwunder miterlebt haben, durch das die junge Gemeinde unter Führung des Petrus ihren missionarischen Auftrag als Kirche begann. Durch ihren Glauben wurde sie die Verkörperung der christlichen Kirche, die Gottes Wort hören und befolgen soll. Der Vergleich von Ecclesia und Maria zieht sich durch die gesamte Marienüberlieferung.

Es bleibt festzuhalten: Die Evangelien sind nicht als historische Berichte geschrieben worden, sondern als Zusammenfassungen einer religiösen Lehre, die im Leben Jesu offenbar wurde. Der Vergleich der Evangelien aber lässt erkennen, wie sich diese Lehre namentlich im Hinblick auf Maria entwickelte, so dass sie zur Grundlage der weiteren Entfaltung der Marien-Überlieferung werden konnte.

Maria starb wahrscheinlich um 50 n. Chr. Die Marienverehrung muss ungebrochen fortgelebt haben; denn es gibt steinerne Zeugnisse, die von den nachfolgenden Generationen als Dokumente ihres irdischen Daseins gewertet wurden. In Jerusalem wird das leere Grab Mariens im Dormitio nahe dem Garten Gethsemane gezeigt. Dort soll sie ihre letzten Jahre im Kreis der ersten Judenchristen nahe dem Abendmahlssaal, der der ersten Gemeinde als Versammlungsort diente, verbracht haben. 1851 wurde ein Haus der Maria in Ephesus entdeckt, wo sie gelebt haben soll. Bemerkenswert: Die Entdeckung geschah durch Hinweise der Seherin Anna Katharina Emmerich, die das Haus 1822 in einer Vision erblickt und beschrieben hatte.[4]

Es muss also neben dem, was in den vier Evangelien berichtet wird, eine ausgedehnte Überlieferung über Leben und Tod Marias gegeben haben. Bereits im 2. Jahrhundert nach Christus wurden *Apokryphen* verfasst, „verdeckte“ Schriften, die nicht kanonisiert und von den kirchlichen Autoritäten nicht gern gesehen wurden. Das *Protoevangelium des Jakobus* erzählt von den Eltern und der Geburt Marias, von ihrem Leben als Tempeljungfrau, ihrer Vermählung mit dem Witwer Josef. Es wurde zusammen mit anderen *Apokryphen* Grundlage für das *Pseudo-Matthäusevangelium*, das nun auch über Wunder Marias, ihren Tod und ihre Himmelfahrt berichtet. Dieses im 6. oder im 8./9. Jahrhundert verfasste Werk erfuhr eine ungeheure Verbreitung und Wertschätzung. Hier übrigens werden zum ersten Mal Ochse und Esel im Stall bei der Geburt Jesu erwähnt.

9. Jahrhundert: Gottesmutter und königliche Herrin

Wir überspringen in unserer Betrachtung die ersten Jahrhunderte und setzen im 9. Jahrhundert ein, in einer Zeit, da sich im deutschen Sprachraum das Christentum langsam zu verfestigen begann. Die Auseinandersetzung mit dem germanischen Heidentum war noch nicht abgeschlossen. So konnte Karl der Große erst 804 die Sachsenkriege für beendet erklären. Sie hatten neben der Befriedung an den Grenzen vor allem der Verbreitung des Christentums in seiner religiösen wie auch sozialreformerischen Funktion gedient. Danach war vielfach weitere Missionierungsarbeit im sächsischen Stammesgebiet notwendig.

Bereits im 9. Jahrhundert wurden die vier Evangelien und somit auch deren Nachrichten über Maria in deutscher Sprache vermittelt. Ziel war es, die Botschaft des neuen Testaments in der Volkssprache jenen Menschen bekannt zu machen, die des Lateins nicht mächtig waren, also Klosterschülern, Klosterfrauen, Laienbrüdern, auch gewöhnlichen Laien. Für Priester bildete die Übersetzung die Grundlage ihrer Predigten in der Volkssprache.

So entstand um 830, in der Regierungszeit Ludwigs des Frommen (814–840), wohl im damals geistig führenden Kloster Fulda, die erste Bibelübersetzung in deutscher Sprache, die ostfränkische Übersetzung der *Evangelienharmonie* des Syrers Tatian. Dieser hatte im 2. Jahrhundert n. Chr. versucht, die unterschiedliche Überlieferung der vier Evangelien so zusammenzustellen, dass sich eine einheitliche Darstellung des Lebens Jesu ergab. Die *Evangelienharmonie* des Tatian und ebenso ihre althochdeutsche Übersetzung bleiben streng bei der wörtlichen Wiedergabe der Evangelientexte. In der Auswahl dominieren die Stellen, die das Marienbild des Matthäus und des Lukas vermitteln.

Bald nach der Tatian-Übersetzung entstand die erste dichterische Bearbeitung der Evangelien im Heliand, einem in Langzeilen – dem in germanischer Dichtung gebräuchlichen Versmaß – gehaltenen Epos in altsächsischer Sprache. Es kann sein, dass Kaiser Ludwig selbst den Auftrag zur Abfassung dieses Werkes gab – vielleicht anlässlich seiner Hochzeit mit Judith, einer hochgebildeten Frau, die mütterlicherseits aus höchstem sächsischen Adel stammte.

Der *Heliand* ist aus den Christianisierungsbestrebungen seiner Zeit im sächsischen Raum heraus zu verstehen. Die Evangelientexte werden entsprechend gestaltet, ohne dass aber die grundlegenden Aussagen und Glaubenssätze verändert werden. Das Marienbild, das dem Lukas- und dem Matthäusevangelium sowie der Kreuzigungsszene nach Johannes entnommen wurde, ist von Angleichungsbemühungen entsprechend dem sächsischen Lebensraum jener Zeit wenig betroffen, aber das Bemühen, den germanischen Hörern die metaphysische Dimension des Geschehens bewusst zu machen, wird deutlich erkennbar. In einem Schreiben an Bonifatius hat z. B. Bischof Daniel von Winchester zu Beginn des 8. Jahrhunderts auf das Fehlen von Transzendenz-Vorstellungen bei den heidnischen Germanen hingewiesen und entsprechendes Vorgehen angemahnt. Und so fügt der Helianddichter den Worten des Engels bei der Verkündigung hinzu: „Des Waltenden Kraft / soll dich von dem höchsten Himmelskönig / im Schimmer beschatten. Nie ward eine schönere Geburt, / herrlicher bei den Menschen, denn sie kommt von des Höchsten Macht / in dieser weiten Welt." (275–281) Diese Verse weisen auf den Prolog zurück, den der Dichter seinem Werk voranstellt. Dort werden die Wundertaten Christi als Fortwirken der göttlichen Urkraft gepriesen: „So wie es zu Anbeginn / durch seine einzige Kraft / der Waltende sprach, / da als erstes diese Welt er schuf / und das All umfing / mit einem Worte, / Himmel und Erde, / und was sie enthalten alles, / Gewirktes und Gewachsenes." (38–43)

Die Lieblingsbezeichnung des Helianddichters für Maria ist *thiorna*, Jungfrau, womit das Wunder der jungfräulichen Gottesgeburt angedeutet wird: *salig thiorna, mahtiges moder*, „selige Jungfrau, Mutter des Mächtigen" (1998). Auffallend ist, dass der Helianddichter Marias Weisheit, nicht ihren Glauben, hervorhebt: „Heil sei dir, Maria! / du bist deinem Herren lieb, / dem Waltenden wert, / da du Weisheit hast, / da du voll der Gnaden." (59–61) Das mag eine Interpretation der Magnifikat-Szene sein. Vielleicht verbirgt sich darin aber auch eine Hommage an die Kaiserin Judith, der Klugheit und Kunstsinn zugeschrieben wurden, und die auf diese Weise als Abbild Marias, der Mutter des Königs, des Himmelskönigs (265/66), gepriesen wird.

Ebenfalls im 9. Jahrhundert entstand das *Evangelienbuch* des Mönches Otfrid von Weißenburg. Es ist in südrheinfränkischer Sprache und in einer gegenüber der germanischen Stabreimtechnik neuen Versform, dem vierhebigen Endreimvers, verfasst. Es kann sein, dass Otfrid schon in den zwanziger Jahren des 9. Jahrhunderts, während seiner Studienzeit in Fulda, erste Teile seiner Dichtung niederschrieb. Das Hauptwerk dürfte um die Jahrhundertmitte in Weißenburg entstanden sein.

Auch für die Entstehung dieses Werks waren wohl höchste Kreise der damaligen Gesellschaft verantwortlich. Denn Otfrid berichtet in einem Sendschreiben, dass eine verehrungswürdige, edle Frau (*veneranda matrona*) namens Judith zusammen mit einigen Mitbrüdern Otfrids dafür eingetreten war, dass Otfrid ihnen einen Teil der Evangelien in die Volkssprache übertrüge, „damit der Vortrag dieses heiligen Textes ein wenig die Unterhaltung durch weltliche Lieder zurückdränge" (Sendschreiben an Liutbert). War es die Kaiserin Judith selbst, die auf diese Weise die gewiss rauen Umgangssitten an den Höfen zu veredeln suchte?

Für einen leisen Hinweis auf die Kaiserin könnte auch die Umgestaltung der Herkunft Marias sprechen. Die Evangelien deuten an, dass Maria in Armut lebte und deshalb z. B. ein Paar Turteltauben als Reinigungsopfer nach der Geburt Jesu darbrachte, die Gabe armer Leute. Im frühen Mittelalter war es nur schwer vermittelbar, dass eine arme Frau die Mutter des

Himmelskönigs war. Es wurde notwendig, den sozialen Rang Marias anzuheben und sie zum Inbild einer Frau der aristokratischen Lebenswelt zu machen, um ihr Vorbildfunktion für die hochgestellten Persönlichkeiten zu verleihen. Denn diese waren es, die zur Annahme und Verbreitung des christlichen Glaubens beitragen konnten.[5] So erscheint Maria auch bei Otfrid als mächtige Königin (I, 3,31) und adlige Dame/Herrin, deren Vorfahren allesamt Könige waren (I, 5,8). Der bei Matthäus gegebene Stammbaum wird umgeformt und Josef daraus eliminiert: „... die dritte Geschlechterfolge bildeten dann edle Helden. Sie waren die Wurzeln für die heilbringende Blume" (I, 3,26–28).

Diese königliche Frau findet der Engel in einem Palast, wo sie den Psalter in Händen hält und daraus singt. Um sie herum befinden sich schöne Stoffe, die sie, ganz entsprechend der Gewohnheit hochgestellter Damen des Mittelalters, aus kostbarem Garn wirkt (I, 5,8–12). Es ist das vollendete Bild einer Dame der mittelalterlichen Gesellschaft, das hier von Otfrid gezeichnet wird. Und diese gehört zu den wenigen Frauen der damaligen Zeit, die lesen und die Psalmen singen konnten. Otfrids Kunstgriff kann wiederum als Vorbildschaffung verstanden werden. Adlige Frauen sollten der Gottesmutter nacheifern und sich geistige Bildung aneignen. Doch kann sich hierin zugleich auch wieder eine geheime Huldigung an Kaiserin Judith und ihre Liebe zur Wissenschaft verbergen. Auf jeden Fall aber ist das von Otfrid gezeichnete Genrebild, das ähnlich später in Literatur und bildender Kunst immer wieder begegnet, Ausdruck der überragenden Stellung Marias. Das entspricht der Stellung Christi, der in karolingischer Zeit sogar noch am Kreuz als Herrscher erscheint. Macht-Demonstration und hoher gesellschaftlicher Rang der zur Verehrung empfohlenen Gestalten waren, wie schon gesagt, für die Heidenmission entscheidend wichtig.

Otfrid spricht ebenso wie der Helianddichter auch ein anderes Thema an, das jene Zeit bewegte, und das den aus germanischem Heidentum kommenden Menschen dringend nahe gebracht werden musste: die Transzendenz Gottes. Er gestaltet den Anfang des Johannesevangeliums zu einem großen Hymnus:

Vor allen Urkräften und vor den Engelwesen
– in einer Ferne, in die der Mensch mit seinen Gedanken nicht dringen kann –
bevor Meer und Himmel und auch die feste Erde entstand,
und bevor diese drei mit all dem ausgestattet wurden, was jetzt in ihnen existiert,
da war das Wort schon immer gegenwärtig – vor aller Weltzeit.
...

Es war immer mit Gott – niemals war er ohne es –
und ist ebenso allmächtiger Herr, da Gott es aus seinem Herzen gebar.
Er, der keinen Anfang kennt und den Vergänglichkeit nicht berührt,
er kam vom Himmel herab – wie vermag ich das in Worte zu fassen? (II, 1,1–12)

Vor diesen Versen als Hintergrund ist die Verkündigungsszene zu sehen, in der Otfrid die Ewigkeit des Gottessohnes mit der ewigen Erwähltheit Marias verbindet, wenn er den Engel sagen lässt:

Die Propheten haben von dir, du Gebenedeite, geweissagt
und haben alle Weltalter auf dich hingewiesen.
Leuchtender Edelstein, strahlende Jungfrau,
erhabene Mutter sollst du allein sein:
Du sollst gebären den einzigen Herrscher
über Himmel und Erde und alles Lebendige,
den Schöpfer der Welt – dies ist meine Botschaft –,
den Sohn, gleich ewig dem Vater. (I, 5,19–26)

Marias Antwort nimmt den Transzendenzgedanken auf – sie sprach: „Ich bin Gottes Magd, dazu geboren, sein Eigentum zu sein; sein Wort wachse in mir." (I, 5,65 f.)

Auch der heilsgeschichtliche Aspekt der Zustimmung Marias, als Jungfrau Mutter Gottes zu werden, spielt in die Verkündigungsszene hinein, wenn die Auseinandersetzung mit dem Satan thematisiert wird. Die Szene beginnt mit der Herabkunft des Engels, der die Verkündigung bringen soll:

Er flog auf dem Sonnenpfad, auf der Sternenstraße,
auf den Wolkenwegen zu der erhabenen Herrin. (I, 5,5 f.)

Und er fliegt den Weg zurück zu Gott und richtet ihm
voll Ehrfurcht die gute Botschaft aus (I, 5,71 f.)

Dieser Weg des Engels stellt eine Antwort auf eine andere Dichtung der Zeit um 840 dar. Es handelt sich um die *altsächsische Genesis*. Dort wird der Weg des Teufels beschrieben, den Satan als Boten hinauf zur Erde schickt, um Adam und Eva zu versuchen. Nach Abschluss seiner Mission fliegt er zurück zur Hölle und meldet stolz seinen Erfolg. Es ist die Antithese von Maria und Eva, deren Ungehorsam durch den Gehorsam Marias aufgehoben wird, die hier anklingt. Bei Otfrid stellt der Engel diesen Aspekt deutlich heraus, wenn er prophezeit:

„Dieses dein Kind wird zu Recht Sohn des erhabenen Gottes genannt werden.
Er wird die, die ihm lieb sind, wirksam beschützen,
den alten Widersacher wird er gefangennehmen.

Auf der Erde gibt es keinen Ort, wohin er vor ihm entfliehen,
und unter dem Himmel keinen Winkel, wo er sich in Sicherheit bringen könnte."
Und stürzt er sich flüchtend ins Meer, so erreicht ihn seine Strafe selbst dort,
und das hohe Himmelreich verschließt er vor ihm. (I, 5,51–56)

Otfrid nähert sich Maria jedoch nicht nur über die theologischen Prämissen, sondern er zeigt sie auch in den allgemein menschlichen Situationen und dürfte damit das Nachempfinden seiner Hörerinnen und Hörer angeregt haben. Das geschieht in der Schilderung der Fürsorge, die Maria dem Kind angedeihen lässt:

O glücklich die Brust, die Christus küßte,
und die Mutter, die ihn willkommen hieß und ihn sorgfältig zudeckte,
o glücklich sie, die ihn beruhigte und auf den Schoß nahm,
die ihn sanft in den Schlaf wiegte und dann neben sich legte. (I, 11,39–42)

Ebenso einfühlsam beschreibt Otfrid die Not der Mutter unter dem Kreuz, wenn daraus auch noch keine ausgedehnte Marienklage entsteht, wie wir sie in deutscher Sprache aus späterer Zeit kennen. Aber er wertet die Fürsorge des am Kreuz Hängenden hoch und nutzt ihn für die Mahnung: Auch wir sollen sein Gebot befolgen und an unsere Mutter denken. (IV, 32,11 f.)

Bereits in karolingischer Zeit erreicht die Marienverehrung in *Otfrids Evangelienbuch* mit diesen Szenen einen ersten literarischen Höhepunkt. Es werden mehr als zwei Jahrhunderte vergehen, bis wieder ähnlich Beeindruckendes in deutscher Sprache entsteht.

In einem völlig anderen, aber für das Alltagsleben gewiss überaus wichtigen Bereich begegnet Maria in einer kleinen Dichtung, die im 10. Jahrhundert aufgeschrieben wurde. Es handelt sich um den *Lorscher Bienensegen*, einen Segensspruch, der noch Kennzeichen eines heidnischen Zauberspruchs trägt und wohl aus einem solchen hervorgegangen ist. Darin heißt es: *„Christus, das Bienenvolk ist draußen! Nun flieg, mein Tier, hierher im Frieden des Herrn, um in Gottes Schutz gesund heim zu kommen. Sitz, sitz Biene! Das hat dir die heilige Maria befohlen. Du sollst keine Erlaubnis haben, in den Wald zu fliegen, weder entrinnen noch entweichen sollst du mir. Sitz ganz still und wirke Gottes Willen!"*

Die heidnischen Gottheiten, die man für die voraufgehende ursprüngliche Fassung vermuten darf, sind ersetzt durch Christus und Maria. Am Ende aber steht noch der magische Befehl, den der Zauberkundige in heidnischer Zeit erteilte. Er ist nur notdürftig durch den Bezug auf Gottes Willen umgeformt zur Bitte um Gottes Hilfe – wie es in christlichem

Verständnis richtig ist. Theologisch bedenklich erscheint Marias Rolle, die, statt sich auf die Fürbitte zu beschränken, den Bienen den Befehl zum Sitzenbleiben erteilt. Schon hier aber wird das Vertrauen der Menschen auf die Hilfe der Gottesmutter in Notlagen des alltäglichen Lebens sichtbar.

12. Jahrhundert: Jungfrau und Braut

Wir verlassen nun die althochdeutsche bzw. altsächsische Literatur mit ihrer oft spürbaren Nähe zur heidnischen Umwelt und wenden uns Texten zu, die erst im 12. Jahrhundert entstanden sind. Sie sind in frühmittelhochdeutscher Sprache abgefasst und stehen in einer nun fest gefügten christlichen Umgebung.

In der ersten Hälfte des 12. Jahrhunderts wurde das christliche Abendland von einer heute nur schwer nachvollziehbaren religiösen Begeisterung und Bewegtheit erfasst. Viele Tausende schlossen sich Wanderpredigern an und suchten die Verwirklichung apostolischen Lebens durch ein unstetes, an Entbehrungen reiches Herumziehen zu erlangen. Norbert von Xanten dürfte das bekannteste Beispiel bieten. „Ganze Ortschaften widmeten sich der Frömmigkeit und suchten sich gegenseitig an Heiligkeit des Sittenwandels zu übertreffen.“[6]

Neuentstehende Orden – Augustinerchorherren, Zisterzienser, Praemonstratenser – versuchten, diese sich außerhalb der Klöster abspielende religiöse Bewegung aufzufangen und in ruhigere Bahnen zu lenken. Viele Frauen und Männer, darunter auffallend viele Verheiratete, suchten die Aufnahme in Klöstern und Stiften als Laienbrüder oder Konversschwestern. Andere siedelten sich als Einsiedler oder Inklusen im Umfeld der Klöster an. Da die Wanderpredigerbewegung besonders stark unter Frauen wirkte, wurde es notwendig, Einrichtungen für die große Zahl dieser ihrem früheren weltlichen Leben entfremdeten Frauen zu schaffen. Dadurch entstand so manches Doppelkloster – übrigens mit strenger Scheidung der männlichen und weiblichen Lebenskreise.

Die in die Klöster oder in deren Umkreis eingetretenen Laien brauchten religiöse Unterweisung in der Volkssprache. Das erklärt den Aufschwung deutscher religiöser Literatur in dieser Zeit. In diesem Zusammenhang steht eines der schönsten und wichtigsten Werke der Literatur des 12. Jahrhunderts, ein frühmittelhochdeutscher Kommentar zum Hohen Lied – nach seiner Haupthandschrift gern *St. Trudperter Hohes Lied* genannt – dem nichts von gelehrter Pedanterie anhaftet, sondern der wie eine äußerst lebendige

Predigt anmutet. Vielleicht war es eine Predigt-Nachschrift. Diese Hohelied-Auslegung ist an Nonnen und Frauen gerichtet, die, so scheint es, den Schritt aus dem weltlichen Leben hinein in das Klosterleben vollzogen haben. Das ergibt sich aus einer Stelle, an der solche Frauen den Redefluss des Predigers, mit dem er die jungfräulichen Bräute Gottes preist, unterbrechen – sei es tatsächlich, sei es als rhetorische Figur: „Was soll nun aus uns Armen werden, die wir da geküsst und umarmt und gesungen haben und die Jungfräulichkeit nicht mehr haben?“ (11, 19–21)

Maria wird in diesem Werk als die Braut des Hohen Liedes, als Braut Gottes gesehen und als Vorbild für gottgeweihte Jungfrauen wie für verheiratete und verwitwete Frauen, die sich dem klösterlichen Leben geweiht haben, und schließlich als Leitbild für alle Menschen, die ein Gott wohlgefälliges Leben führen wollen. Das soll am Beispiel der Auslegung des ersten Verses des Hohen Liedes gezeigt werden. Der Vers lautet wörtlich übersetzt: „Er küsse mich mit dem Kuß seines Mundes.“ Dazu der frühmittelhochdeutsche Kommentar: „Mit Recht sprechen wir unserer gnadenvollen Frau die höchste Ehre dieses Liedes zu. Denn sie war die erste und die erhabenste, die je in liebevollster Weise geküsst wurde. Nun lasst uns sehen, was der Kuss bedeute.“ (8, 6–9). Die Erklärung folgt etwas später:

> *Wir haben von einem küssenden Bräutigam und einer geküssten Braut gesprochen. Ihr beider Küssen aber ist Christus, der da kam von dem Höchsten und Fleisch und Blut nahm von der Demütigsten. ... Nun sollen wir das nicht so verstehen, dass er sie allein und niemand sonst geküsst habe. Sie (Maria) hat uns allen die Gnade des Küssens erworben. Mit Gewissheit wurde sie auf den erhabensten Thron gesetzt. Sie ist die am vollkommensten Geküsste. Sie ist die am liebevollsten Umarmte. Ihre Stimme ist die allerheiterste.* (10, 16–20)

Aber jeder Mensch kann wie Maria Gott in sich empfangen: „Darum gibt Gott uns Christus geistlich zu gebären und aufzuziehen und mit den heiligen Tugenden zu ernähren.“ (14,31–15,2)

Maria wird also zum Leitbild der vielen Menschen, die durch ein reines und demütiges Leben die religiöse Vollendung anstreben. Insbesondere die Klosterfrauen werden als Bräute Gottes angesprochen. Die pädagogische Inanspruchnahme des Vorbilds der Gottesmutter ist hier mit Händen zu greifen. In kunstvoller, doppelter Allegorese wird die Braut des Hohen Liedes mit Maria oder der menschlichen Seele gleichgesetzt, die Empfängnis aber mit dem Akt der mystischen Einung, die Maria erfuhr und die jeder begnadete Mensch erfahren kann. Alle können, wie Maria, der geheimnisvollen Transzendenzerfahrung gewürdigt werden, die als Mystik bezeichnet wird. Der begnadete Mensch erlebt in der *unio mystica*, der mystischen Einung, dasselbe, was Maria bei der Verkündigung und Empfängnis erfuhr:

> *Dann schenkt Gott deinem Gedächtnis (memoria) die Macht (potentia), daß es deinen Christus in den höchsten Himmeln sucht, bis du ihn findest. Das geschieht in einem Augenblick. Dann schenkt Christus deiner Vernunft (ratio) die Weisheit (sapientia), daß sie ihrerseits Gott in sich zieht in einer heiteren Abbildung. So lauter dein Gewissen ist, so rein ist auch dein Herz, so gut kannst du ihn sehen und erkennen. Da bringt die heilige Güte (bonitas) dir eine Wärme und eine wohltuende Hitze. Die hat nie jemand so tief erfahren wie unsere gnädige Herrin, als die Botschaft vom Himmel zu ihr kam. Die sanfte Wärme des Heiligen Geistes führt dann die Liebkosung herbei, in der du deinen Bräutigam liebst und umarmst. Alles Sterbliche an dir hat dann zu schweigen. Der Mund und die sterbliche Zunge tönen da nicht laut, denn alle Kräfte des inneren Menschen beten da ohne Schmerz und ohne Lärmen.* (118, 8–25).

Das frühmittelhochdeutsche *Hohe Lied* ist das erste Werk christlicher Mystik in deutscher Sprache. Es nimmt Maria in Anspruch als Vorbild für die religiösen Bedürfnisse einer aufgewühlten Zeit, in der hochgesteigerte, inbrünstige, auf persönliche Erfahrung drängende Frömmigkeit ihren Ausdruck suchte und fand. Bemerkenswert ist die Verschränktheit von sinnlicher Brautmystik und sehr abstrakter Trinitätsmystik, die das ganze Werk und auch die mariologischen Aussagen durchzieht.

Leitbild und Helferin

Seit der ersten Hälfte des 12. Jahrhunderts gibt es deutschsprachige Mariendichtung als eigenständige Gattung der deutschen Literatur. Hymnenartige Lieder und Sequenzen, verherrlichen als Marienlob die Gottesmutter, Mariengebete wenden sich preisend und bittend an sie, Marienklagen vergegenwärtigen Marias Leiden unter dem Kreuz des Sohnes, Marienlegenden zeigen Beispiele ihres Einsatzes für Menschen, die sie um Hilfe baten, Marienleben oder Marien-Viten schließlich bieten Darstellungen des gesamten Lebenslaufes der Gottesmutter.

Eine der ältesten Mariendichtungen in deutscher Sprache ist das um die Jahrhundertmitte, etwa 1140, entstandene *Arnsteiner Marienlied* oder *Arnsteiner Mariengebet*, die Dichtung einer Frau. Man vermutet wohl zu Recht, dass Gräfin Guda von Arnstein die Dichterin war. Sie war verheiratet mit jenem Grafen, der 1139 seine Burg Arnstein (bei Limburg an der Lahn) dem Prämonstratenserorden zur Verfügung stellte. Die Burg wurde in ein Kloster umgewandelt, wo er selbst als Konverse eintrat. Seine Gemahlin zog sich ebenfalls aus dem weltlichen Leben zurück und lebte als Inkluse beim Kloster.

Wenn die Identifizierung richtig ist, dann liegt uns also in dem Arnsteiner Marienlied die authentische Aussage einer der vielen von religiöser Ergriffenheit überwältigten Frauen des 12. Jahrhunderts vor. Wie sahen diese Frauen die Gottesmutter, und was bewog sie dazu, sich an sie zu wenden? Der erste Teil des Liedes kreist um das Wunder der jungfräulichen Geburt, die durch die bekannten Symbole – Aarons Gerte, Ezechiels Pforte, brennender Busch des Moses – vergegenwärtigt und erläutert wird. Ist damit Hilfe zum Festhalten an den unbegreiflichen Glaubensinhalten intendiert? Darüber soll später kurz gesprochen werden.

Der abschließende Teil des Marienliedes stellt ein Marienlob dar. Dazwischen befindet sich das Gebet einer unter ihren Sünden leidenden Frau, die Maria in einer ganz persönlichen Anrufung um Hilfe bittet. Das ist selten in dieser frühen Zeit:

Das eine weiß ich von dir,
daß du, Herrin, so geehrt wirst
wegen deiner großen Güte,
wegen deiner Demut,
wegen deiner Reinheit,
wegen deiner großen Milde.
Deswegen rufe ich dich an,
Herrin, nun erhöre mich!
Allerheiligste Frau
vernimm mich sündige Frau (114–123)

Das für jene Epoche typische stark ausgeprägte Sündenbewusstsein führt zu intensivster Hinwendung der Betenden an die Gottesmutter. Als *mediatrix* und *unse vogedin* (303) soll sie Christus um Nachlass der Sünden und Bewahrung vor zukünftigen Versuchungen bitten. Es folgen Bitten um seelische Stärkung, um dem Leitbild heiliger Frauen und letztlich auch Marias, nachfolgen zu können und um den Beistand Marias in der Stunde des Todes:

In der großen Angst
komm du mir zu Hilfe
und hilf, daß meine Seele
den lieben Engeln Gottes werde zugeteilt
und nicht den leidigen Teufeln. (186–91)

Die Gottesmutter wird geradezu als physisch gegenwärtig erlebt:

Nun fliehen wir alle zu dir.
Wir weinen und seufzen
zu deinen lieben Füßen.
Hab Erbarmen mit der Not,
die wir Armen …
auf manche Weise erdulden. (241–47)

Eine Vorform der Schutzmantelmadonna wird hier erkennbar. Die bekannte Darstellung der Maria im Mantel, unter dem bedrängte Menschen Schutz suchen, knüpft an alte Rechtsbräuche an. Wenn es einem Übeltäter gelang, sich unter den Mantel einer hoch stehenden Frau zu flüchten oder diesen zu berühren, hatte er Anspruch auf Begnadigung. Auch die Adoption oder Legitimation unehelicher Kinder wurde durch Ummantelung vollzogen. Im *Arnsteiner Marienlied* bildet die Schutzsuche zu Füßen Marias eine deutliche Anrufung der Barmherzigkeit Marias, auch wenn die eigentliche Schutzmantelsymbolik noch fehlt. Sie begegnet im deutschen Sprachbereich vor allem in der bildenden Kunst erst seit dem 14. Jahrhundert.

Jungfräuliche Gottesmutter

So wichtig für die gesamte Marienverehrung des Mittelalters das Beispiel intensiver Hinwendung zu Maria als der großen Helferin und Schutzherrin des einzelnen wie der gesamten Menschheit im *Arnsteiner Marienlied* ist, so wichtig war speziell für die Menschen des 12. Jahrhunderts offenbar auch eine ganz andere Herausforderung, nämlich das Ringen um ein Verständnis für das Wunder der jungfräulichen Empfängnis und Geburt. Die Idee der *Deigenitrix virgo*, der jungfräulichen Gottesgebärerin, stand namentlich im westlichen Europa seit der Karolingerzeit im Zentrum theologischer Auseinandersetzungen, als es galt, die Gottessohnschaft Christi gegen Irrlehren wie Arianismus und Adoptianismus zu verteidigen. In diesem Zusammenhang entstanden im Unterschied zur Patristik, die das noch nicht kannte, eine Fülle von Anrufungen, Gebeten und hymnischen Lobpreisungen.[7] In der deutschen Dichtung des 12. Jahrhunderts wirkt diese Bewegung nach. Das *Arnsteiner Marienlied* versucht das Geheimnis der jungfräulichen Geburt durch den Vergleich mit dem Glas zu erläutern, das unverletzt bleibt, obwohl das Licht hindurchdringt. Und die Dichterin fügt hinzu:

Juden, die ihr euch zu Gott bekehren wollt,
merkt das Glas, das kann euch lehren. (30/31)

Dieser missionarische Appell lässt an die jüdischen Gemeinden in Europa denken, aber auch daran, dass das 12. Jahrhundert die Zeit der großen Pilgerfahrten und der Kreuzzüge in das Heilige Land war. Ist der Appell im *Arnsteiner Marienlied* an die Moslems im Heiligen Land gerichtet oder wurde er sogar auf einer Pilgerfahrt dorthin gesprochen? Dass die Fragen der jungfräulichen Geburt und der Gottheit Christi im Zentrum der Auseinandersetzung mit dem Islam standen, wird z. B. aus einer Äußerung des Minnesängers Albrecht von Johansdorf deutlich, der um die Jahrhundertwende an einem Kreuzzug teilnahm. Albrecht empört sich: „Die Heiden wollen uns hinsichtlich einer Aussage besiegen, daß nämlich Gottes Mutter keine Jungfrau sei.“[8]

Es ist auffallend, dass eine ganze Reihe von Mariendichtungen des 12. Jahrhunderts die alttestamentlichen Prophezeiungen und Symbole als Beweise für die Gottheit Christi und für die Jungfrauengeburt litaneiartig zusammenstellten. Das gilt für das *Arnsteiner Marienlied* ebenso wie für das *Vorauer Marienlob*, das sogar die Erklärung für dieses Vorgehen gibt:

Einst gaben uns die Weisen Prophezeiungen
und verschwiegen nichts:
Von ihnen erfuhren wir zukünftige Ereignisse.
...
Überschattet vom Heiligen Geist
wurde die Tochter des Kindes seine Mutter;
hieran wachse der Glaube in verständiger Weisheit. (Vers 1–6)

In sehr präzisen Strophen führt das *Melker Marienlied* die Symbole und ihre jeweilige Auslegung vor:

Ja, auf die Erde
legte Aaron einen Stab!
Der trug Mandeln,
sehr edle Früchte.
Solche Süße hast du hervorgebracht,
Mutter ohne Mitwirkung eines Mannes.
Sancta Maria!

Ja, in einem Gesträuch
erblickte Mose ein Feuer!
Das Holz verbrannte nicht;
doch sah er die Flammen darüber,
weitausgreifend in die Höhe und in die Breite.
Das verweist auf deine Jungfräulichkeit,
Sancta Maria! (Str. 1 u. 2)

Nach diesem Muster sind eine ganze Reihe von Mariendichtungen vor allem aus dem bayerisch-österreichischen Gebiet gebaut. Es ist denkbar, wenn auch leider nicht beweisbar, dass diese frühen Marienlieder und -sequenzen, so wie wir es vom etwa gleichzeitigen Ezzolied wissen, auf Pilgerfahrten und Kreuzzügen gesungen wurden. Kein Geringerer als Walther von der Vogelweide (ca. 1170–1230) kann dafür als Zeuge angeführt werden; denn seine religiösen Lieder, in denen auch Maria genannt wird, stehen im Zusammenhang mit einer Pilgerreise oder vielleicht auch mit seiner Teilnahme am Kreuzzug von 1228. Ein großer Teil von Walthers *Leich* stellt einen Marienhymnus dar, der ganz in der Art der frühen Mariendichtungen gehalten ist. Das gut verständliche klassische Mittelhochdeutsch macht eine Übersetzung unnötig:[9]

Maget und muoter schouwe der kristenheite not,
du blüende gerte Aarones, uf gender morgenrot,

Ezechieles porte, diu nie wart uf getan,
dur die der künec herliche wart uz und in gelan.

Als diu sunne schinet durch ganz geworhtes glas,
also gebar diu reine Krist, diu maget und muoter was.

13. Jahrhundert: Hohe Frau in Mystik und Minne

In der Zeit der Hochblüte der höfischen Kultur, des Rittertums und der klassischen mittelhochdeutschen Dichtung entstand im Kölner Raum um 1220/30 das *Rheinische* oder *Niederrheinische Marienlob*, eine umfangreiche Dichtung, die mehrere Textsorten der Mariendichtung in sich vereint. Wir kennen den Verfasser nicht. Aus dem Text geht lediglich hervor, dass er Priester war.

Die ganze Dichtung ist einzigartig in ihrer emphatisch-visionären Haltung, die an die Aussagen von Mystikern wie Bernhard von Clairveaux oder Mechthild von Magdeburg oder – vor allem – des Prämonstratensers Hermann Joseph erinnert. Dieser nun lebte ausgerechnet in der Zeit und in dem Raum, in dem auch der Verfasser des *Rheinischen Marienlobs* lebte und dichtete. Von Hermann Joseph sind mehrere lateinische Gedichte überliefert, die viele stilistische und inhaltliche Parallelen zum deutschsprachigen *Rheinischen Marienlob* aufweisen. Schuf er dieses Werk für Nonnenkonvente in der Umgebung von Köln, die er als Priester betreute? Ihm jedenfalls war dieselbe überschwänglich hingebungsvolle Liebe zu Maria eigen, die auch den Verfasser des *Rheinischen Marienlobs* auszeichnet. Hermann Joseph besuchte schon als Kind täglich die Kirche St. Maria im Kapitol in Köln und betete namentlich vor einer Marienstatue. Als er in einer Vision dem Jesuskind einen Apfel reichte, nahm dieses den Apfel entgegen. Später erlebte er in visionärer Schau seine Verlobung mit Maria, wobei ihm der Beiname Joseph verliehen wurde.

In ein solches visionär-mystisches Geschehen versetzt auch der Verfasser des *Rheinischen Marienlobs* den Hörer, wenn er etwa die Kreuzigung an Marias Seite miterlebt:

Nun, Schöne, ist es Zeit, daß wir gehen
und daß wir dem Liebsten beistehen.
Sieh, wohin er sein Kreuz selbst trägt.
...
Schöne Mutter, warte auf mich,
laß mich Gefährte deines Schmerzes sein!
Du bist schnell, du läufst so sehr,
während mich meine Langsamkeit beschwert.
Milde Mutter, reich mir deine Hand,
berühre mich, damit ich sofort schnell werde.
Du hast getan, worum ich dich bat,
wir sind beide dorthin gekommen,
wo man unseren Liebsten entkleidet. (23,7–25)

Darauf folgt eine der großartigsten und frühesten Marienklagen in deutscher Sprache. Die Gottesmutter beweint unter dem Kreuz in immer erneuten Ausbrüchen des Schmerzes die Qualen und den Tod ihres Sohnes.

Hört meine Klage
an diesem Tage,
Engel und Menschen!
Seid mir nicht fern,
seht, was mich quält,
alle ihr Bräute Gottes! (24,33–37)

Die Situation der klagenden Maria unter dem Kreuz wird seit dem 12. Jahrhundert mit dem Aufkommen des leidensmystischen Christusbilds und der Bereitschaft zur *compassio,* dem Mit-Leiden, von bedeutenden Theologen gestaltet. Anselm von Canterbury spricht in einem fiktiven Dialog mit der Gottesmutter unter dem Kreuz. Ende des 12. Jahrhunderts entsteht der pseudo-bernhardische Traktat *De planctu Beatae Virginis*, in dem ebenfalls Maria in einem Dialog über ihren Schmerz klagt. Diesem Typus gehört auch die Marienklage des *Rheinischen Marienlobs* an, die in ihrer Innigkeit besonders beeindruckt.

Eine andere sehr umfangreiche Passage des *Rheinischen Marienlobs* stellt Marias Aufnahme in den Himmel dar. Die seit dem 13. Jahrhundert weit verbreiteten Himmelfahrtsdichtungen gehören zu den epischen Beschreibungen des Lebens Marias. Das *Rheinische Marienlob* allerdings lässt die episch beschreibenden Partien fast ganz untergehen in Betrachtungen über Marias Erhabenheit und in Begründungen, dass sie wegen ihrer Eigenschaften und Tugenden und der von Gott erfahrenen Begnadung über alle Engelchöre emporsteigen darf. Auch hier wird die Gegenwart Marias in der Vision suggeriert, indem sie selbst das Wort ergreift und erläutert, weshalb sie auch über den höchsten Engelchor, die Seraphim, erhoben wird. Der Dichter beginnt:

minsam, din minne wart mir schin …
Liebenswerte, deine Minne wurde mir offenbar,
sie ließ mich nicht im Zweifel.
Du erleuchtetest die Bürde meines Herzens
mit dieser süßen, weisen Antwort,
die du mir zu verstehen gabst.
So begannst du deine Rede:
„Ich soll dich lehren, getreuer Knecht,
daß ich dich lehre, das ist recht,
ich soll dich belehren über meine Geheimnisse,
die teilweise in den Büchern stehen.
Ich sol dich auch belehren über das,
was in den Büchern nicht aufgeschrieben wurde. (96, 27–97,1)

Man sieht, wie sehr der Dichter des *Rheinischen Marienlobs* sich als Träger einer *revelatio specialis,* einer singulären Offenbarung, versteht, die er als Einzelner empfängt, die er aber auch anderen mitzuteilen sich verpflichtet fühlt. Solche besonders begnadeten und begabten Personen sind nicht häufig, so dass die Frage nach der Identität des Verfassers des *Rheinischen Marienlobs* mit Hermann Joseph gestellt werden sollte.

Der Dichter verwendet gelegentlich die Textsorte der Marienlegende für sein letztlich auch pädagogisch ausgerichtetes Werk. Unter dem Stichwort *Maria, du bis de leidesterre* erwähnt er zunächst die Legende der Maria von Ägypten, die nach ihrem sündigen Leben die Gottesmutter um Bürgschaft bittet und von Gott Verzeihung erfährt. Ausführlicher erzählt der Dichter dann die Theophilus-Legende. Auch hier geht es um schwere Sünde, um den bekannten Teufelspakt, den der enttäuschte Theophilus schließt, weil man ihn aus seinem Amt gedrängt hat. Nachdem Maria den verzweifelt reuigen Sünder wieder in Gottes Huld gebracht hat, legt sie ihm im Schlaf den Verrats-Brief auf die Brust zum Zeichen der Versöhnung mit Gott. Es ist das Bild der helfenden Maria, der *mediatrix – gebenedide middlerinne* nennt sie das *Rheinische Marienlob* (18, 35) –, das hier beispielhaft vorgeführt wird und das Hoffnung und Reue-Bereitschaft evozieren soll.

Nicht nur am Ende des Werkes erscheint Maria als verehrte Minnedame. Das Schlussgebet beginnt:

Vrow, miner vröuden aneginne,	Herrin, du Beginn meiner Freuden
die ich vür alle vrowen minne	die ich mehr als alle Frauen liebe. (132, 24/25)

Die für einen Priester und Mönch etwas ungewöhnliche Aussage verdeutlicht, wie sehr die Sprache und Vorstellungswelt des Minnesangs sich zu

Beginn des 13. Jahrhunderts der geistlichen Dichtung bemächtigt hat. Das Verlangen der Menschen jener Zeit nach hoher Minne und liebender Verehrung einer als ideal angesehenen Frau wird auf die Gottesmutter transponiert, so dass ihr Bild nach dem Topos der Minnedame gestaltet wird. Einmal mehr zeigt sich, wie sehr das Bild Marias von den jeweiligen Hauptanliegen der verschiedenen Epochen geprägt wird. Der sehr zeittypische Aspekt, in Maria die Minnedame – sowohl des Dichters wie auch Gottes – zu sehen, vervollständigt das Marienbild im *Rheinischen Marienlob*, dessen Vielfältigkeit beträchtlich ist: Maria ist die von den Propheten Verkündete … die jungfräuliche Mutter des Jesuskindes … die Schmerzensreiche unter dem Kreuz des Sohnes … die glorreiche Himmelskönigin … die Frau, die der Schlange den Kopf zertrat … der Gegenpol zu Eva … die gebenedeite Mittlerin und Helferin, zu der auch der reuige Sünder Vertrauen haben kann, … und eben auch die hochverehrte Minnedame.

Marienleben

Zum Abschluss sei ein kurzer Blick auf Dichtungen gestattet, die als Marienleben bezeichnet werden. Es sind Nacherzählungen der apokryphen Schilderungen von Marias Leben. Roswitha von Gandersheim schrieb schon im 10. Jahrhundert in lateinischen Hexametern eine solche Vita. 1178 übertrug der Pfaffe Wernher in Augsburg das Marienleben, so wie es im *Pseudo-Matthäusevangelium* vorlag, ins Deutsche. Wernher erzählt Geburt und Kindheit Marias, ihren Dienst als Tempeljungfrau, den er übrigens dem mittelalterlichen Klosterleben nachgestaltet, dann Verkündigung, Geburt Jesu, Flucht nach Ägypten, den bethlehemitischen Kindermord und schließlich das Ende des Herodes. Die zahlreichen Marienleben des späteren Mittelalters erzählen Marias Geschichte weiter bis zu Jesu Tod, ihr Leben nach seinem Tod, ihren eigenen Tod und ihre Himmelfahrt.

Dem schlichten Gedicht des Wernher, das dem Bedürfnis der Menschen nach historischer Kunde vom Leben der so sehr verehrten Frau entgegenkam, geht eine Einleitung voraus, die den heilsgeschichtlichen Rahmen vor Augen führt: Anstelle des Todes, den Evas Sündenfall in die Welt gebracht hatte, eröffnete Maria den Menschen das ewige Leben. Dieser theologische Glaubenssatz ist als persönliches Anliegen aller gestaltet:

nun sollen wir ihr trauen,
…
daß sie uns Verstoßene
fröhlich heim sende
und daß sie uns weise
zu dem ewigen paradeise,
aus dem Frau Eva herausfiel. (23–29)

Diesem Wunsch kann man sich nur anschließen, und wir wollen damit unseren Gang durch die literarische deutsche Marienverehrung des frühen Mittelalters beenden.

Wir haben gesehen, dass uns Maria in althochdeutscher und altsächsischer Zeit als erhabene Gottesmutter und königliche Herrin entgegentritt, eingebunden in die übersinnliche Transzendenz Gottes. Das entsprach dem Bedürfnis der Menschen in jener Zeit, die auf starke Überlegenheit und Führungskraft Christi und seiner Mutter bauten, auch um ihres Schutzes und des Sieges in der Auseinandersetzung mit dem Heidentum gewiss sein zu können.

Für die Zeit der ersten Kreuzzüge ist es charakteristisch, dass in Marienliedern die Symbole für die jungfräuliche Gottesmutterschaft herausgestellt werden – sei es als Argumentationshilfe in der Auseinandersetzung mit den Ungläubigen, sei es zur Stärkung des eigenen Glaubens.

In Texten des 12. Jahrhunderts erleben wir Maria auch als Leitbild der religiös äußerst empfindsamen Menschen. Sie sahen in Maria diejenige, die als einzigartig geliebte Braut Gottes Vorbild für die Gestaltung des eigenen, namentlich des klösterlichen Lebens ist, die sogar den Zugang zur *unio mystica* eröffnen kann und die Lebenssinn für alle aufzeigt, die sich Gott weihen.

Daneben steht die Hinwendung zu Maria in persönlicher Anrufung, damit sie als Mittlerin Hilfe und Erbarmen Gottes erwirkt. In den Marienlegenden wird für diese Rolle Marias der Beweis ihres barmherzigen Eingreifens vorgelegt, was dem Einzelnen Ermutigung zur Umkehr und zum Vertrauen zu geben vermag. In den Marienleben wird Marias Lebenslauf in seiner Gott-Bezogenheit dargestellt.

Im hohen Mittelalter schließlich und in der Zeit der visionären Mystik begegnet uns Maria im *Rheinischen Marienlob* als visionär geschautes und erlebtes Objekt leidenschaftlich liebender Verehrung und ebenso als Trägerin einer inbrünstigen Liebe zum Gottessohn. Mit der Klage unter dem Kreuz vermag diese Ausprägung des Marienbildes die emotionale Ergriffenheit der Hörenden aufs äußerste zu steigern.

So wird an den wenigen Texten, die hier behandelt werden konnten, sichtbar, wie sehr der Mythos der Gottesmutter Maria von den Menschen der verschiedenen Epochen ihren Bedürfnissen und ihren Idealen entsprechend in ihr Leben hineingenommen wurde.

Anmerkungen

1 Rahner 1956, 11.
2 Posener 2001, 41.
3 Vgl. Schreiner 2003, 89.
4 Posener 2001, 50.
5 Schreiner 2003, 89 ff.
6 Mois 1953, 218.
7 Scheffczyk 1959, 7 ff.
8 Minnesangs Frühling 89, 90/91.
9 Walther von der Vogelweide, Leich 5, 1–3.

Quellen

Albrecht von Johansdorf – in: Des Minnesangs Frühling, 38. Aufl. hg. von Hugo Moser und Helmut Tervooren, Stuttgart 1988. – G. Schweikle: Die mittelhochdeutsche Minnelyrik. Texte und Übertragungen, Darmstadt 1977.

Altsächsische Genesis – s. Heliand

Apokryphen – Erich Weidinger: Die Apokryphen. Verborgene Bücher der Bibel, Augsburg 1989.

Arnsteiner Marienlied – in: Albert Waag und Werner Schröder: Kleinere deutsche Gedichte des 11. und 12. Jahrhunderts, Neubearb. Tübingen 1972.

Bibel – Einheitsübersetzung der Heiligen Schrift. Die Bibel. Gesamtausgabe, Stuttgart Klosterneuburg 1985.

Heliand – Heliand und die Bruchstücke der Genesis, übs. von Felix Genzmer, Anmerkungen und Nachwort von Bernhard Sowinski, Stuttgart 1989.

Hermann Josef – Joseph Brosch: Hymnen und Gebete des sel. Hermann Joseph im lateinischen Originaltext nebst einer deutschen Übersetzung, Steinfeld/Eifel 1950. – K. Koch und E. Hegel: Die Vita des Prämonstratensers Hermann Joseph von Steinfeld, Köln 1958.

Lorscher Bienensegen – in: Althochdeutsche poetische Texte. Althochdeutsch/Neuhochdeutsch, hg. von Karl A. Wipf, Stuttgart 1992.

Melker Marienlied – in: Frühmittelhochdeutsche Literatur. Mittelhochdeutsch/Neuhochdeutsch, hg. von Gisela Vollmann-Profe, Stuttgart 1996.

Otfried – Otfrieds Evangelienbuch, hg. von Oskar Erdmann. 6. Aufl. besorgt von Ludwig Wolff. Tübingen 1973. – Otfried von Weißenburg: Evangelienbuch. Auswahl. Althochdeutsch/Neuhochdeutsch, hg. von Gisela Vollmann-Profe, Stuttgart 1987.

Rheinisches oder Niederrheinisches Marienlob – Das Rheinische Marienlob. Eine deutsche Dichtung des 13. Jahrhunderts, hg. von Adolf Bach, Leipzig 1934.

Tatian – Die lateinisch-althochdeutsche Tatianbilingue Stiftsbibliothek St. Gallen, hg. von Achim Masser, Paderborn 1994.

Trudperter oder frühmittelhochdeutsches Hohes Lied – Das St. Trudperter Hohelied. Eine Lehre der liebenden Gotteserkenntnis. Text und Übersetzung, hg. von Friedrich Ohly, Frankfurt am Main 1998.

Vorauer Marienlob – s. Melker Marienlied

Walther von der Vogelweide – Walther von der Vogelweide: Werke, Text und Prosaübs. von Joerg Schaefer, Darmstadt 1972.

Wernhers Marienleben – Priester Wernher: Maria. Bruchstücke und Umarbeitungen, hg. von Carl Wesle, 2. Auflage besorgt durch Hans Fromm, Tübingen 1969.

Literaturhinweise

Bäumer, Remigius und Leo Scheffczyk (Hg.) 1988–1994: Marienlexikon, St. Ottilien.

Beinert, Wolfgang und Heinrich Petri (Hg.) 1984: Handbuch der Marienkunde, Regensburg.

Beissel, Stephan 1909/10: Geschichte der Verehrung Marias. Ein Beitrag zu Religionswissenschaft und Kunstgeschichte, Freiburg.

Delius, Walter 1963: Geschichte der Marienverehrung, Basel.

Geiseler, Kersti 2000: Maria. Die irdische Frau. In Kultur und Religion, Graz Wien Köln.

Opitz, Claudia, Hedwig Röckelein, Gabriela Signori und P. Marchal Guy (Hg.) 1993: Maria in der Welt. Marienverehrung im Kontext der Sozialgeschichte. 10.–18. Jahrhundert, Zürich.

Pelikan, Jaroslav 1999: Maria. 2000 Jahre in Religion, Kultur und Geschichte, Freiburg.

Posener, Alan 2001: Maria. 2. Aufl. Reinbek bei Hamburg.

Rahner, Karl 1956: Maria. Mutter des Herrn. Theologische Betrachtungen. 2. Aufl., Freiburg.

Scheffczyk, Leo 1959: Das Mariengeheimnis in Frömmigkeit und Lehre der Karolingerzeit, Leipzig.

Schreiner, Klaus 1994: Maria. Jungfrau, Mutter, Herrscherin, München.

Schreiner, Klaus 2003: Maria. Leben, Legenden, Symbole, München.

Warner, Marina 1982: Maria. Geburt, Triumph, Niedergang. Rückkehr eines Mythos, München.

AUTORINNEN UND AUTOREN

Prof. Dr. Peter Dinzelbacher	Wirtschafts- und Sozialgeschichte, Universität Wien
Prof. Dr. Dr. Helmut Feld	Historische Theologie, Institut für europäische Geschichte, Mainz
Prof. Dr. Johannes Fried	Mittelalterliche Geschichte, Universität Frankfurt a. M.
Prof. Dr. Carola L. Gottzmann	Ältere deutsche Literatur, Universität Leipzig
Prof. Dr. Walter Haug	Ältere deutsche Literatur, Universität Tübingen
Prof. Dr. Klaus Herbers	Mittelalterliche Geschichte, Universität Erlangen-Nürnberg
Prof. Dr. Ingrid Kasten	Ältere deutsche Literatur und Sprache, Freie Universität Berlin
PD Dr. Inge Milfull	Ältere englische Literatur und Sprache. Oxford English Dictionary, Oxford
Prof. Dr. Michael Neumann	Neuere deutsche Literatur, Katholische Universität Eichstätt
PD Dr. Thomas Noll	Kunstgeschichte, Georg-August-Universität Göttingen
Prof. Dr. Konrad Vollmann	Lateinische Philologie des Mittelalters, Ludwig-Maximilians-Universität München
Prof. Dr. Roswitha Wisniewski	Ältere deutsche Literatur, Universität Heidelberg
Prof. Dr. Friedrich Wolfzettel	Romanische Literaturen, Universität Frankfurt a. M.

ABBILDUNGSVERZEICHNIS

In gleicher Ausstattung erscheint im Herbst 2005 Band 3

MYTHEN EUROPAS

Schlüsselfiguren der Imagination

ZWISCHEN MITTELALTER UND NEUZEIT

(1250–1500)

Friedrich II. von Hohenstaufen
Satan. Vom gefallenen Engel zum Gegengott
Timur. Der Schrecken aus dem Osten
Der heilige Georg
Jeanne d'Arc
Die Weihnachts-Krippe
Fortuna
Dantes Beatrice
Tod und Totentanz
Feindbilder des Juden
Robin Hood

Die Folgebände:

- Renaissance (1450–1600)
- Vom Barock bis zur Aufklärung (1600–1800)
- Das 19. Jahrhundert (1770–1914)
- Moderne (seit 1900)